제품개발과 기술사업화 전략

이국환 김성호 유치영 도한우

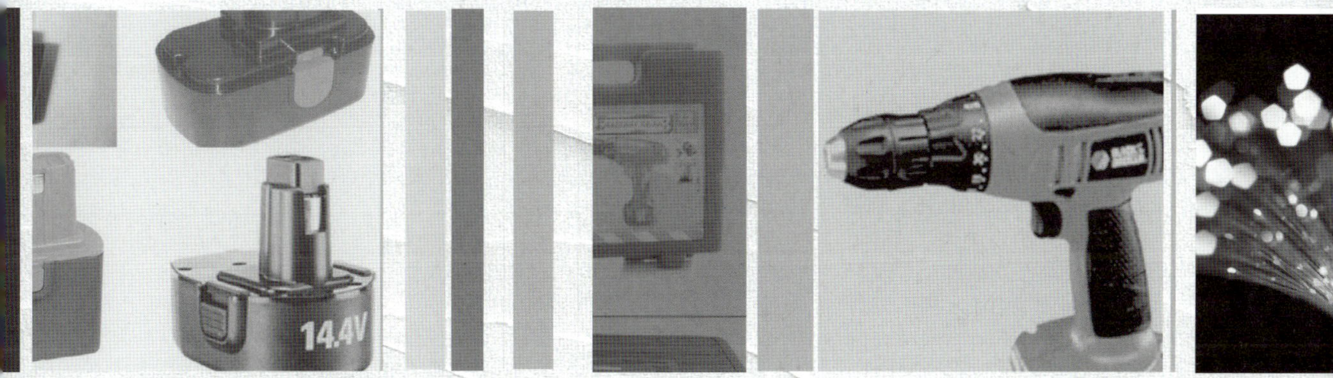

한티미디어

저자

이국환

- 한양대학교 정밀기계공학과 학사, 석사(계측제어)
- 한국산업기술대학교 기계시스템설계전공(창의공학설계) 박사
- (주) 특허와사업 대표이사(기술거래사)
- 전문 분야: 트리즈, 창의적설계, 제품설계 및 개발공학, 동시공학설계, 기술예측, 특허분석, 특허기술의 개발 및 사업화, 사업아이템 발굴 및 전략수립 등

김성호

- 베를린공과대학교 기계체정보공학 석사수료(제어시스템)
- 아주대학교 경영대학원(e-business 전략경영) 석사
- (주) 특허와사업 이사(기술거래사, 기업기술가치평가사)
- 전문 분야: 기술이전, 기술가치평가, 특허경영전략 및 특허기술사업화 등

유치영

- 서울대학교 농기계공학과 학사
- 김&장 법률사무소 해외특허관리
- (주) 특허와사업 이사(기술거래사, 기업기술가치평가사)
- 전문 분야: 기술이전, 기술가치평가, 특허경영전략 및 특허기술사업화 등

도한우

- 한국산업기술대학교 기계설계공학과 학사
- 한국산업기술대학교 기계설계공학과(TRIZ 전공) 석사
- (주) 특허와사업 이사
- 전문 분야: 문제해결을 위한 TRIZ, 3D CAD CATIA, 기구설계, 특허, 발명, 창의성 등

제품개발과 기술사업화 전략

발행일 | 2009년 7월 5일 초판 1쇄
지은이 | 이국환 김성호 유치영 도한우
발행인 | 김준호
발행처 | 한티미디어
총 괄 | 오성준
마케팅 | 최윤석 · 임종민
편 집 | 하영은 · 장혜미
관 리 | 전보라

등 록 | 제15-571호
주 소 | 서울시 마포구 연남동 570-20
전 화 | 02)332-7993~4
팩 스 | 02)332-7995
디자인 | 디자인 드림
인 쇄 | 이산문화사
가 격 | 25,000원
홈페이지 www.hanteemedia.co.kr

ISBN | 978-89-91182-85-1

Preface

머리말

"기술창업의 새로운 지표가 되길 바라며"

버락 오바마 미국 대통령은 취임 직후 차기 정부의 국정방향을 제시했다. 이 계획 중에는 미국을 지식재산 강국으로 만들겠다는 야심찬 비전도 담겨 있다.

한편, 국내외적으로 경기가 침체를 거듭하면서 실업 문제가 사회적인 이슈가 되고 있다. 실업 문제와 이에 대응하는 일자리 창출은 그동안 정부가 다각도로 해결 방안을 제시하였지만 전체적으로 각층의 수요를 모두 해결하기는 어려운 상황이다. 특히, 학교를 졸업하고 사회에 첫발을 내딛는 예비 직장인에게는 실업 문제가 결코 다른 사람의 문제만이 아니므로 실업에 대한 걱정은 남다를 수밖에 없다.

따라서, 이의 해결 방안으로 어려움이 있겠지만 창업을 고려하거나, 준비 중에 있는 창업자들에게 도움이 되고자, 이 책을 창업예비자, 특히 기술창업예비자를 대상으로 서술하였다.

즉, 기술창업예비자가 이 책을 읽으면서 사업계획을 구체적으로 구상할 수 있도록 상세하게 서술하였으므로 이 책은 기술창업예비자에게 기술창업의 지표가 되리라 생각한다.

이 책의 후반부에는 예비창업자가 무선전동공구를 사업화 아이템으로 선정하고 이를 사업화할 경우를 가정하여 상품기획부터 양산까지의 개발 플랫폼(platform)을 제시하였다. 예비창업자가 이 책에서 제시된 개발 플랫폼을 충분히 이해할 수 있다면 향후 예비창업자만의 신규 사업 아이템을 본 플랫폼에 적용하여 사업을 기획할 수 있을 것으로 믿는다.

또한, 아이디어의 상업화와 관련하여 타경쟁사, 경쟁자로부터의 보호와 권리를 확보하기 위한 장치인 지식재산전략에 관하여 알기 쉽게 서술하였다. 이를 충분히 활용하여 창업, 기술사업화, 아이디어상업화 등에 있어서 준비 단계부터 결과(제품화, 지식재산권의 확보, 기술이전 · 거래 등)에 이르기까지 철저하고 확실한 성공 사례의 가이드가 되기를 바란다.

2009년 여름
저자 일동

Contents

차례

Part 1 제품 개발

Chapter 02 제품 개발 및 설계

Chapter 03 시제품 사용 테스트

Part 2 기술사업화 사례

Part 3 지식재산 전략

Chapter 01 지식재산의 창출

Chapter 02 지식재산의 보호

Part 1
제품 개발

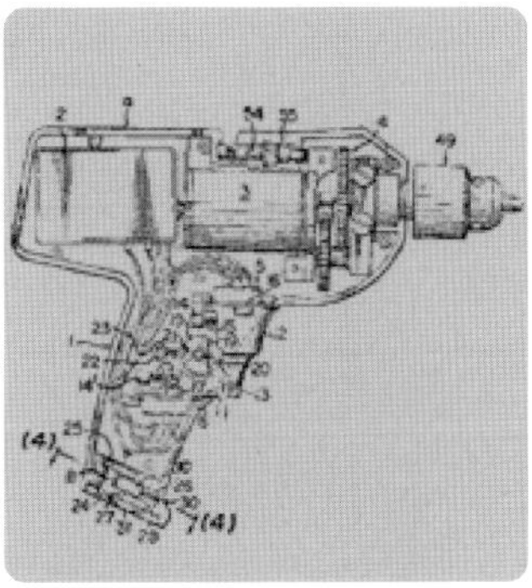

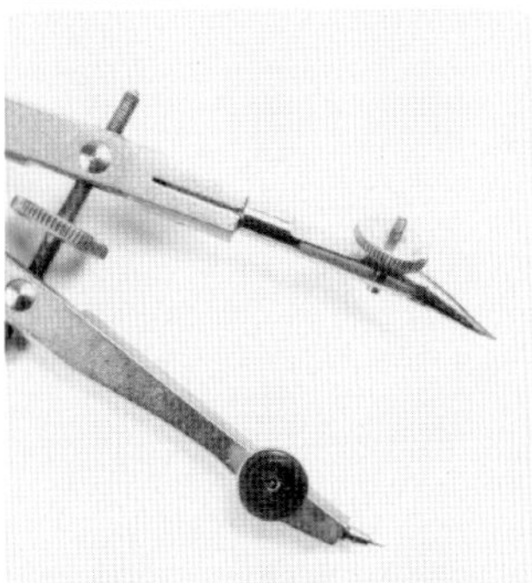

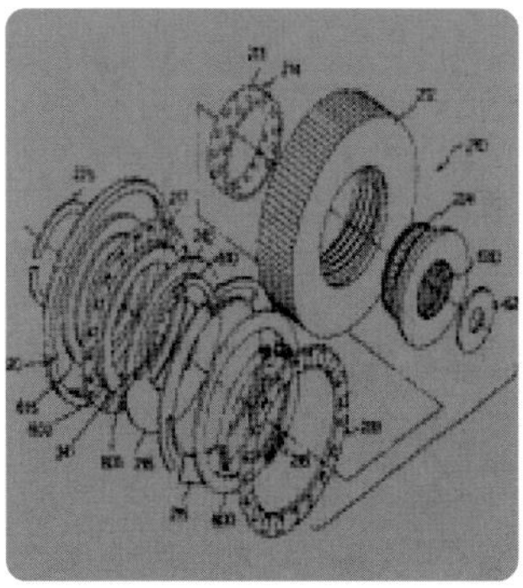

Chapter 01

신제품 개발

1. 신규 아이템 창출

1.1 정부 정책의 이해

자유방임주의를 옹호한 애덤 스미스는 〈국부론〉에서 '보이지 않는 손'을 통해 시장경제의 원리를 비유적으로 설명했다. 그러나 국가가 시장에 관여하지 말아야 한다는 주의 때문에 과잉생산체계를 만들어내 생산과 공급의 불균형이 초래되었고, 1929년 미국에서 세계적인 대공황이 야기되었다. 정부의 시장 개입의 필요성을 보여주는 대목이다. 그러나 정부의 철저한 계획경제를 통한 시장 개입 및 통제를 기반으로 한 구소련 공산주의는 태동한 지 100년 만에 무너짐으로써 정부의 시장 개입의 한계를 극명하게 보여주었다.

그럼에도 불구하고 최근 들어 각국 정부의 시장에 대한 개입 및 조정의 역할이 커져 가고 있으며, 경제적 위기가 닥칠 때마다 정부의 역할론은 더욱 부각된다. 일례로 시장에서 정부는 이율 및 환율, 조세, 주가, 부동산 등의 조정을 통해 시장을 통제한다. 또한 글로벌 세계경제 체제에서는 자국만의 경제 문제뿐만 아니라 다른 나라의 경제 문제도 매우 긴밀히 연계 및 연동되어 있기 때문에 서로가 영향을 준다.

그러므로 사업가들의 사업 영역은 이들의 영향을 받지 않을 수 없다. 따라서 사업의 성공을 위해서는 반드시 정부의 정책을 이해할 필요가 있다. 특히 차세대 성장동력 산업과 같은 산업기술에 대한 로드맵은 사업자라면 당연히 숙지하고 있어야 한다. 나아가 주변국과 주요 선진국의 산업 트렌드를 읽어 사업 준비에 만전을 기해야 한다.

이제 새로운 창업, 그것도 기술창업을 계획하고 있다고 가정하자. 기술창업을 할 때 신규 아이템 선정을 무엇으로 할까 고민하는 경우가 매우 많다. 이러한 경우 기술창업자 개인의 경험이 우선할 수 있지만 정부에서 육성하는 사업을 눈여겨 보는 것도 바람직하다.

기술창업자가 기술 사업화를 할 때 제일 먼저 고려해야 할 것은 사업 아이템 이외에 자금 공급원을 확보하는 것이다. 물론 창업자가 자본이 풍족한 경우에는 논외이지만 대부분 열악한 자금 환경에서 시작한다. 이러한 경우 자금 조달을 고려해야 하는데 열악한 영세업자인 기술창업자에게 자금 지원은 경색되어 있는 실정이다. 이에 대해 정부에서는 기술창업자에게 다양한 자금 지원정책을 펴고 있는데 특히 정부가 육성하는 사업을 영위하는 창업자에게 더 많은 지원을 한다.

정부 육성 사업은 주로 미래의 성장동력 산업에 초점이 맞추어져 있으며, 시간에 따라 그 대상 산업도 달라진다. 예를 들어, 2000년대 초 벤처가 활성화되었던 시기에는 IT 분야가 성장동력 산업으로 각광을 받았으나 지금은 전세계적으로 심각한 환경오염, 지구온난화 현상 등에 기인하여 BT, 환경산업이 각광을 받고 있다. 따라서 기술창업자는 이러한 추세에 발맞추어 사업 아이템을 선정해야 한다.

참고로, 현재 정부의 최대 관심사인 동력산업은 저탄소 녹색성장 산업으로서, 그린오션전략에 따른 100대 육성 과제를 발표하였다. 이 과제에 따르면, 국민 삶의 질 향상을 위해 휴먼 웰빙(well-being) 공간 분야, 안전하고 맑은 물 분야, 제로 웨이스트(Zero Waste) 및 플러스 리소스(Plus Resource) 분야에서 35개 과제가 선정되었고, 지구온난화 방지를 위해 이산화탄소 재이용 및 자원화 분야, 저탄소와 소재 및 공정 분야, IT 기반 그린 솔루션 분야에서 33개 과제가 선정되었으며, 자원고갈 및 유가상승에 대한 대책으로 청정 석탄, 바이오매스 경제, 지속가능 제품 서비스 분야에서 32개 과제가 선정되었다.

따라서 기술창업자라면 시대적 변화에 따른 정부 정책의 전개 추이를 면밀히 분석하여 성공적인 기술 사업화 환경을 조성하는 데 노력을 기울여야 할 것이다.

1.2 신규 사업 준비

기술 창업자가 새로운 사업을 위해서는 사업하고자 하는 기술이 해당되는 산업 및 기업의 환경을 분석하는 일이 선행되어야 한다. 산업 및 기업 환경을 분석하기 위해 일반적으로 사용되는 분석 기법으로는 다음에 소개하는 마이클 포터(Michael Porter)의 산업 환경 분석, SWOT 분석, 특허 포트폴리오 분석 등이 있다.

1.2.1 산업 및 기업 환경 분석

(1) 산업 환경 분석

서로 충분히 대체가 가능한 제품을 취급하는 기업군을 산업이라 하며, 이는 사업전략 수립을 위한 기본적인 분석 대상이 된다.

산업분석이란 한 산업과 관련된 제품시장에 관한 분석을 의미하며, 그 목적은 특정 산업에 대해 현재와 잠재적 진입자에게 그 산업의 매력도를 결정하게 하는 것과, 특정 산업에서 성공할 수 있는 핵심 요인이 무엇인가를 파악하려는 것이다.

산업구조 분석은 사업부 수준의 전략과 기업 수준의 전략을 수립하는데 아주 중요한 역할을 한다. 기업전략은 그 기업이 어느 신규 사업분야로 진출하고, 어느 사업분야에서 탈퇴할 것인가에 관한 결정을 내린다.

그러한 결정을 내리기 위해서는 기업의 개별 사업분야가 속해 있는 각각의 산업이 유망한가 또는 사양화 단계에 있는가를 판단할 필요가 있다. 이러한 산업구조의 분석을 통해 궁극적으로 그 사업부에서 어떠한 전략을 수립해야만이 기업의 수익률을 높일 수 있는가에 대한 해답을 구할 수 있다. 또한 기업이 그 산업에서 성공하는 데 필요한 산업 특유의 성공요인(key success factor)을 알 수 있다.

산업구조를 분석하는 기법을 처음으로 경영전략에 도입한 사람은 미국 하버드 경영대학원의 마이클 포터이다. 포터는 1980년 〈*Competitive Strategy*〉라는 저서에서 경제학의 산업조직론에서 발전된 산업구조 분석을 기업에 적용하기 쉽도록 변형시킨 분석

틀을 제시하였다. 그의 분석틀에 의하면 다섯 가지 경쟁적인 세력에 의해 산업의 수익률이 결정된다.

1) 기존기업과의 경쟁

대부분의 산업에서 경쟁의 양상과 산업 전체의 수익률을 결정하는 가장 중요한 요인은 이미 그 산업 내에서 경쟁하고 있는 기업들 간의 경쟁관계이다. 산업 내의 기존 기업들 간의 경쟁양상과 강도를 결정하는 요소는 다음과 같다.

① 산업의 집중도

집중도(concentration)란 동일산업에 속하는 기업의 수와 각 개별 기업의 규모를 말한다. 우리나라에서는 공정거래위원회에서 상위 3개 기업들의 시장점유율을 더하여 3사 집중도(3 firm concentration)라는 지표를 발표한다. 산업이 집중되어 있을수록, 즉 그 산업에 참여하고 있는 기업의 수가 적을수록 산업의 전반적인 수익률은 상대적으로 높아지며, 그 산업이 경쟁적일수록, 즉 많은 기업들이 경쟁에 참여할수록 산업의 수익률은 낮아진다.

② 경쟁기업의 동질성과 이질성

동일산업 내에서 기업들 간의 경쟁을 피하기 위해 담합을 할 수 있는 가능성은 단순히 기업의 수에만 의존하지 않고 그 기업들의 전략, 목적에 따라 상당히 다양하다. 일반적으로 기업들의 전략, 목적 등이 유사할 경우에 훨씬 더 명시적이거나 암묵적인 담합을 하기가 쉬워진다. 그러나 일본 기업이 미국 시장에 진출하여 장기적인 이윤극대화를 목표로 적극적으로 가격을 내리고 시장점유율을 넓히는 전략을 취함에 따라 미국 철강 산업 내에서의 공존은 깨지고 산업 전반적으로 가격경쟁이 불붙기 시작했다. 이러한 사실은 국제경쟁이 심화될수록 이질적인 목표나 전략을 가진 국제기업들과 경쟁을 하게 되기 때문에 기업들 간에 상호 암묵적인 담합을 하기가 점차 어려워진다는 것을 의미한다.

③ 제품차별화

산업 내에서 경쟁하는 기업들의 제품이 디자인이나 품질면에서 동일할수록 소비자들은 특정회사 제품을 선호할 이유가 없어진다. 따라서 기업 입장에서는 동질화된 제품들에 대해서 가격 외에는 경쟁할 만한 수단이 없어지게 된다. 이러한 제품을 일상재(commodity)라고 부른다. 제품차별화가 많이 된 기업일수록, 예를 들어 의약품 혹은 빵, 과자와 같이 소비자들의 제품 브랜드에 대한 선호도가 높은 산업일수록 가격으로 경쟁하는 것을 피하고 광고나 신제품 발매 등의 차별화 기법으로 경쟁하게 된다. 이렇게 차별화된 산업일수록 수익률이 높고 차별화가 적은 산업, 즉 일상재에 가까운 산업일수록 수익률이 낮아진다.

④ 초과설비

산업의 수익률은 초과설비와 경기순환에 따라 민감하게 변하기도 한다. PIMS(Profit Impact of Market Strategy)의 실증연구에 따르면 생산설비와 수요가 일치할수록 기업의 수익률이 높아진다. 불황기의 많은 기업들은 유휴설비를 갖는다. 특히 자본집약도가 높은 산업일수록, 즉 거대한 생산설비가 필요할수록 불황기의 기업들은 고정비용을 줄이기 위해 가격을 인하해야 할 필요성을 느낀다. 이러한 불황기의 유휴설비로 인한 가격 인하는 산업의 수익률을 급격하게 악화시킨다.

그러나 주기적으로 불황과 호황을 반복하는 경기순환이 아니라 장기적으로 그 산업의 유휴설비가 있는 경우 산업의 수익률은 퇴출장벽의 높이에 따라 결정된다. 퇴출장벽(exit barrier)이란 진입장벽(entry barrier)과 마찬가지로 산업에서 철수하는 데 어려움이 있는 경우를 말한다. 만일 기업들이 쉽게 다른 산업으로 옮길 수 있다면 구조적인 불황에 있는 산업 내의 기업 수는 자유롭게 조정되어 산업 내의 유휴설비는 금방 없어지게 된다.

⑤ 비용구조

각각의 산업에서 기업들이 어느 정도 가격경쟁을 하는가는 산업의 비용구조에 따라 다르다. 비용구조는 고정비용과 가변비용의 비중을 뜻한다. 반도체산업의 비용구조를 살펴보면 자본설비에 대한 투자와 연구개발에 대한 투자가 대부분을 차지하고 원재료비는 꾸준히 감소하는 추세이다. 임금이 차지하는 비중은 극히 미미하고 유통비, 운송비 등이 차지하는 비중은 전체에서 1~2% 정도로 아주 낮은 수준이다. 그러므로 대부분이 고정비용으로 구성되어 있고 기업들은 생산설비의 활용도를 높이기 위해 가격경쟁을 시도할 유인이 존재한다.

2) 잠재적 진입자와의 경쟁

만일 어느 산업의 수익률이 상당히 높거나, 그 산업이 정말 유망한 산업이라고 할 때 모든 기업들은 그 산업에 진입하고 싶어 한다. 그러나 막대한 이익을 얻는다고 해서 모든 기업들이 반도체 시장에 진입할 수 있는 것은 아니다. 모든 산업들이 자유롭게 진입할 수 있다면 산업의 높은 수익률은 진입자들과의 경쟁에 의해 점차 낮아진다. 또한 실제적으로 진입이 일어나지 않는다고 해도 만일 다른 기업들이 언제든지 그 산업에 뛰어들 준비가 되어 있다면 기존 기업들은 잠재적 경쟁자가 진입할 수 있다는 위협 때문에 가격을 높게 받지 못하고 경쟁적인 수준으로 낮추어 진입을 막을 필요가 없다.

이와 같이 기존 기업들이 신규 진입기업에 비해 가지는 우위를 진입장벽이라고 한다. 즉 진입장벽이란 신규 진입기업들이 기존 기업들에 대해 부담하는 상대적인 불리함이다. 이와 같은 진입장벽들은 그 산업에서의 경쟁기업의 진입을 약화시키고 높은 수익률을 유지할 수 있게 한다. 조지 입(George Yip)의 실증연구에 따르면 진입장벽이 효과적으로 신규진입을 억제한다. 이러한 진입장벽에 대하여 신규진입자들은 여러 가지 방법으로 이를 피해가려고 한다. 신규진입자들은 종종 새로운 방식으로 진입을 시도한다. 즉 새로운 기술, 새로운 경영, 새로운 브랜드를 가지고 효과적으로 진입에 성공하기도 한다.

① 자본소요량

신규기업이 산업에 진입하는 데 필요한 투자액이 굉장히 많은 경우에는 소수의 기업을 제외하고는 이런 산업에 진입하기가 힘들다. 예를 들어 항공기 제작산업에는 Boeing(미국), Airbus(영국+독일+프랑스), McDonnell Douglas(미국), Lockheed(미국) 등과 같은 네 회사만이 존재한다. 이렇게 자본소요금이 많은 산업에서는 신규기업의 진입이 원천적으로 저지되어 있다.

② 규모의 경제

자본집약적이거나 연구개발투자가 많이 소요되는 산업에서 효율적으로 기업을 유지하기 위해서는 대규모 투자가 필요하다. 예를 들어 자동차산업에서는 규모의 경제가 상당히 크기 때문에 연간 수십만 대의 자동차를 생산해서 판매까지 할 능력이 없는 기업들은 시장진입을 할 수 없다.

③ 절대적인 비용우위

기존 기업들은 신규 진입기업들에 비해 때로는 절대적인 비용우위에 있기도 하다. 이러한 비용우위를 초기진입자의 이익(first mover' s advantage)이라고 한다. 산업에 일찍 참여함으로써 기존 기업들은 신규 진입기업들에 비해 원료를 싸게 구입할 수 있는 방법을 알고 있고, 경험효과(experience effect)의 이득을 더 많이 볼 수 있다. 경험효과는 생산에 대한 경험이 늘어남에 따라 수율이 높아지고, 공정이 개선됨으로써 발생한다.

④ 제품차별화

제품차별화가 가능한 산업에서 기존 기업들은 신규 진입기업들에 비해 브랜드 인지도 및 소비자들의 상표충성도 측면에서 상당한 이득을 보고 있다. 실증연구에 따르면 미국 소비자들은 비슷한 품질이라도 소비자에게 잘 알려지지 않은 기업의 제품보다는 더 잘 알려진 기업의 제품을 더 높은 가격을 주고서라도 구입한다.

이에 비해 신규기업들은 차별화된 시장에서 자사의 브랜드를 정착시키기 위해 많은 광고를 하여야 한다. 따라서 제품차별화가 된 시장에 있어서는 브랜드에 대한 투자에 많은 비용이 소요되므로 자본력이 없는 기업에게는 이것이 진입을 저지하는 하나의 장벽으로 작용한다.

⑤ 유통채널

기존 기업들이 이미 강력한 유통채널을 확보한 경우, 소매상들은 신규 진입기업의 제품을 진열할 수 있는 공간은 한정되어 있으므로 잘 알려지지 않은 신규기업들의 제품보다는 널리 알려진 제품을 진열하기를 원한다.

⑥ 정부규제와 제도적 진입장벽

사실상 정부규제는 신규기업의 진입을 막는 가장 효과적인 진입장벽이다. 예를 들어, 정부는 개인택시 사업자의 수를 제한한다든가 버스회사 사업자들의 면허를 조정함으로써 경쟁을 제한한다. 최근 우리나라에서는 각종 불합리한 정부규제를 철폐함으로써 경쟁을 촉진하려는 여러 움직임이 일고 있다. 예를 들어, 미국의 통상압력에 굴복하여 농수산물 시장을 개방하였고 이로 인하여 농수산물 시장에서 경쟁이 촉진되고 가격도 하락하고 있다.

⑦ 기존 사업자의 보복
위에서 열거한 진입장벽은 신규 진입자에 대한 기존 사업자의 보복 가능성이 높으면 높을수록 훨씬 더 효과적이게 된다. 기존 기업들이 신규 진입자에게 가할 수 있는 보복은 여러 가지가 있지만, 진입을 막기 위한 가격인하, 광고 및 마케팅 활동의 증대, 신규 진입자에 대한 법적 제소 등의 방법으로 신규 진입자들을 괴롭힐 수 있다.

3) 대체재와의 경쟁

만일 산업의 수익률이 소비자가 그 제품이나 서비스에 대해 기꺼이 지불하려는 가격에 따라 결정된다면 산업의 수익률은 대체재(substitute)의 유무에 따라 굉장히 달라진다. 이와 같이 대체재가 많으면 많을수록 기업들이 자신의 제품이나 서비스에 높은 가격을 받을 수 있는 가능성은 줄어든다. 대체재의 존재가 그 산업의 가격 결정에 영향을 미치는 정도는 크게 두 가지 요소에 좌우된다.

첫째, 소비자들이 쉽게 대체재로 옮겨갈 수 있는가 하는 문제이다.

둘째, 대체재가 가진 유용성이다.

4) 구매자 교섭력

어떤 산업의 기업이든 궁극적으로는 소비자들에게 제품이나 서비스를 판매한다. 구매자의 교섭력을 결정하는 데에는 다음 두 가지 요소가 중요하다.

① 먼저 제품차별화가 심할수록 구매자는 가격에 대해 민감하지 않게 된다. 예를 들어, 과자, 의류 등과 같은 제품은 종종 원가보다 훨씬 높은 가격을 받고 있으며, 구매자들은 높은 가격을 지불하더라도 자신이 선호하는 제품을 사기 마련이다.
② 구매자의 교섭 능력에 더 영향을 미치는 것은 판매하는 기업과 구매하는 기업 간의 교섭력의 차이이다.

첫째, 구매자의 공급자에 대한 상대적 크기가 중요한 요소이다.

둘째, 구매자들이 공급자의 제품, 가격, 비용구조에 대해 보다 자세한 정보를 가질수록 구매자의 교섭력은 강해진다.

셋째, 구매자들이 공급선을 바꾸는 데 많은 전환비용(switching cost)이 든다면 구매자의 교섭력은 떨어진다.

넷째, 수직적 통합을 할 수 있는 경우 구매자의 교섭력은 훨씬 강화된다.

이와 같이 구매자의 교섭 능력이 공급자들의 가격과 이윤을 낮춘다는 것은 이미 여러 실증연구에서 확인된 바 있다. PIMS 데이터를 이용한 연구에 따르면 구매자가 더 큰 기업일수록, 금액의 크기가 공급자의 매출에서 차지하는 비중이 크면 클수록, 구매자가 훨씬 가격에 민감할수록 공급하는 기업의 수익률은 낮아지게 된다.

5) 공급자 교섭력

강력한 구매자가 교섭력을 행사하여 가격을 낮춤으로써 공급자로부터 이익을 빼앗을 수 있는 것처럼, 공급자들도 자신의 교섭 능력이 강할 때 가격을 높임으로써 이윤의 폭을 넓힐 수 있다. 많은 산업에 있어서 일상재를 공급하는 기업들은 종종 자신의 교섭 능

포터모델의 유용성과 문제점

포터의 모델에 대한 가장 큰 비판은 산업구조 분석기법이 기본적으로 정태적인 모델이며 이 모델에서는 경쟁과 산업구조가 동태적으로 변한다는 사실을 충분히 구체적으로 고려하고 있지 못하다는 점이다. 포터의 분석에 따르면 산업의 구조가 그 산업 안에 있는 기업들의 경쟁방식을 결정하고, 이러한 기업들의 행동이 산업 또는 기업의 수익률을 결정하는 요인이 된다는 것이다. 그러나 산업구조는 고정되어 있는 것이 아니라 항상 변화하고 있다.

포터의 모델이 이런 점에서 한계를 지니고 있음에 반해, 경제학에서의 슘페터(Joseph Schumpeter)는 일찍이 경쟁과 산업구조의 동태적인 상호작용을 인식하고 이에 주목하였다. 슘페터의 지지자들은 현재 독점체제를 유지하고 있는 기업들도 새로운 기술, 새로운 유통망, 새로운 제품을 갖고 진입해오는 새로운 경쟁자에 의해 독점적 지위를 빼앗기고 시장은 점차 경쟁적인 체제로 바뀐다고 본다. 따라서 어느 산업에서 구조적인 기업혁신으로 산업구조가 빠른 속도로 바뀌고 있다면, 고정된 시점에서 산업을 분석하는 포터의 방법은 기업들에게 별로 도움을 주지 못한다. 그러나 슘페터가 말하는 기업혁신에 따르는 창조적 파괴의 과정은 상당히 느리게 진행된다.

산업의 흥망과 산업 내 기업들의 흥망성쇠 역시 대부분의 산업에서는 천천히 일어난다. 포터의 분석체계의 또 다른 문제점은 기업들 간의 구체적인 경쟁전략을 묘사하지 못한다는 점이다. 어느 산업에서 한 기업이 가격을 인하하여 자사의 시장점유율을 높이려 할 때, 경쟁기업이 이에 대응하여 가격을 경쟁적으로 내린다면, 결국 두 기업 간에는 가격 차이가 없어지고 원래 계획한대로 시장점유율을 탈취하기가 어렵게 된다.

력을 높이기 위해 카르텔을 형성하기도 한다. OPEC는 산유국의 교섭력을 높이려는 카르텔이고, 노동조합도 사실은 노동서비스를 공급하는 노동자들이 단체교섭력을 높여 구매자인 기업으로부터 더 많은 이익을 얻기 위한 조직이라고 할 수 있다.

[그림 1-1]은 휴대용 PC에 대한 5 Forces에 대한 예를 설명하고 있다.

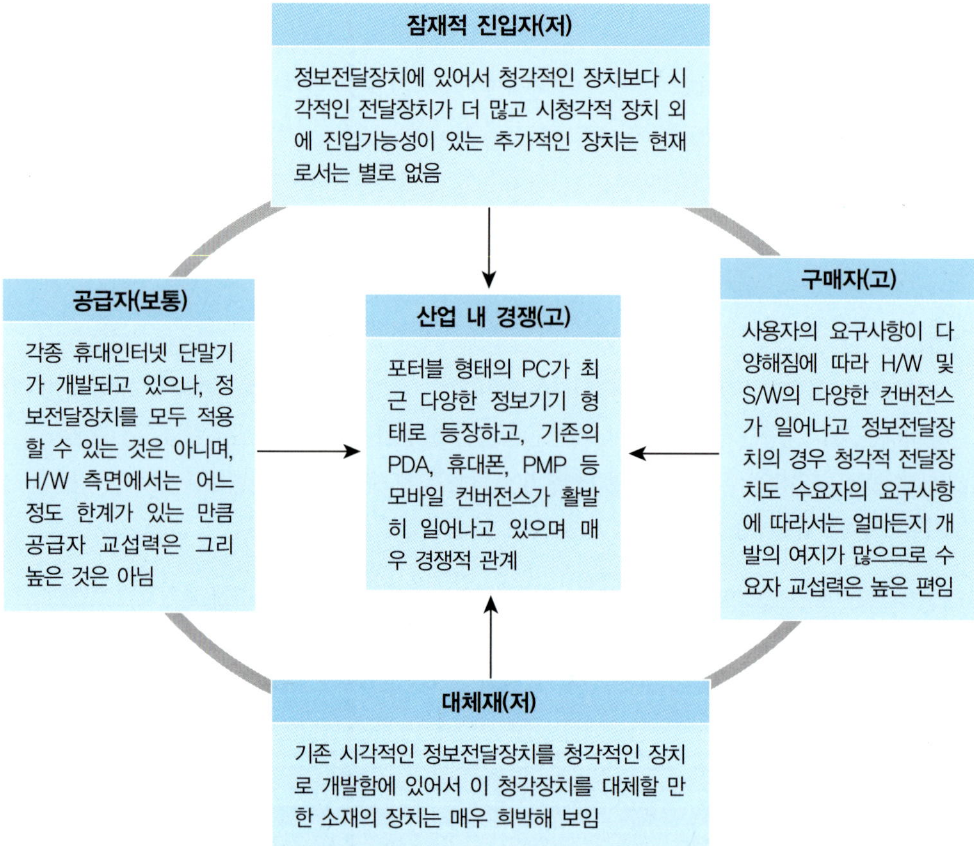

그림 1-1 포터블 PC에 대한 5 Forces의 예

(2) 기업 환경 분석

기업의 환경 요인을 분석하기 위해 사용하는 방법 중 대표적인 것은 [그림 1-2]와 같은 SWOT 분석이 있다. SWOT 분석이란 기업의 강점, 약점, 기회 및 위협에 대한 전반적인 평가를 의미한다.

Strengths(강점)	Weaknesses(약점)
Opportunities(기회)	Threats(위협)

그림 1-2 SWOT 분석 요인

사업단위는 중요한 거시적 환경요인(인구통계적/경제적, 자연적, 기술적, 정치적/법적, 사회적/문화적)을 조사해야 한다. 그리고 시장에서 수익을 획득할 수 있는 기업의 능력에 영향을 주는 미시적 환경요인(고객, 경쟁사, 유통업자, 공급업자, 판매상)을 조사해야 한다. 또한 사업단위는 추세와 중요한 발전 등을 추적 조사하는 마케팅 정보 시스템을 수립해야 한다. 그러고 나서 각각의 추세나 발전에 대해 마케팅 관리자는 연관되는 기회와 위협을 확인해야 한다. 다시 말해, 내부 환경요인을 통해 기업의 강점 및 약점을, 그리고 외부 환경요인을 통해 기회 및 위협을 예측한다.

(3) 경쟁 기술 및 기업 분석

1) 특허포트폴리오

특허포트폴리오를 이해하기 위해서는 특허지표에 관한 예비지식이 필요하다.

가) 특허포트폴리오 정의

특허포트폴리오는 공격적인 특허포트폴리오와 방어적인 특허포트폴리오로 구분된다.

공격적인 특허포트폴리오는 하나의 특허권으로만 만족하지 않고 가급적이면 개량발명, 관련 발명들을 동시다발적으로, 또는 연속적으로 출원하여 자신의 기본 특허의 외곽에 새로운 권리영역을 설정하는 것을 의미한다.

이에 반해, 방어적 특허포트폴리오는 자신의 특허 기술에 대하여 강력하게 권리 행사를 할 목적이 아니라 타인의 특허로 인하여 자신의 기술을 사용할 수 없는 경우를 회피하기 위해 자신의 기본 특허의 외곽에 권리 영역을 설정하는 것을 의미한다.

나) 일반 특허지표(Patent Indicator: PI)

■ 특허활동량(Patent Activity)

이는 기본적으로 이용되는 것으로 특허 건수와 관련된 것이다.

- 특허수: 특허의 건수 추적을 통해 특허의 성장 및 기술영역의 분배를 파악하여 기업의 R&D 활동을 모니터링하는 것이 가능하다.
- 특허성장률(Patent Growth Percent in Area)
  ① 일정 기간의 특허 건수 변화를 퍼센트로 나타낸다(1년간 특허 건수의 변화를 퍼센트로 나타냄).
  ② 그 회사의 기술의 중요한 부분과 기술 진보를 파악할 수 있다.
- 출원 기업의 기술점유율(Percent of Company Patents in Area)
  ① 해당 회사의 기술 분야에 대한 특허 건수를 전체 건수에서 나누어 퍼센트로 표현한다.
  ② 기술 분야에 대한 특허 건수를 전체 건수로 나누어 퍼센트로 표현한다.

■ 특허활동 지표(Activity Index: AI)

해당 기술 분야에 대한 기업의 기술집중도를 나타내는 지수로 어느 국가의 전체 등록특허 중에서 기술 분야의 특허 건수와 한 기업의 전체 특허 건수 중에서 해당 기술 분야의 특허 건수를 상대적으로 비교한 비율이다. 그 값이 1 이상이면 그 기술 분야에서 특허 집중도가 높다는 것을 의미하며, 반대로 1 이하이면 그 기술 분야의 특허집중도가 낮음을 의미한다.

$$AI = \frac{(\text{선택 기업의 특정 기술건수}/\text{해당 특정기술 전체 특허건수})}{(\text{해당연도 기업의 전체 특허건수}/\text{해당연도 전체 특허건수})}$$

■ 인용문헌(Cites Per Patent: CPP)

인용문헌(또는 인용참조문헌)은 2가지 형태로 볼 수 있는데, 하나는 Backward Citation, 또 다른 하나는 Forward Citation이다. 전자는 특허출원인이 출원시 제공한 정보와 심사관이 심사를 진행하면서 알아낸 정보로 이루어져 있다. 후자는 본출원보다 늦게 출원된 특허 중 본특허를 인용한 정보이다. 인용문헌을 통해 특허의 질, 기술적 영향, 기술적 중요성 등을 파악할 수 있다. 이러한 인용문헌의 정보를 활용하여 특허의 영향력을 파악하고자 할 때 이용하는 지수가 바로 인용문헌이다. 이것은 어느 기업의 특허들이 이후 등록되는 특허들에 인용되는 횟수의 평균값이며, 이 값이 클수록 중요 특허이자 기본 특허를 많이 가지고 있는 것을 의미한다. 많이 인용되는 특허들을 가진 회사는 경쟁에서 유리한 위치를 점할 수 있다. 또한 이를 통해 그 기업의 기술적 영향력을 평가할 수 있다.

그러나 단점으로는 최근 연도의 특허일 경우 그 값이 상대적으로 작을 수밖에 없는 한계를 가지고 있어 보통은 현재 시점에서 3년 이내의 특허에 대해서는 그 값을 구하지 않는다.

우리나라의 경우는 특허명세서에 인용참조문헌에 대한 기재가 미비하므로 이 지표에 대한 정보를 제대로 활용할 수 없는 단점이 있다.

■ 현재 영향지표(Current Impact Index: CII)

한 시점을 기준으로 삼아 과거 5년 동안의 기술적 활동을 반영하는 지수이다. 기준으로 잡은 연도를 기점으로 어느 회사의 과거 5년간의 특허가 해당 연도의 전체 특허와 비교하여 어느 정도의 빈도로 인용되었는가를 나타낸다. 따라서 이 값이 1이라면 평균 인용 빈도임을 나타내고, 2라면 평균과 비교하여 2배 많은 빈도로 인용되었음을 나타낸다.

CII에 있어서 과거 5년 이전의 인용된 자료는 CII 지수에 영향을 주지 않는다. 단지 과거 5년까지의 자료만을 가지고 나타내는 수치이기 때문에 다른 index와는 달리 해당 기업의 최근의 기술적 평가 등을 파악할 수 있다. CII는 인용문헌(CPP)과는 반대의 개념을 가지는데 CPP가 과거 3년 이전의 자료를 이용하여 나타내지는 지수라면, CII는 최근 5년간의 자료를 이용하여 나타냄으로 현재 인용되고 있는 회사의 특허 포트폴리오의 특성에 크게 영향을 줄 수 있다.

■ 과학논문 인용수(Science Linkage 또는 Science Index: SI)

미국 특허에 인용되는 과학논문 인용수의 평균값으로, 과학적인 활동에 근거하여 연구개발을 수행하고 있는지의 여부를 알 수 있는 지수이다. 최근 과학논문을 인용하는 경향이 점차 증가하고 있다. 이 SI는 해당 연도의 동일 국제특허분류(IPC) 서브클래스에서 특허에 인용된 특허문서의 평균 인용수와 비특허 인용문헌(non-patent reference)의 수를 비교하여 나타내는 비이다. 이 지수는 특허, 기술 분야 혹은 회사가 얼마나 과학적 연계가 있는지를 대체적으로 측정할 수 있는 지수이다. 또한 첨단기술의 동향을 파악할 수 있는 유용한 통찰력을 제공해준다.

■ 기술수명지수(Technology Cycle Time: TCT)

기술의 변화 및 진보 속도를 나타내는 지수로 하나의 특허에서 새로운 특허의 출현 시기를 알 수 있다. 어느 회사의 특허들이 인용하는 특허 Reference들의 연도의 중간값으로 나타낸다.

TCT의 값이 작은 경우 즉, 보다 새로운 특허 Reference를 인용하고 있는 경우 그 조직이 수행하는 기술개발의 속도가 빠르다는 것을 의미한다. 다시 말해, 유사한 발명과의 시간을 비교하여 기술진화의 속도를 나타내는 지수이다. 인용물의 공표 시점과 인용 시점에 공개된 혹은 공고된 날짜 사이의 중간값이다. 이 지수가 짧으면 같은 계통의 기술개발 속도를 빠르다고 해석한다.

■ 기술영향 지표(Technology Impact Index: TII)

특정 기술 분야/제조 분야에서 특정 국가(출원인)의 영향을 측정할 수 있는 지수이다.

$$\text{TII} = \frac{\text{(특정 기술 분야/제조 분야에서 X회 또는 X회 이상을 가지는 특정국가 (출원인) 특허비율)}}{\text{(특정 기술 분야/제조 분야에서 X 또는 X회 이상을 가지는 특허의 비율)}}$$

X: 인용회수 순위가 상위 10%인 특허의 인용회수

샘플의 수가 20개 이하일 경우 결과치의 신뢰성에 문제가 있을 수 있으므로 인용빈도가 낮은 공개 후 3년 이내의 특허는 계산시 포함하지 않는다.

■ 경쟁모니터링을 위한 특허지표(Patent Indicator: PI)

– R&D 집중도(R&D emphasis)

이는 기업의 연구개발의 관심도를 나타내는 것으로 해당 기업의 해당 기술 분야에 대해 기술개발 경향을 알 수 있다. 기업의 해당 기술 분야 출원수를 해당 기업의 총출원수로 나눈 값으로 나타낸다.

- 타사협력강도(Co-operation intensity)

이 지표는 유사 기술 분야에서의 파트너로서 공동 출원된 출원수를 의미한다. 해당 기술 분야의 공동출원수를 해당 기술 분야의 특허수로 나눈 값으로 구할 수 있다.

– 특허등록률(Share of granted patents): Q1

해당 기술 분야에서 기업의 특허 등록수를 해당 동일 기술 분야의 출원수로 나눈 값으로 나타낸다.

– 기술범위(Technological scope): Q2

특허의 질적 수준과 관련 있는 지표로 출원특허에서 IPC(국제특허분류) 하위분류의 분포도 및 수를 나타낸다.

– 국제 출원의 범위(International scope): Q3

이 지표 역시 특허의 질적 수준과 관련 있는 것으로 해당 기술 분야의 국제출원(미국출원, 일본출원, 유럽출원)의 점유율 및 특허패밀리(동일기술군의 특허)의 크기(수)를 나타낸다. 이는 출원인의 경제적 수준을 나타내기도 한다.

– 인용빈도수(Citation frequency): Q4

해당 기술의 특허출원에서 다른 특허에 의한 해당 기술의 평균적인 인용빈도수를 나타낸다.

– 평균특허수준(Average patent quality)

앞의 Q1에서 Q4까지의 총합을 이르며, 평균적인 특허의 질적 수준을 말한다.

– 특허강도(Patent strength)

해당 기술 분야의 특허출원에서 기술의 밀집도를 나타내는 것이다. 특허활동량과 평균특허수준과의 곱을 통해 산출한다.

– 특허강도에 따른 기술점유율

해당 기술 분야에서 특허강도를 해당 기술 분야에서 모든 경쟁 파트너의 특허강도로 나눈 값을 의미한다.

– 상대적 특허위치(상대적 기술 점유율)

해당 기술 분야에서 특허강도를 최대 특허강도로 나눈 값을 의미한다.

〈예시〉 특허포트폴리오의 작성 예

위의 특허지표 산출식에 따라 목적에 맞는 여러 형태의 산출값을 얻어 특허포트폴리오를 작성할 수 있다([표 1-1] 참조).

표 1-1 포트폴리오 구성을 위한 경쟁사 특허의 지표 산출값(예)

구분	업체명	특허 출원수	등록 특허수	평균 특허질	특허 강도	특허 강도에 따른 기술 점유율	타사협력 정도	상대적 특허위치 (상대적기술점유율)	R&D 집중도
1	A 사	16	9	0.31	4.92	0.131	0	0.0058	0.563
2	B 사	7	7	0.50	49.00	1.309	0	0.0576	1.000
3	C 사	9	0	0.08	0.75	0.020	0	0.0009	1.000
4	D 사	25	21	0.36	525.00	14.023	0	0.6169	0.560
5	E 사	37	23	0.39	851.00	22.730	0.33	1.0000	0.405
6	F 사	11	7	0.31	3.43	0.092	0	0.0040	0.364
7	G 사	10	3	0.33	3.25	0.087	0.14	0.0038	0.700

여기서는 특허성장률과 기술점유율(기술의 수준) 간의 포트폴리오를 예시적으로 작성해보자([표 1-2] 참조).

표 1-2 특허포트폴리오 예시

구분	특허성장률 (기술매력도)	기술점유율 (특허기술 위치)	총출원수
A사	0.56	0.13	16
B사	1	1.31	7
C사	1	0.02	9
D사	0.56	14.02	25
E사	0.41	22.73	37
F사	0.36	0.09	11
G사	0.7	0.09	10

이를 차트로 나타내면 [그림 1-3]과 같다.

우측 상단 A군의 경우 특허성장률이 높고 기술점유율(특허수준)이 상대적으로 높은 것으로 보이나, 아래 그림에서는 해당되는 기업이 없다. 따라서 기술사업화의 성공 가능성을 높이려면 A에 속하도록 노력해야 한다. x축의 굵은 수직선은 기술점유율의 평균값을 의미하며, y축의 굵은 수평선은 특허성장률의 평균값을 의미한다.

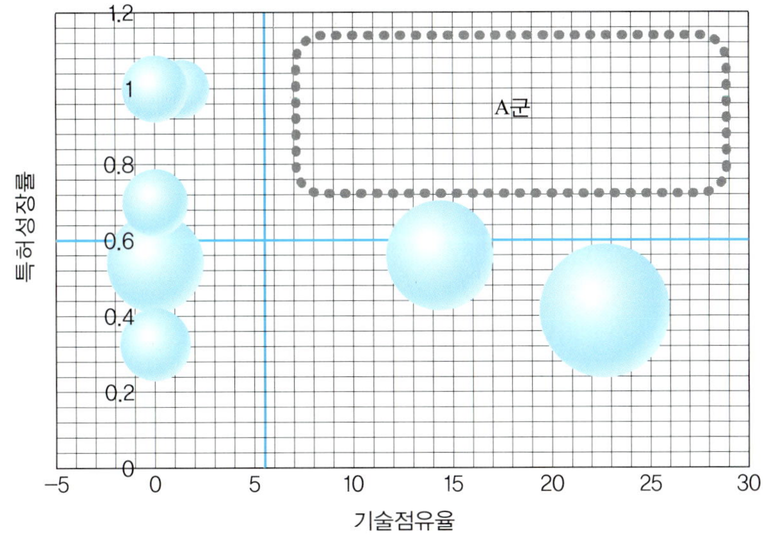

그림 1-3 기술사업화 성공 가능성(예시)

2) 경쟁사 모니터링 기법

각각의 업체에 대한 비교 항목들은 앞에 예시된 경쟁사의 특허 지표 산출값으로부터 아래 [그림 1-4]와 같이 쉽게 비교하고 이해할 수 있다.

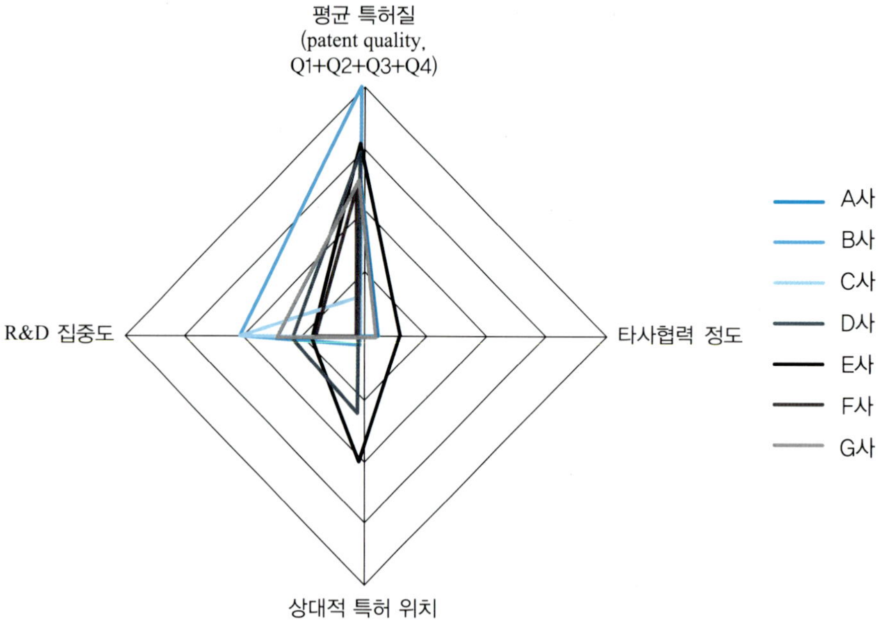

그림 1-4 경쟁사별 특허의 가치 구성요소의 크기 비교

1.2.2 기술 탐색

(1) 특허정보지도의 정의

특허정보지도(Patent Map: PM)는 특허정보, 즉 출원인, 발명자, 특허출원일자 등과 같은 서지적 사항과 기술분류, 기술평가결과 등과 같은 기술적 사항, 그리고 특허권의 범위 및 기간, 권리이전, 각국에서의 진행 상황 등과 같은 권리적 사항들을 활용 목적에 맞게 조합하여 그 관계를 도표화한 것으로 특허분석을 비교적 쉽게 할 수 있는 이점이 있다.

1) 특허맵

특허맵이란 시장의 특허 취득 상황을 이해하기 쉽게 데이터베이스화한 것이다. [표 1-3]과 같이 특허맵의 작성과 분석은 기업의 유효한 연구개발 전략의 책정 및 실시를 위해 반드시 필요하다.

표 1-3 특허맵의 활용 목적과 용도

구분	활용 목적과 용도
연구개발 전략수립 (Techno Map)	R&D 동향 파악, 공백 기술 분야 파악, 선행 프로젝트의 현존기술 파악, 중요 특허 파악, 타깃 제품의 시장조사
	기술 분야의 체계 파악, 자사의 위치 설정
경영 전략수립 (Manage Map)	경쟁사의 동향 파악, 시장동향 및 상품의 변혁과 흐름 파악
	신규 사업 방향 및 가능성 파악
	자사 기술 매각, 해외진출, 기술도입
	사업화시 주의를 요하는 권리 파악
특허 전략수립 (Claim Map)	정보제공, 이의신청 및 무효 심판 등의 자료
	특허 권리망 형성
	강력한 특허권 취득을 위한 명세서 작성

특허맵의 작성을 위한 기본적인 요소로서는 특허분류, 출원인, 발명자, 기술 키워드, 시계열, 기간 등이 있다. 이 요소들은 조합되어 [표 1-4]와 같은 목적으로 분류된다.

표 1-4 특허맵의 종류와 개요

특허맵의 명칭	개 요
랭킹 맵 (Ranking Map)	특허정보를 건수의 많고 적은 순서로 배열함으로써 주도하는 특허가 무엇인가를 파악하는 것이 가능하게 된다. 예를 들면, A사의 기술 분류에 따라 연차마다 특허출원 건수를 많은 순서대로 나열할 수 있다.
점유 맵 (Share Map)	특허정보의 각 분야나 항목이 차지하는 비율, 즉 점유 비율에 따라서 특허 상황을 파악하는 것이 가능하다. 예를 들면, A사의 기술 분류에 따라 연차마다 특허출원건수를 점유 비율로 배열할 수 있다.
시계열 맵 (Time Series Map)	특허정보의 수량 정보를 시계열적으로 (예를 들어, 5년마다 일정기간으로) 파악하기 위해 사용된다.
레이더 맵 (Radar Map)	시계열분석의 결과를 별 모양이나 구름 형상 등으로 표현한 맵을 말한다. 각 요소의 진전 상황을 한눈에 파악하기 위해 사용된다.
매트릭스 맵 (Matrix Map)	각 출원인과 각 기술 분류의 매트릭스 등 2차원이나 3차원으로 복수의 특허정보를 데이터베이스화한 맵을 말한다.
상관 맵 (Co-relation Map)	각 데이터 사이에 어떤 상관관계가 있는가를 분석하기 위해 이용된다. 일반적으로 아래 4개로 분류된다. ① 분류 상관 맵 ② 출원인 상관 맵 ③ 발명자 상관 맵 ④ 키워드 상관 맵
신규진입 맵 (New Entry Map)	시장에 신규로 참가하고 있는 기술 분류, 출원인, 발명자 등에 중점을 두어 신규 참여 실태를 파악하기 위해 이용된다.
기술발전 맵	특허정보를 1개의 기술사상으로 정하여 특허기술의 크기나 흐름(기술발전의 모양)을 보기 위하여 사용된다.
요지 맵	특허정보의 기술 내용을 한눈에 용이하게 볼 수 있도록 하기 위해 작성된다. 이 맵에 참조번호를 붙이면 나중에 데이터베이스화할 때 편리하다.
구성부위 맵	제품 부위마다 어느 정도의 특허가 취득되어 있는지를 한눈에 파악할 수 있도록 작성된 맵을 말한다.
뉴키워드 맵	특정 회사에 의해 개발된 독자 기술을 나타내도록 작성된 맵을 말한다. 예를 들면, A사(출원인)의 특정기술의 특허 가운데 A사에서만 사용되는 뉴키워드를 검색하여 정리한 맵을 말한다.
클레임 맵	클레임(특허청구범위)을 동일 속성의 클레임 키워드 등으로 분류하여 자사 특허의 강약을 기계적으로 체크하기 위해 작성된 맵을 말한다. 예를 들면, 종축에 재료 등의 '동일 속성의 클레임 키워드'를 취하고, 횡축에는 '그 클레임 키워드를 갖는 청구항'을 출원일 순으로 배열함으로써 자사 특허의 강약을 볼 수 있다.

2) 특허정보지도의 작성 절차

특허정보지도의 작성은 [그림 1-5]와 [표 1-5]와 같이 특허정보 수집, 특허정보 가공, 특허분석의 순으로 이루어진다.

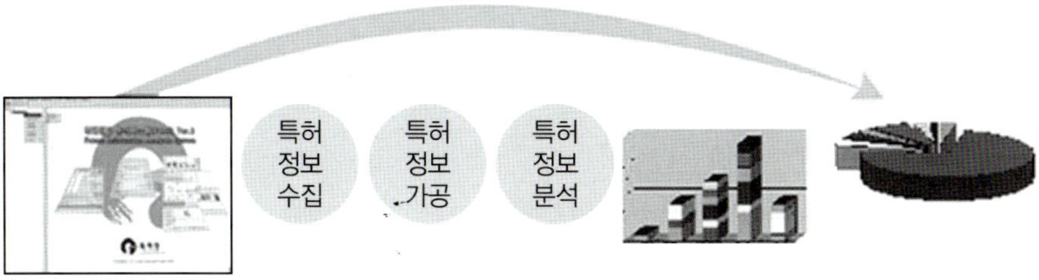

그림 1-5 특허정보지도의 작성 과정

표 1-5 특허정보지도의 작성 과정과 방법

특허정보 수집	특허정보 가공	특허 분석
특허정보의 검색 & 다운로드 - 인터넷을 통해 무료로 제공되는 특허 DB 사이트(예: 미국특허청 사이트, 일본특허청 사이트, kipris(한국특허정보원) 사이트 등)에 연결하여 과거출원된 특허정보 검색 - 검색된 특허정보의 일괄 다운로드	수집된 특허정보의 가공 - 다운로드된 특정정보에 대해 주제관리, 자료분류, 출원인 대표명 등으로 분류하여 행하여 데이터베이스화	가공된 특허정보로 특허분석 가공된 DB에 다양한 분석기법을 적용하여 활용목적에 따른 특허지도가 자동 생성됨 - 기본분석 - 연도별 동향분석 - 출원인별 동향 분석 - 기술별 동향분석 - 발명자별 동향분석 - 특허 상관관계분석 - 기술발전도 분석 - 특허인용관계 분석

3) 특허정보의 이용

위의 특허정보들이 구체적으로 어떻게 이용될 수 있는지를 살펴보자. '발명자'의 경우는 특정 분야 전문가(순위별, 특허비율)를 확인하거나 연구조직 운영(연구기간, 공동발명자로 발명자군 확인)을 확인하는 데 활용될 수 있으며, '출원인' 은 특정기술 보유기업조사(순위별, 특허비율), 경쟁사 기술(특정회사의 기술종류 및 비중) 동향조사에, '국가' 는 국가별 기술 종류 및 비중조사, 외국인의 특허현황 조사, 해독이 용이한 언어의 대응특허 확인, 특정 국가의 기술동향 파악에, '출원일' 은 (우리나라의 경우 선출원주의로 출원 날짜가 매우 중요) 우선권 주장에, '특허일자' 는 통계수치조사(출원인, 기술별, 국가별 시계열적인 조사), 특허기간의 확인에 활용되고 있다.

또한 심사 중간처리 과정이나 등록원부를 통해 특정 국가의 출원처리단계, 특허권리변화(양도, 이전), 특허청구범위(심사내용), 특허료 불납으로 인한 특허기간 종료 여부, 특허기간 연장 사항, 재심 결과, 특허의 유효성 등을 파악할 수 있다. 또한 위에 언급한 특허정보를 세 가지 정보의 성격, 즉 기술 정보, 권리 정보, 경영 정보로 나누어 볼 때 그 활용 분야를 정리하면 [표 1-6]과 같다.

표 1-6 특허정보의 구성 요소별 활용 분야

구 분	기술정보로서의 활용	권리정보로서의 활용	경영정보로서의 활용
파악정보 종류	• 기술개발 동향 • 핵심기술, 기본특허 • 융합기술 [기술상관관계] • 기술분포 현황	• 특허권리 범위 • 특허취득, 침해 가능성 • 권리상태, 권리기한 및 권리권자 확인	• 기업기술 및 상품 개발 동향 • 기업 연구관리 동향 • 시장참여 현황 • 국가별 시장규모 예측
활용방안	• 연구테마 선정 • 기술개발 방향설정, 변경 • 향후 출연 상품 예측 • 사전매입특허 확인	• 특허출원 여부 • 클레임 처리 • 자사특허권리 범위 확정 • 협력기업 확인 • 로열티 산정	• 연구개발 전략 수립 • 특허관리 방향 설정 • 기업협력, 매수전략 수립 • 특허출원국가 선정 • 우수 연구원 영입

출처: Patent Map 길라잡이, 특허청, 1999.

4) 특허정보지도 작성의 중요성

특허정보지도는 위에서 언급한 세 가지 측면의 정보를 얻기 위해서 특허 데이터를 특별히 가공하여 얻어낸 결과물로, 가공 정도에 따라 신뢰할 만한 우수한 정보가 될 수 있다. 크게는 국가 산업기술 로드맵의 구축을 가능하게 하고 연구 개발자에게는 연구 개발 과제의 결정과 목표 설정에 도움을 받고, 사업자에게는 시장 규모의 추정이나 경쟁 업체의 현황 모니터링 등과 같이 경영활동에 직접적으로 사용할 수 있는 중요한 정보를 제공한다.

5) PIAS를 통한 특허정보지도 작성 방법

① 우선 찾고자 하는 주제어를 정하고 'Kipris검색'을 통해 해당 특허를 조사한 다음 [그림 1-6]에서 보는 바와 같이 상단 메뉴 아래에 있는 '온라인 다운로드'를 선택하면 해당 창이 나타난다. 범위 지정을 한 후에 다운로드 형식에서 분석용 엑셀인 PIAS 분석(.xls)을 지정하고 선택 완료 버튼을 클릭하여 다운로드를 한다.

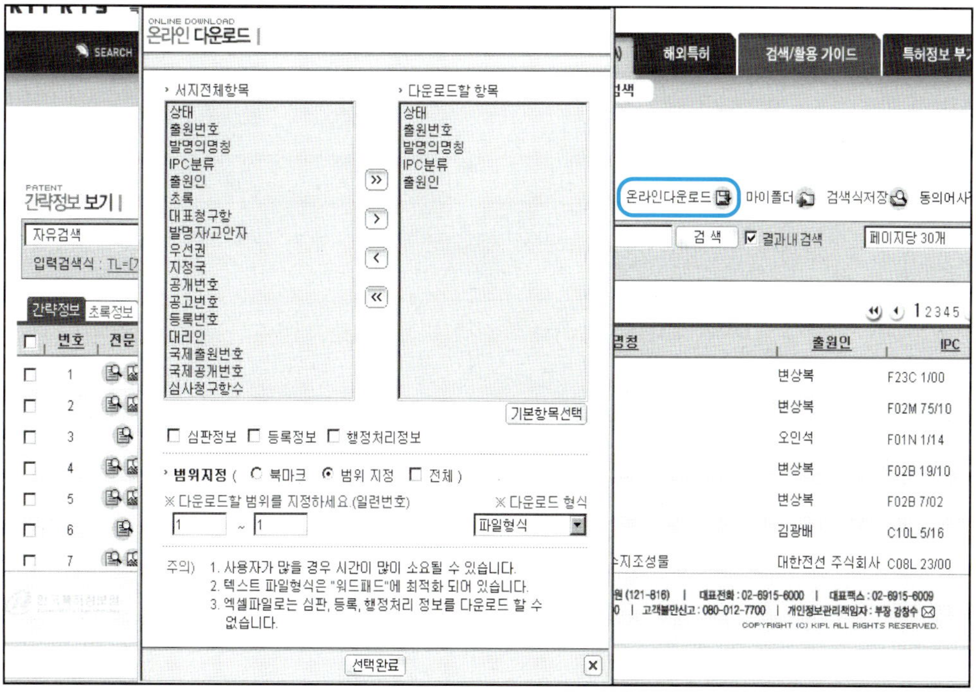

그림 1-6 Kipris 검색 및 온라인 다운로드

② PIAS 프로그램을 불러 메뉴-자료관리를 선택하고 다시 '주제 추가'를 선택하면 새로운 창이 뜨는데, 이때 주제 관련 사항을 기재하고 확인을 클릭한다. 그러면 선정한 주제명이 좌측에 뜬다([그림 1-7] 참조).

그림 1-7 특허정보분석 프로그램 PIAS의 초기 화면

③ 그 다음 다운로드하여 저장된 특허데이터를 PIAS 프로그램에서 불러오기 위해 커서를 좌측 해당 주제명에 놓고 클릭한 후 메뉴-정보수집을 선택하고 'Excel 불러오기'를 클릭한다.

④ 저장된 데이터가 나타나면서 최종적으로 주제명 바로 우측에 분석이 가능한 전체 특허수가 기록된다. 주의할 점은 때로는 저장된 특허수와 불러온 특허수가 일치하지 않을 때가 있는데, 이때는 보통 저장된 특허 가운데 각각의 분석 대상 필드명과 해당 내용이 서로 맞지 않아 해당 특허의 누락 현상이 일어나는 것이다. 그러므로 저장된 특허데이터에서 전체 특허의 배열 정돈이 바르게 되어 있는지 살펴보아야 한다. 또한 중복된 특허가 있는 경우에 정확한 분석을 위해 제거시켜야 한다.

⑤ 이제 분석의 준비는 완료되었다. 어떤 목적으로 무엇을 분석해야 할 것인지 결정해야 한다. 여기에는 두 가지 방법이 있다. 메뉴-자료분석을 선택하고 '분석마법사'를 선택하는 방법이 있고, 다른 방법으로 화면 하단에 '주제'와 '분석'이 있는데 '주제'를 선택한 후 '분석'을 클릭하면 각종 차트 분석의 종류가 나오는데 이것을 이용

해도 된다. 두 가지 방법의 각각의 장점은 전자는 어떤 일정한 목적에 따른 분석이 자동적으로 정해진 틀에 의해 차트가 생성되어 가능하고, 후자는 분석자가 자유로이 선택적으로 구성하여 분석할 수 있는 편리성이 있으나 나름대로의 확실한 분석 목적에 따른 독자적인 분석 구성안이 있어야 한다. 그렇지 않으면 단편적인 분석에 머물 수 있다는 점에 주의해야 한다.

1.2.3 제품 탐색

제품 탐색의 가장 좋은 방법은 경쟁사의 제품을 분석하는 것이다. 경쟁사 제품분석 방법 중 대표적인 방법이 벤치마킹(benchmarking)이다.

벤치마킹의 목적은 개발 중인 제품과 혹은 개발팀이 중점을 두는 문제와 유사한 기능성을 갖는 기존 제품에 대해 조사하는 것이다. 벤치마킹을 통해서 경쟁사 제품의 강점과 약점 정보뿐만 아니라 특정한 문제를 해결하기 위해 적용된 기존의 해결 방안을 알 수 있다.

벤치마킹 프로세스 모델은 데밍(Deming)에 의해 주창된 프로세스 관리를 위한 4단계 발전 절차를 활용하여 구성할 수 있다

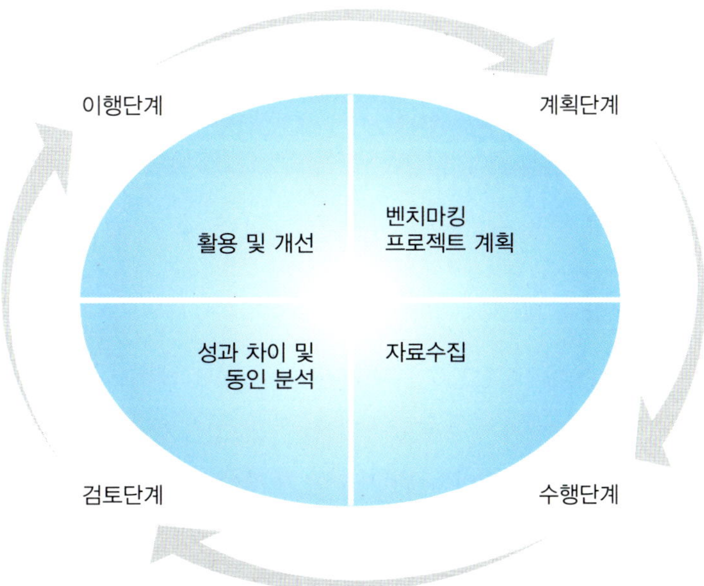

그림 1-8 벤치마킹 4단계 절차

[그림 1-8]은 데밍의 4단계 모델안으로 벤치마킹 프로세스가 어떻게 통합되는지를 보여준다. 이는 다음과 같이 요약할 수 있다

1단계: 벤치마킹 프로젝트 계획 단계
2단계: 필요 정보 및 데이터 수집 단계
3단계: 성과차이(performance gap) 및 동인(enabler) 분석 단계
4단계: 프로세스 동인 채택으로 인한 개선 단계

(1) 1단계 : 계획 단계

계획 단계에서는 다음의 세 가지 사항을 고려해야 한다. 첫째, 기업은 반드시 자사의 핵심 성공요인, 핵심 프로세스, 핵심 역량 등을 파악해야 한다. 둘째, 벤치마킹되어야 할 중요한 프로세스는 반드시 문서화되어야 하고 그 프로세스의 특성이 정확히 기술되어야 한다. 마지막으로, 벤치마킹 파트너 선정을 위해 필요한 요구조건도 반드시 작성되어야 한다.

위의 사항을 고려하여 다음과 같은 업무를 수행한다.

- 자사의 전략적 프로세스, 핵심 프로세스, 핵심 성공요소를 판단한다.
- 벤치마킹 수행 대상 프로세스를 결정하고 측정단위 등 조작적 정의를 작성한다.
- 벤치마킹 파트너 선정을 위하여 정보를 수집한다.
- 프로세스 오너의 참여를 확보한다.
- 벤치마킹 팀을 편성한다.
- 프로세스 흐름 분석 및 성과 측정단위를 설정한다.

(2) 2단계 : 자료 수집 단계

이 단계에서는 내부 데이터 수집, 자료 및 문헌조사, 외부 데이터 수집이 포함된다. 내부 데이터 수집 단계에서는 자사 프로세스의 절차 및 성과 등을 프로세스맵 등을 통하여 분석한다. 내부적 자료수집이 끝나면 가능한 벤치마킹 대상 기업을 선정하고 2차로 자료 및 문헌 조사를 실시한다. 이 단계에서는 관련 잡지, 학술지 혹은 언론매체, 컨설팅 기관 등을 통하여 초우량 프로세스에 관한 연구조사를 실시한다.

대상 기업이 선정되면 외부 데이터 수집을 수행하여야 한다. 외부 데이터 수집 방법

은 전화 인터뷰, 설문지 작성, 면접, 인터뷰 등이 사용될 수 있다. 궁극적으로는 현장을 방문하여 실무 감각을 느끼고 프로세스의 형태, 성과 등을 관찰해보는 것이 필요하다.

자료 수집 단계에서는 다음과 같은 업무를 수행한다.

- 자사의 프로세스 데이터 수집
- 벤치마킹 가능 파트너 리스트 선정
- 자료 및 문헌 조사
- 파트너 분석 및 결정
- 파트너와의 업무협조 및 교류협조 획득
- 설문지 인터뷰 조사 수행
- 갭 분석
- 사이트 방문 실시 및 검증

(3) 3단계: 분석 단계

분석 단계에서는 데이터 분석, 근본 원인 분석(root cause analysis), 결과 예측, 동인 판단 등의 업무를 수행해야 한다. 분석 단계의 목적은 벤치마킹 수행을 위해 개선 가능한 프로세스 동인들을 확인하기 위한 것이다. 이 단계에서는 경쟁회사의 프로세스 성과 차이에 대한 분석을 수행하여야 하며 어떤 프로세스 혹은 프로세스 내의 어떤 활동들이 성과 차이에 영향을 미치는가를 분석하기 위한 심층연구를 하여야 한다.

이 단계에서의 주요 활동 내역은 다음과 같다.

- 성과 차이 분석을 위해 자료분석과 도표화
- 공통 측정단위에 의한 객관적 성과 분석
- 현재 자사의 성과와 벤치마킹 대상기업과의 성과 비교
- 차이 분석 및 요인 분석
- 성과 변화 추세 예측
- 초우량 프로세스 개발
- 프로세스 개선을 이끄는 동인 추출
- 동인의 현재 체제에의 적용 가능성 평가

(4) 4단계 : 개선 단계

올바른 목표의 설정은 프로세스 향상을 위한 필수적인 요소이다. 기업은 개선 단계에서의 목표를 단기 목표(short-term goal), 등가 목표(parity goal), 리더십 목표(leadership goal)의 3단계로 설정할 수 있다. 단기목표는 벤치마킹 활동을 하지 않을 경우에도 자사 업무의 분석으로 인해 얻어질 수 있는 개선 목표를 말한다. 등가 목표는 벤치마킹 파트너의 프로세스 및 동인을 분석하여 적용함으로써 얻어질 수 있는 목표를 말하고, 리더십 목표는 여러 회사를 벤치마킹한 장점의 효과를 살리고 시너지 효과를 올려서 경영자가 경쟁사의 성과 이상으로 책정한 성과 목표를 말한다. 세 종류의 성과 목표가 [그림 1-9]에 나타나 있다.

개선 단계의 궁극적인 목표는 자사의 핵심 프로세스를 개선함으로써 벤치마킹 결과를 현실화시키자는 것이다. 이 단계에서는 벤치마킹 연구를 통해 얻은 정보를 활용함으로써 향상된 프로세스를 조직에 적응시켜 지속적인 향상을 유도하여야 한다.

이 단계에서의 주요 활동 내역은 다음과 같다.

- 성과 차이를 극복할 수 있는 목표 설정
- 최상의 업무 수행 방안 및 동인 결정
- 기업문화 및 구조에 적합하게 프로세스 동인 개발

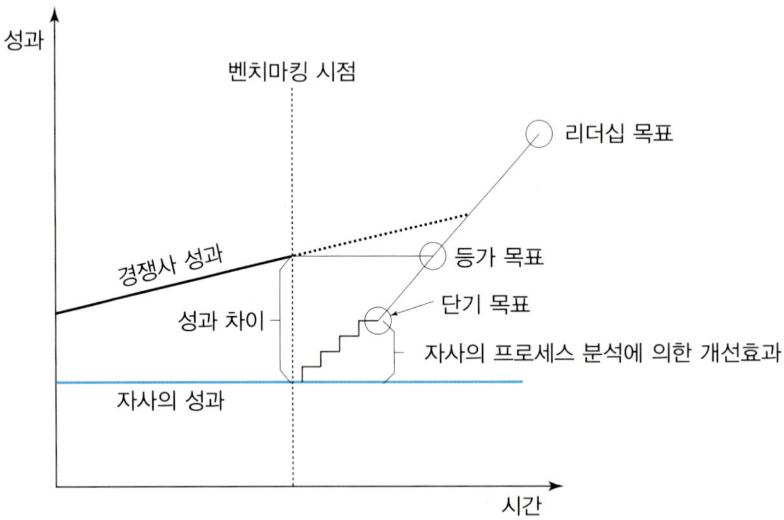

그림 1-9 벤치마킹에 의한 성과 차이 분석

- 개발된 동인을 프로세스에 접목
- 개선 업무 수행을 위한 실행 계획 수립
- 최고경영자의 승인 획득
- 자원 투입 및 이행
- 개선 과정 측정 및 보고
- 미래 벤치마킹 기회 연구 및 주기적 업무성과 측정

1.2.4 시장 탐색

(1) 제품포트폴리오 분석

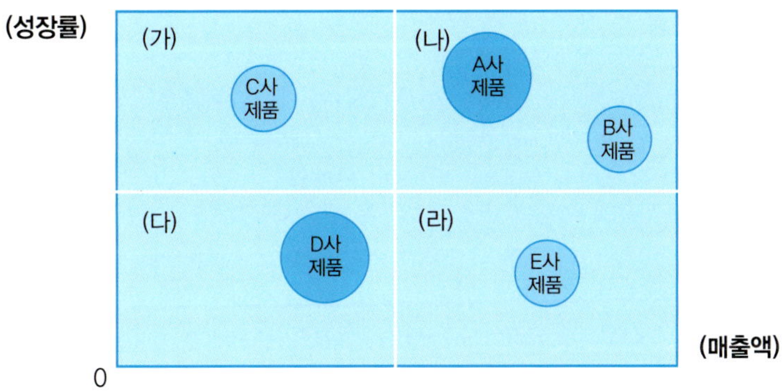

오늘날과 같이 정보의 노출이 쉽고 또 용이하게 습득하는 산업 환경 속에서 어떠한 경우에도 유사 경쟁업체에 의한 유사 제품을 배제하기는 어렵다. 오히려 유사 제품을 연구하여 차별화할 수 있는 대상 제품을 찾아내는 것이 더욱 중요하다. 제품의 포트폴리오 분석은 이와 같은 것을 가능하게 해준다. 경쟁사의 유사 제품 조사에서 예를 들어 A사 제품에서 E사 제품까지 매출액을 계산하고 전년도 대비 매출성장률을 계산하여 각각의 해당사 제품의 위치를 x,y 축 도표에 분포시키는 포트폴리오를 작성한다.

여기서 (가)군에 속하는 기업의 제품일 경우 매출액은 낮지만 성장률은 비교적 높은 편이어서 시장의 잠재력은 어느 정도 있다고 추정할 수 있다. (나)군에 속하는 제품의 경우는 시장의 규모나 잠재력 모두 다 있다고 볼 수 있다. (다)군에 속하는 제품의 경우는 매출액과 성장률이 모두 낮아 사업을 접어야 마땅할런지 모른다. (라)군의 경우는 매출액은 높은 편이나 성장률이 높지 않아 시장 확대에 어느 정도 제한적이지만 마케팅을 통해 적극적인 시장 확대를 꾀하든가, 또는 과감하게 사업을 축소해야 하는 결정이 필요하다. 이렇게 유사 제품 간의 비교를 통해 (나)군에 속하는 해당사 제품을 벤치마킹 대상 제품으로 정할 수 있는 것이다. 또한 절대비교보다 경쟁사 간의 평균매출액 및 평균성장률 등을 적용하여 비교하면 동종업계에서의 자사 수준을 예상할 수 있는 방법도 된다.

(2) 시장분포도

또 다른 방법으로는 [그림 1-10]과 같이 부품별 시장점유율 및 매출액을 추정하는 과정이 필요하다. 만약 부품 1의 경우는 B사, 부품 2의 경우는 E사, 부품 3의 경우 C사… 등으로 시장점유율 및 매출액이 가장 큰 것으로 조사된다면 우선 이들의 우월한 부분만을 채택하여 이를 차별화할 수 있는 방안을 연구하면 이 또한 시장탐색의 방법이 된다. 그리고 이들을 벤치마킹하여 제품화에 반영한다.

	A사	B사	C사	D사	E사	기타	선택	
부품 1	5%	60%	15%	10%	3%	7%	B사	신제품
부품 2	8%	12%	10%	20%	40%	10%	E사	
부품 3	14%	16%	50%	5%	5%	10%	C사	
부품 4	7%	10%	23%	45%	10%	5%	D사	

그림 1-10 경쟁사 벤치마킹의 예시

다시 말해, 부품 1,…부품 4로 제품에서 선택된 B사, E사, C사, D사를 벤치마킹하여 새로운 신제품이 탄생된다.

1.3 신규 아이템 선정

1.3.1 틈새시장 발굴

새로운 시장을 인위적으로 창출한다는 것은 매우 어렵고도 힘든 일이다. 그렇다고 대박을 바라듯 운만 기다릴 수만도 없는 일이다. 그렇다면 새로운 시장 창출은 무엇을 의미하는 것인가? 그것은 결국 기존 시장에서의 제품의 기대효과를 개선시키거나 가격인하의 요소를 갖춰 가격경쟁력을 갖는 것을 의미할 수도 있다. 이런 측면에서 제품기획을 한다면, 당연히 기획의 초점은 성능 개선과 원가절감에 의한 가격경쟁력이 될 것이다. 그리고 이와 같은 두 가지의 요소는 타제품과의 비교를 통해 보다 가능성 있는 틈새시장(niche marketing)을 만들 수 있다.

또한 이러한 틈새시장의 니즈를 알아내기 위해 기술경영의 도구와 수요자의 니즈를 활용하여 좀더 구체성 있는 신규 틈새시장을 위한 아이템에 접근하게 된다. 따라서 이러한 방법론을 통해 신제품을 어떻게 기획하고 개발하는지에 대해 설명한다.

1.4 신제품 기획

1.4.1 신제품 개발의 중요성

드러커(P. F. Drucker)는 기업의 목적은 고객 창조라 하였으며, 기업은 고객을 창조하기 위해서 두 가지의 과업을 수행하여야 한다고 주장했다. 그것은 마케팅과 혁신이다. 성장기업의 대부분은 신제품지향적이며, 그러한 기업일수록 급성장하는 경우가 많다. 신제품 개발에는 많은 비용과 시간이 투여되는 만큼 실패의 위험성이 늘 상존한다. 그러기에 경영자는 혁신적인 사고로 신제품 개발에 집중하지 않으면 안 된다. 신제품 개발은 기업 성장 발전의 불가결한 요소로서, 특히 오늘날 급속한 기술혁신과 소비자 욕구의 변화 그리고 비가격경쟁이 격화되는 실정을 고려하면 신제품 개발의 중요성은 계속적으로 증가된다.

1.4.2 신제품 개발 순서

신제품 개발은 보통 착상 및 정보수집과 같이 아이디어를 최적화시키는 단계와, 이를 상품으로서의 가치를 가질 수 있도록 상품을 기획하는 상품기획화 단계, 그리고 재료, 물성 등 기초적인 연구에서부터 이러한 성과를 산업에 응용하기 위한 전망을 세우는 과정으로서의 연구개발, 상용화를 위한 견본을 제작하는 시제품 개발, 시장에 투입되는 제품을 생산하는 양산의 순으로 개발이 이루어진다. 이를 좀더 구체적으로 살펴보면 [그림 1-11]과 같이 정리할 수 있다.

DEFINE	MEASURE	ANALYSIS	IMPROVE	CONTROL
환경분석	**고객 및 제품분석**	**신제품 SPEC 확정**	**디자인 지도**	**설계 및 목업 지도**
• 업체 현황 파악 • 시장 규모 조사 • 기술 현황 조사 • 시장의 성장성 조사 • 경쟁업체 평가 • 기존 제품의 기능 분석 • 기존 제품의 시장에서의 성패요인 분석 • 제품의 개발 계획서 작성	• 기존 사용 고객의 Needs 조사 • 고객의 Needs를 반영한 요구 품질 조건 변경 • 기존 제품의 벤치마킹 • 자사 제품과 경쟁업체간의 제품 효용도 평가 점수 부여 • New Idea 생성	• 요구품질의 점수화 • CTQ(Critical To Quality) 확정 • Mechanism의 중요도 평가 • Pugh Matrix법에 의한 메카니즘 확정 • System의 Spec 확정 • 부품별 Spec 확정	• 확정된 Spec 이해 • 고객의 사용 시나리오 작성 • 기존 제품의 디자인 및 Trend 조사 • 디자인 방향 설정 / 아이디어 스케치 지도 • Detail Design 지도 • 디자인 평가 및 도면 작업 지도 • 사양서 작성	• 확정 디자인을 근거로 외관 구조 컨설팅 • 내부 사용 부품 모듈의 Spec에 근거한 설계 지도 • 부품과 케이스 간의 고정 및 원활한 동작 설계 지도 • 차후 금형 및 양산 문제가 없도록 Robust한 설계 지도

그림 1-11 신제품 개발 순서

일단, 신제품 개발이 확정되면 제품전략에 따른 제품 개발의 방침을 결정할 필요가 있다. 이러한 방침에는 다음을 우선적으로 생각해야 한다.

– 제품시장 전략을 결정하고 제품시장 분야를 결정한다. 자사 제품의 시장을 확대시킬 것인지, 다각화를 시킬 것인지 제품 시장 분야를 정하는 것은 중요한 일 중 하나이다.
– 다음으로, 그 제품에 의해 장래에 기대되는 매출액을 결정한다.
– 마지막으로, 제품의 발매 시기를 결정한다.

제품 개발에는 장시간이 소요되므로 상당한 시간과 경영자원의 투입을 필요로 한다. 그러므로 위와 같은 방침은 경영에 매우 중요하다.

(1) 아이디어 최적화 단계

제품의 아이디어를 찾는 단계이다. 제품 개발의 방침에 따라, 우선 전문잡지나 특허공보 등 관련 정보의 원천을 찾고 거래업자, 판매조직, 일반 소비자 등 관련 관계자를 찾는 것도 중요하다. 특히 복수의 아이디어를 찾을 때는 그 우선순위를 결정하기 위해 평가 항목 등 일정 기준을 세워 평가를 통해 선별한다. 평가 항목은 다음과 같다.

1) 외부 환경에 대한 평가

제품을 제조 및 사용, 폐기함에 있어서 각종 규제를 예로 들 수 있다. 특히 대기, 수질 등과 같은 환경오염에 대한 규제라든가 진동, 소음, 전파에 관한 것 등을 예로 들 수 있다. 사업자는 이러한 문제에 대해 책임의식을 요구받고 있고 적절한 대응을 취해야 한다. 또한 안전에 대한 문제가 있으며, 이를 위한 제조물 책임법이 있다. 그밖에 여러 가지 국내외 제품 제조에 관한 법적 규제가 있다.

2) 제품 시장 그 자체에 대한 평가

해당 시장에 대한 시장규모라든가, 관련 기업의 자본력의 확대 여부, 관련 시장에서의 제품의 라이프사이클, 제품에 따라서는 계절, 기후 등에 의한 수요 변동을 고려해야 한다.

3) 재료, 기술, 제조에 관한 평가

제품의 재료 조달에서 가능한 한 싸게 공급받을 수 있는지, 제품을 제조하는 데 있어서 해당 기술이 정말 관련되는 것인지 등에 대한 평가도 중요하다. 생산기술력은 곧 제품 설계를 기본으로 하고 있어서 제품을 직접 구현하고 가격에도 영향을 미치기 때문이다.

4) 판매면에 대한 평가

신규 제품에 대해 판매 루트가 기존 루트와는 달리 별개로 개척해야 하는 경우에는 비교적 비용이 많이 든다. 그러므로 제품에 따라서는 시장은 생산지에 근접해 있는 것이 유리하다. 또한 해외시장에 대해서도 현지 생산은 물류비용의 절감, 환율, 관세 등 많은 유리한 점이 있다. 시장에서의 경쟁사의 존재 여부는 매우 중요하다. 경쟁사가 있을 경우에라도 차별화 전략이 무엇이냐에 따라 다르므로 평가 항목에서도 이는 중요한 항목이다. 기업의 매출액은 보통 해당 시장규모에 자사의 시장점유율을 곱해서 얻으므로 시장점유율 역시 매우 중요한 항목 중 하나이다.

5) 서비스 체계에 관한 평가

서비스 측면에서 살펴보면 서비스의 질이 실제로 제품의 판매에 영향을 주므로 제품 공급자는 가능한 한 경합 경쟁업체보다 값이 싸고도 친절한 서비스가 제품 사용자로부터 좋은 평가를 받을 수 있는 요소로 인식하고 각별히 신경을 써야 한다.

6) 재무면에 대한 평가

매출액과 부가가치율이 평가에서 좋은 결과를 얻을 수 있는 요소이다. 또한 손익분기점 조업도가 예정의 조업도에 대해서 충분히 작은 것이 높은 평가를 받는다. 마찬가지로 신제품 개발 투자비 대비 수익에 있어서, 다시 말해 수익률에 있어서 큰 것이 당연히 투자 대상이 되므로 이에 대한 평가는 면밀하게 이루어진 후 투자되어야 한다.

이와 같은 평가 요소들을 고려하여 평가 항목을 정리하면 [표 1-7]과 같다.

표 1-7 투자 대상의 평가 기준

평가 분류	평가 항목
외부환경 평가	1. 환경 문제 2. 법규, 규제 3. 제품 안전성
제품 시장 그 자체에 대한 평가	1. 시장규모 2. 시장 개발의 필요성 3. 제품 라이프사이클 4. 수요 안정성
재료, 기술, 제조에 관한 평가	1. 재료 조달 2. 생산기술력 확보 3. 제조 설비와 능력 4. 기업 능력
판매면에 대한 평가	1. 판매 루트 2. 경쟁사 존재 여부 3. 기업 위치, 크기
서비스 체계에 관한 평가	1. 친절 정도 2. 차별화 정도
재무면에 대한 평가	1. 매출 확보 정도 2. 고부가가치율 확보 정도 3. 이익 확보 정도 4. 투자이익률

(2) 상품기획화 단계

앞서 수행한 평가 항목의 예시에 따라 상품화 기획을 결정하면 이제 본격적인 상품화를 위한 제반 활동에 돌입한다. 여기서 상품화기획이란 신제품에 대한 아이디어 착안과 우선순위를 위한 항목 평가를 거치고, 동시에 고객 요구사항을 파악하며 관련 필요 기술 및 시장 동향을 고려하여 해당 시장에서 무엇을 어떻게 언제부터 팔 것이며, 어느 정도의 수익을 낼 수 있을지를 예상한다. 나아가 기획된 제품이 진정으로 상품으로서의 가치를 가질 수 있도록 의도하는 것으로 정의한다. 이때 제품에 대한 상품화 기획에는 다음의 내용을 포함해야 한다.

유사 기업, 유사 제품과의 비교를 통해 새로운 차별화된 시장을 확보하여야 하고 이를 위해 기능과 편의성, 가격경쟁력, 디자인, 안전성 등이 충분히 고려되어야 한다. 특히 이러한 여러 가지 차별화 요소뿐만 아니라 표적 시장에 대한 언급과 판매전략, 예상 판매가격 역시 상품기획서에 넣는다.

(3) 연구개발 단계

상품화 기획에 대해 구체적인 윤곽이 드러나면 비로소 제품개발에 대한 개발계획서를 수립한다. 그러나 상품기획서 그대로 개발되기 어려울 것으로 예측될 경우에는 보다 원활한 개발계획서를 수립하기 위해, 그 전에 블록 시험제작 및 시스템 전체 구상 설계를 실시하는 경우가 많다. 제품의 구상 설계 후에 개발계획서를 만들며, 이때 제품사양서도 함께 작성한다.

1) 구상설계

구상설계가 끝나면 평가를 실시하는데, 보통 이를 '디자인 리뷰(design review) I' 이라 한다. 이러한 디자인 리뷰를 통해 개발이 결정되면 상세설계를 시작하고 결과물로 시작 도면을 얻는다. 상세설계에서는 구상설계도를 기본으로 하여 요소별 재질, 치수, 표면 처리 정도 등 설계정수를 정하며, 추가 부품에 대한 사양을 결정하고 허용공차에 따른 설계를 실시한다.

2) 기능 시작

다음으로 목표 기능을 달성하기 위해 '기능 시작' 을 수행하고 기능 시작에 대한 평가를 실시하는데, 이를 '디자인 리뷰 II' 라 한다. 기능 시작이라 함은 기능시험제작을 가리키는 말로 상세설계도에 근거한다. 여기서는 제품사양과의 차이점, 신뢰성, 비용 등을 평가한다. 이러한 디자인 리뷰 II의 결과를 개발계획서 및 제품사양서를 기준으로 평가하여 '기능시험제작결과 평가보고서' 로 작성한다.

특히 디자인 리뷰 II에서는 기술, 기획, 영업, 품질보증 관련부서에 의해 평가한다. 이 과정은 다음의 시제품 제작에 직접 영향을 끼치는 중요한 사항으로 여기서의 평가는 수정 보완 등을 거친 후 제품설계에 들어간다.

(4) 시제품 개발 단계

디자인 리뷰 II를 끝내면 설계시작을 수행하는데 제품설계도에 의거한다. 설계시험제작이 완료되면 마찬가지로 그에 대한 디자인 리뷰 III를 실시하고, 또한 달성 가능한 제품사양서가 완료되면 양산 관련 모든 부서들은 일제히 양산체제에 돌입하게 된다. 예를 들어, 영업은 제품 판매를 위한 판매계획서를 수립하고, A/S 부서는 제품 판매와 더불어 발생할 수 있는 사후 서비스를 준비하며, 생산부서는 제조 예상 견적서를 작성하고 제조라인을 정비한다. 또한 기술부서는 양산을 위한 작업표준이나 양산에 필요한 관련 데이터를 정비한다.

이제 양산준비 체제에 돌입됨에 따라 양산 도면을 디자인 리뷰 III를 통해 제품설계도를 수정 보완함으로써 완성된다. 이렇게 완성된 양산도면은 더 이상의 설계변경이 필요치 않는 최종 도면이 된다.

(5) 양산화 단계

양산이 결정되면 제품사양서, 판매계획서, 제조예상 견적서를 중심으로 신제품 출시를 위한 구체적인 활동이 시작된다. 다시 말해, 생산의 경우 대량생산 시험제작을 예로 들 수 있는데, 대량생산 제1로트의 생산이다. 이는 판매 목적으로 생산하는 것으로 이전의 시험제작과는 다르다. 대량생산 시험제작 결과보고서를 작성하고 다자인 리뷰 IV를 실시한다. 여기서는 기능, 성능, 품질, 코스트, 생산량 확보 등의 최종적인 확인이 필요하다.

1) 제품 인정

대량생산의 첫 로트의 제조품질을 인정한는 절차이다. 품질보증부에서 평가하는 출하 검사를 통해 제조공정 등 일련의 과정이 표준대로 제조되어 자사의 품질 수준을 만족시키며 사용자의 요구에 대처할 수 있음을 인정한다.

2) 양산 이관

이러한 과정을 거쳐 출하 승인이 떨어지면 안정화된 대량 안정생산에 들어간다.

3) 첫 로트 출하

첫 로트의 출하와 동시에 A/S가 개시된다. 서비스 활동을 통해 사용자의 요구사항을 수렴한다.

1.4.3 고객 니즈 파악

(1) 인터뷰 조사

인터뷰 조사에는 다음의 두 가지 방법이 있다.

1) 그룹 인터뷰

그룹 인터뷰는 이용자를 몇 사람 모아서 자유로운 의견교환을 하도록 하고 그중에서 신상품의 힌트를 얻는 기법이다. 참가자가 적극적이고 사회자가 요령이 있으면 그룹 내의 심리적인 상승효과로 인해 상당한 성과를 기대할 수 있다. 사회자는 어느 정도 질문사항을 준비해두지만, 이에 구애받지 않고 자유자재로 흐름을 컨트롤한다.

그룹 인터뷰의 경우 같은 시간에 같은 장소에 모여야 하며, 선입견이 없어야 하며, 말하기 힘든 것도 터놓고 말할 수 있도록 제3자(리서치 회사 등)에게 의뢰하여 실시하는 경우가 많다. 인터뷰 내용은 모두 동영상, 음성으로 기록하고 이를 도표화하면 좋다.

2) 평가 그리드법

평가 그리드법은 다다이(讃井)가 개발한 '래퍼토리 그리드 발전 기법' 이다. 그룹 인터뷰에 비해 자유분방하고 독특한 의견은 나오기 어렵지만 각 개인이 일정한 평가 대상을 일정한 방식으로 평가하도록 하기 때문에 시간과 장소의 제약이 적고 누구라도 인터뷰가 가능하다. 몇 명에게 실시하여 나온 내용을 줄기에서 가지가 뻗어나가는 식의 그림으로 정리함으로써 전체의 평가구조를 파악하고 적절한 평가 용어를 발견할 수 있다. 예상 밖의 평가 기준이 발견된다면 그것이 잠재된 니즈의 실마리가 된다. 앙케트 조사의 예비조사로도 매우 유용하다.

실제로 상품의 실물, 카탈로그, 일러스트레이션, 설명문 등 몇 가지 패턴을 준비하여 2개씩 골라 다음 사람에게 주는 식의 일정한 패턴에 따라 평가한다. 이때 진행자는 자신의 의견을 일체 말하지 않고 주관을 개입시키지 않는다. 나중에 개인별 평가구조도를 그리고, 이를 융합하여 전원의 구조도를 작성한다. 샘플 상품이 많은 경우에는 그룹별로 나누게 하고 그 이유를 묻는 방법도 있다.

그룹 인터뷰와 평가 그리드 모두를 실시해도 된다. 각각 장단점이 있기 때문이다. 그룹 인터뷰에서는 의외로 재미있는 의견과 새로운 점이 많이 발견된다. 평가 그리드법은 물건을 보여주고 평가의 계층 구조를 살펴보는 데에 적합하다. 또 앙케트 조사에서 사용할 평가항목을 도출하는 데에도 크게 참고가 된다.

(2) 앙케트 조사

1) 명확한 목적과 가설

상품 기획을 위한 조사는 다음과 같은 목적을 가지고 실시한다.

- 인터뷰 조사 등에서 이끌어낸 가설을 검증한다: "정말 고객은 ~에 불만을 가지고 있는가?" "~과 같은 상품이 있다면 구입하려고 생각하는가?" "그 한도 가격은?" 등을 검증한다.
- 고객의 평가 데이터를 모아 포지셔닝에 연결한다. 다음의 포지셔닝 분석에서 최적의 방향성을 찾아내기 위해 현재 비슷한 상품군이나 가상 상품의 이미지를 조사한다.

2) 적절한 조사 방법과 조사 대상자

누구를 대상으로 언제 어떤 방법으로 조사할 것인가? 검증적이고 정량적인 조사가 되기 위해서는 매우 계획적으로 실시할 필요가 있다. 앙케트 조사 방식으로 전화, 우편,

면접, 인터넷 등이 있는데 각각 장단점이 있다. 예를 들면, 인터넷은 조사 대상이 타깃으로 삼고자 하는 계층에 속하는지가 문제가 되지만 트렌드에 앞서가는 계층의 의견을 빠르고 쉽게 얻을 수 있다는 장점이 있다. 우편조사는 일반적으로 사용되는 방법이지만 시간이 걸리고 회수율이 낮을 경우 응답의 정확도가 문제가 된다.

샘플링은 랜덤으로 명부 등을 보고 골라 실시하는데, 사회조사와 달리 양보다 질(조사 대상이 타깃 층에 속하는지)이 중요하다. 1,000명 단위까지 실시할 필요는 별로 없으며 질이 좋다면 100명이라도 괜찮다. 계층별로 분석할 필요가 있다면 각 계층별로 50명 정도는 실시하는 것이 좋다.

3) 적절한 설문지

- 너무 길거나 짧지 않을 것: 응답시간이 10분 정도(A4 용지로 4장 이내)가 가장 좋다.
- 전체 내용이 명쾌할 것: 조사의 의미나 의도를 알 수 없으면 대답하다 지쳐서 하기 싫어지고 만다. 조사 목적에 따라 질문의 범위를 좁혀야 한다.
- 사전에 키워드를 선정해 둘 것: 사전 준비가 중요하다. 단 10분이 걸리는 앙케트라도 3일 정도는 검토한 후 실시해야 한다. 인터뷰에서 나온 의견을 질문의 키워드로 사용하면 좋다.
- 자유응답식보다 선택방식을 사용할 것: 분석을 알면 앙케트 설문 작성이 전혀 달라진다.
- 상품 평가를 포함시킨다: 단계 평가(5단계 평가)로 대표적인 상품 샘플에 대한 평가를 듣는다. 포지셔닝 분석을 위해 대개 상품은 5개 이상, 평가 항목을 10개 이상을 준비해야 한다.
- 세심한 체크 필요
  - 간단한 질문으로 시작하고 어려운 질문은 후반에 배치했는가
  - 비슷한 내용을 묻는 질문이 너무 많지 않은가
  - 단계 평가는 홀수로 되어 있으며 좌우 대칭으로 되어 있는가
  - 한 가지 질문에서 두 가지 내용을 묻고 있지 않은가
  - 의미가 분명하지 않은 단어는 없는가
  - 복수응답을 허용하고 있지는 않은가

• 응답을 유도하고 있지 않은가
• 종합평가항목을 몇 개나 넣었는가

(3) 포지셔닝 분석

포지셔닝 분석이란 몇 개의 대상상품(가상상품을 포함하고 있어도 좋고, 모두 가상상품이어도 좋다)에 대해 고객의 입장에서 본 위치 관계(포지션)를 그림 위에 나타내는 기법이다.

상품의 평가 항목 간의 유사관계가 명확해져 2~3개의 종합적인 평가축을 알 수 있으며 상품과 상품 사이에 있는 '틈' 을 객관적으로 발견할 수 있다. 구입희망도, 호감도 등을 종합적인 평가 항목으로 고르면 이를 높일 수 있는 방향을 나타내는 '이상적인 벡터' 를 표시하여 향후 기획해야 할 상품의 이미지를 명쾌하게 파악할 수 있는 매우 편리한 기법이다.

(4) 아이디어 발상법

아이디어 발상법이란 포지셔닝 분석에서 얻은 최적의 방향에 따라 창조적인 발상을 하는 것으로 상품력을 비약적으로 높일 수 있는 중요한 단계이다. 일반적으로 개인의 아이디어나 감에 의존하는 상품기획에서는 이 단계만 중시되는 경향이 있어 다른 단계와 심한 불균형을 이룬다. 아이디어 발상을 도와주는 기본 요건을 10가지 들어보겠다.

• 풍토
• 환경
• 정보
• 팀
• 동기부여
• 안테나
• 집중
• 그리기
• 관찰
• 발상법

1) 유추발상법

– 상식을 뒤엎는 획기적인 아이디어를 얻고자 할 때 사용하면 좋다. 구체적으로는 상식에서 시작하여 이를 부정함으로써 발생되는 문제점을 해결하거나 활용한다.
  • 상식: 고정되어 있는 부분, 당연한 부분, 의외로 알아채지 못한 것도 많기 때문에 의식적으로 '당연한 것' 을 찾는다.

- 역설정: 그 상식을 거꾸로 뒤집는다(부정한다).
- 문제점: 상식을 뒤집으면 대개 문제가 발생하게 되는데 그 문제를 기술한다. 상식이 원래 불만스럽고 불편한 경우에는 그것을 뒤집어보면 문제가 없어지는 경우도 있는데, 그럴 경우는 개의치 않는다. 다른 면에서 곤란한 점이 발생한다면 그것을 기입한다.
- 키워드: 무리해서라도 문제점을 해결하기 위한 키워드를 찾는다. 문제가 없어진 경우에는 이를 실현할 수단을 생각한다. 이것이 신상품의 컨셉이 된다.
- 유추: 상품화를 촉진하기 위해 유사한 것을 생각해본다. 이 세상에 있는 시스템, 생물, 상품 가운데 이 경우에 사용할 수 있는 것은 없는지, 이와 가까운 것은 없는지 찾는다.
- 상품: 유추를 응용, 변형, 종합하여 키워드의 컨셉을 실현한다.

2) 초점 발상법

특정 사물에 초점을 두고 그 요소를 열거한다. 각 요소를 상품에 강제적으로 연결지어 본다. 연상 게임과 같은 발상법인데 의외로 짧은 시간 내에 유용한 아이디어를 얻을 수 있다. 초점의 대상이 가능하면 자신이 좋아하는 대상이나 규모가 큰 것 또는 복잡한 것이 좋다(다양한 요소를 도출할 수 있으므로).

3) 체크리스트 발상법

시점이나 방향을 바꾸고 싶을 때 도움이 되는 힌트 모음으로, 브레인스토밍의 툴로 사용해도 좋다.

4) 시즈 발상법

사내에서 배양된 기술이나 어떻게 응용하면 좋을지 모르는 특허, 용도를 충분히 개발하지 못한 소재 등을 응용한 상품을 개발하기 위한 기법이다. 기술, 특허, 소재, 부품, 시스템, 구조 등 응용하고 싶은 '종자'를 총칭하여 '시즈(seeds)'라고 부른다. 시즈의 특징을 체크리스트에서 변환시켜 거기서 발생되는 문제를 유추발상법으로 없애면 새로운 상품으로 연결된다.

(5) 아이디어 선택법

여러 아이디어 중에서 가장 좋은 것을 골라내기 어려울 경우에는 이 기법을 사용하면 좋다(꼭 사용해야만 하는 것은 아니다).

1) 가중평가법

고객에게 간단한 앙케트를 실시하고 복수의 평가항목에 미리 설정해둔 가중치를 적용해 합계 점수가 높은 아이디어를 채택한다.

2) 일대 비교 평가법

2개 항목씩 중요도를 비교하는 것을 반복하여 가중치를 결정하고 아이디어 평가도 마찬가지로 2개씩 일대 비교를 한다.

(6) 최적 컨셉 도출

1) 컨조인트 분석

컨셉의 주변에는 수많은 서브 컨셉이 있고 그 조합 방법에 따라 크게 변한다. 많은 기업들이 실패하는 이유는 최적화를 가볍게 생각하고 기획 담당자의 판단으로 결정하여 제조에 착수하기 때문이다.

컨조인트 분석은 계획적으로 컨셉의 요소를 움직여 여러 조합을 만들고 고객에게 이를 제시하여 평가하도록 하는 기법이다. 여기서 기획 담당자가 아닌 고객이 결정한다는 것이 중요 포인트이다. 컨조인트 분석은 단순히 전체적으로 좋고 나쁜 것이 아니라 어떤 요소가 어느 정도의 기여도를 갖고 있는지 또 최적의 컨셉은 무엇인지를 자동적으로 산출하기 때문에 매우 편리하고 설득력이 있어 유형 · 무형을 불문하고 널리 활용되고 있다.

2) 사례

위에서 살펴본 고객 니즈 파악 방법을 고려하기 위해서 기획팀에서 설계팀의 도움을 받아 필요사양을 조사하고 영업팀으로부터 입수된 고객의 불만사항 등을 수집하고 난 후 이를 정성적인 표현의 질의사항으로 만든다. 이에 의해 일정한 양식의 정량화된 요구성능표를 수요자에 의해 채우게 한다.

① 요구성능표

아래에서와 같이 우선적으로 가격과 드라이버의 각 부분별 성능, 즉 Impact driver, Impact drill, Driver drill, 그밖에 배터리 팩, 충전기 요구기능에 대한 질문사항을 참고로 하여 성능요구표를 통해 수요자 각자의 니즈를 조사한다고 가정하자. 각 항목별로 수준 A~D까지의 경우를 조사해서 A~D 중에서 우선순위를 정하고 최종적으로는 1순위만을 선별한다면 이것이 수요자가 궁극적으로 선택하는 최적의 조건이 될 수 있다.

Impact driver의 요구성능

	항목순위	수 준									
		A		B		C		D		기타(최적조건)	
		level	순위	level	순위	level	순위	level	순위	level	순위
전압(V)		9.6	( )	12	( )	14.4	( )	18	( )		( )
무부하 속도 (rev/min)		0~2400	( )	0~2600	( )	0~2800	( )	0~3000	( )		( )
Impact (rate/min)		0~3000	( )	0~3100	( )	0~3200	( )	0~3300	( )		( )
Battery 용량 (Ah)		1.5	( )	2	( )	0~2.4	( )	2.6	( )		( )
충전시간(h)		20분	( )	30분	( )	1	( )	2	( )		( )
최대토크(N.m)		100	( )	150	( )	200	( )	250	( )		( )
전체중량(kg)		1.2	( )	1.7	( )	2.2	( )	2.6	( )		( )
소비자 가격 (천원)		100	( )	150	( )	200	( )	250	( )		( )
		100	( )		( )		( )		( )		( )

질의사항

또한 아래와 같이 고객 불만사항을 잘 정리하고 그 원인을 생각해보고 해결점을 찾는 것이 바로 수요자의 니즈이다.

→ 위의 '항목 순위'에서 제품 가격 상승을 억제하기 위해 성능 저하를 고려해도 될 항목을 2가지만 고르시오 (   )

→ 배터리는 소비자에게 몇 Ah를 몇 개 주는 것이 좋을 것이라 생각합니까? ex) 1.5Ah 2개 (   )

→ 일반/고력 볼트의 필요작업 능력(mm)은 얼마가 좋습니까? ex) 일반볼트 : M5~M12/고력볼트 : M5~M10 (   )

→ 필요 척 능력(인치)이 얼마인지 각각 적으시오. ex) 드라이브 Hex Shank $\frac{1}{4}''$, 렌치 Square drive $\frac{1}{2}''$ (   )

→ 추가하고 싶은 기능이 있다면 무엇입니까? (   )

→ 현 제품의 벤치마킹을 할 업체명과 모델명을 적어주세요. (   )

→ 고객이 사용 중 불만을 가지는 사항 및 고장 내용에 대한 원인은 무엇인지 적어 주시기 바랍니다. (   )

고객불만 사항/고장 내용	확 인

- Impact drill의 요구성능

	항목순위	수 준									
		A		B		C		D		기타(최적조건)	
		level	순위	level	순위	level	순위	level	순위	level	순위
전압(V)		9.6	( )	12	( )	14.4	( )	18	( )		( )
무부하 속도 (rev/min)		0~400	( )	0~500	( )	0~600	( )	0~700	( )		( )
		0~1500	( )	0~1600	( )	0~1700	( )	0~1800	( )		( )
Impact (rate/min)		0~3000	( )	0~3100	( )	0~3200	( )	0~3300	( )		( )
Battery 용량 (Ah)		1.5	( )	2	( )	2.4	( )	2.6	( )		( )
충전시간(h)		20분	( )	30분	( )	1	( )	2	( )		( )
최대토크(N.m)		30	( )	40	( )	50	( )	60	( )		( )
전체중량(kg)		1.2	( )	1.7	( )	2.2	( )	2.6	( )		( )
소비자 가격 (천원)		100	( )	150	( )	200	( )	250	( )		( )
		15	( )	17	( )	19	( )	25	( )		( )

질의사항

→ 위의 '항목 순위'에서 제품 가격 상승을 억제하기 위해 성능 저하를 고려해도 될 항목을 2가지만 고르시오 (   )

→ 콘크리트, 철재, 목재의 경쟁력 있는 작업 능력(mm)은 얼마로 하면 좋겠습니까? ex) 콘크리트 : 14, 철재 : 13, 목재 : 36 (   )

→ 필요 척 능력(mm)은 얼마가 좋겠습니까? ex) 1~13 (   )

→ 필요 체결 능력(mm)은 얼마가 좋겠습니까? ex) 10 (   )

→ 추가하고 싶은 기능이 있다면 무엇입니까? (   )

→ 전기 Brake는 꼭 있어야 하는 기능입니까? (   )

→ 현 제품의 벤치마킹을 할 업체명과 모델명을 적어주세요. (   )

→ 고객이 사용 중 불만을 가지는 사항 및 고장 내용에 대한 원인은 무엇입니까? (   )

그밖에 배터리 팩, 충전기의 요구사항도 위와 같은 방법으로 도출한다. 또한 불만사항에 대해서도 같은 방법으로 표를 작성한다.

② 각 모듈별 공용화 가능성

설계팀에서는 [그림 1-12]와 같이 우선적으로 하우징은 공용화가 가능한지 여부부터 생각해볼 필요가 있다. 그 다음 하위 모듈로 가면서 그 가능성을 타진해보는 것이다. 예를 들어 Impact drill/driver/wrench와 Driver drill 각각의 모듈의 공용화, 그 다음으로 또 생각할 수 있는 하위의 모듈은 Impact driver/wrench 와 Impact drill 일 것이다.

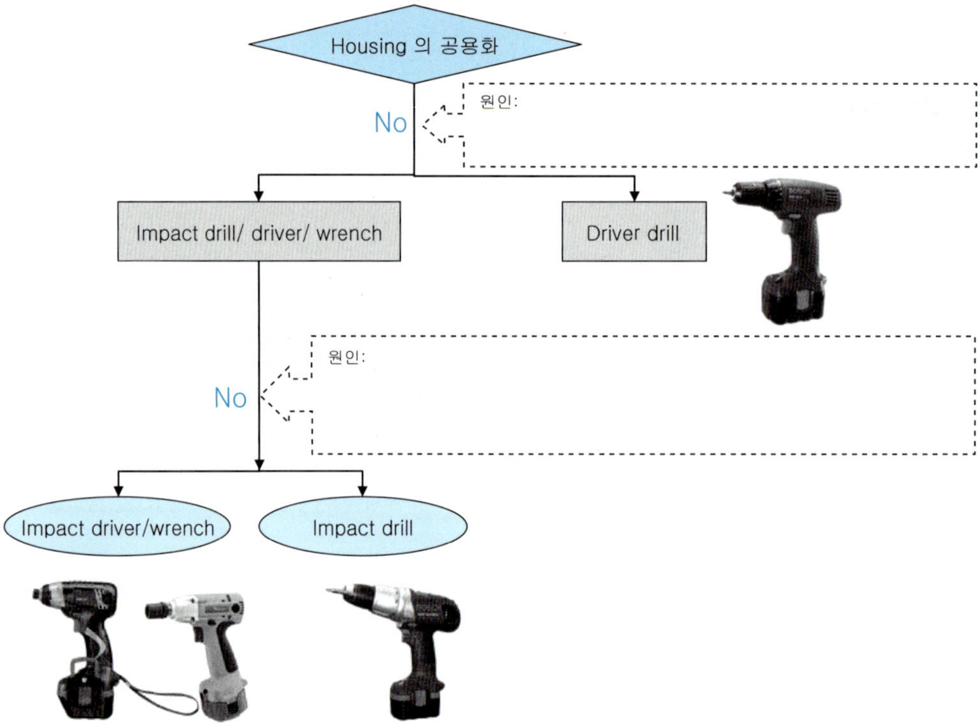

그림 1-12 Impact drill/driver/wrench와 Driver drill과의 공용화 가능성

③ SWOT 기법을 이용한 니즈 분석 예시

[그림 1-13]에서 SWOT 분석을 하는 절차를 살펴본다.

내부 환경 분석을 통해 강점과 약점을 각각 A와 B에 기술하고 외부 환경 분석을 통해 기회와 위협을 각각 C와 D에 기술한다. 다음으로, ①에는 강점을 살리면서 기회를 활용할 수 있는 것을 기술하고 ②에는 약점이지만 기회를 통해 극복할 수 있는 것을 기술한다. ③에는 위협적인 요소를 강점을 통해 제거하고 ④에는 약점을 보완하고 위협적인 요소를 제거할 수 있는 것을 기술한다.

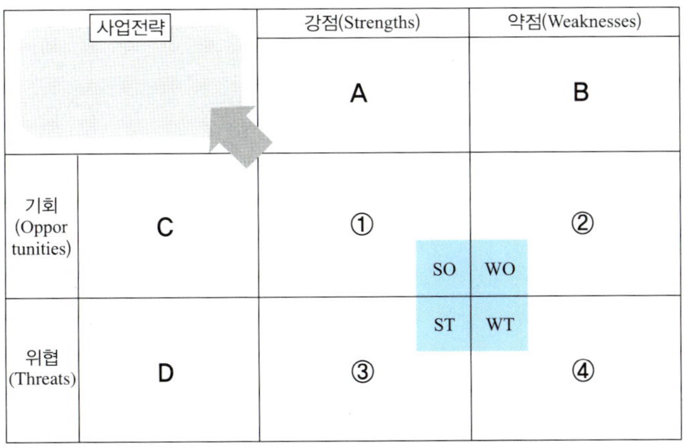

그림 1-13 SWOT 분석의 절차

④ 충전식 전동공구의 밸류 체인(Value chain)

[그림 1-14]에서 예시적으로 보는 것과 같이 각사마다 해당 부품에 대한 시장점유율과 금액(매출액)을 표시하여 어느 회사의 어떤 부품이 우월한가 살펴본다.

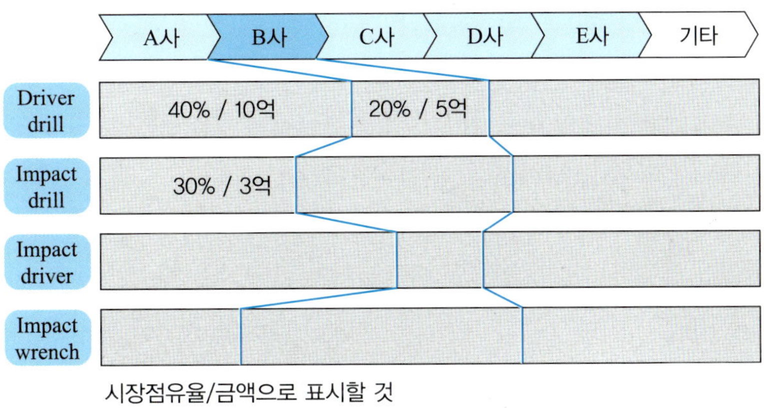

그림 1-14 충전식 전동공구의 밸류 체인

(7) 품질기능전개표(QFD; Quality Function Deployment) 작성

1) 품질기능전개의 정의

품질기능전개는 개발 및 설계의 초기부터 전개되는 모든 프로세스에서 품질을 확보하는 신제품 개발의 QA(Quality Assurance: 품질보증)를 위한 구체적인 방법을 제시하는 것이다. 즉, 고객에게 만족을 줄 수 있는 설계 품질을 설정하고 그 설계의 의도와 QA상의 포인트를 생산 단계까지 전개해나가기 위한 방법이다.

2) 품질기능전개의 활용시 효용성

한 번 작성한 품질표와 기술전개표를 모델 변경할 때마다 약간의 수정을 가해가면서 재이용하는 것에 따라 기술적인 노하우의 축적과 활용이 가능하다. 그리하여 효율이 좋은 신제품 개발을 추진할 수 있다.

목표한 품질설계목표 고유기술을 대비해서 제조방법, 공정 능력, 코스트의 분석이 가능하고 과부족이 없는 상품품질을 추구하면서 비용 최소의 상품 제작이 가능하다.

3) 품질기능전개의 선행조건

다음과 같은 선행조건들이 미리 만들어져서 QFD를 수행하기 전에 그 조건들과 부합되어야 한다.

- 거의 모든 문제점들은 시스템과 관련된 문제이지 사람과 관련된 문제는 아니다(시스템의 문제 85%, 사람에 의한 문제 15%).
- 마케팅, 엔지니어링, 판매, 제조, 서비스 등 관련 분야의 팀들이 함께 사용을 해야만 한다.
- 고객의 요구와 기대를 고객 입장에서 이해하는데 많은 시간을 할당해야 하며 상품의 특성을 보다 더 상세하게 정의해야 한다.
- 전통적인 상품개발 과정은 고객의 요구와 기대를 이해한 상태에서 QFD의 강력한 확장을 도모하기 위해 반드시 수정되어야 한다.

4) QFD 실행의 단계별 구분

품질기능전개는 다음의 제품개발 4단계를 통해 수행된다.

1단계: 상품계획

2단계: 부품전개

3단계: 공정계획

4단계: 생산계획

[그림 1-15]는 각 단계별 수행 내용의 개요를 나타낸 것이다.

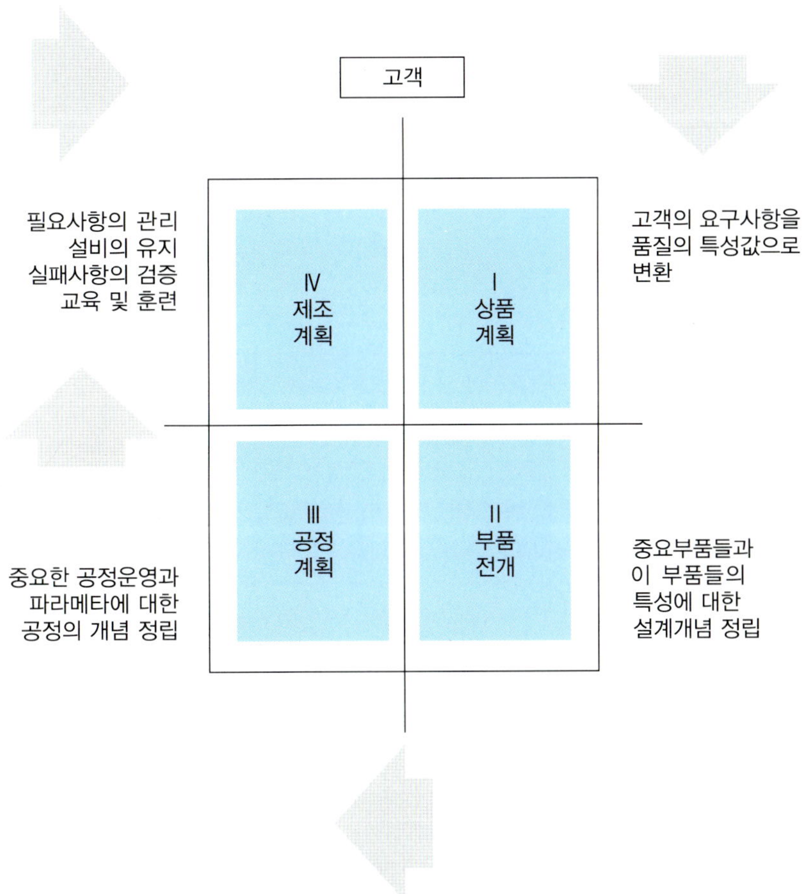

그림 1-15 상품개발 단계별 내용

5) 전개 방법

품질기능전개는 목적의 리스트로부터 시작하여 수단을 찾는 방법이다. 초기의 목적에서 최종적인 수단을 찾을 때까지 [그림 1-16]과 같이 전개된다.

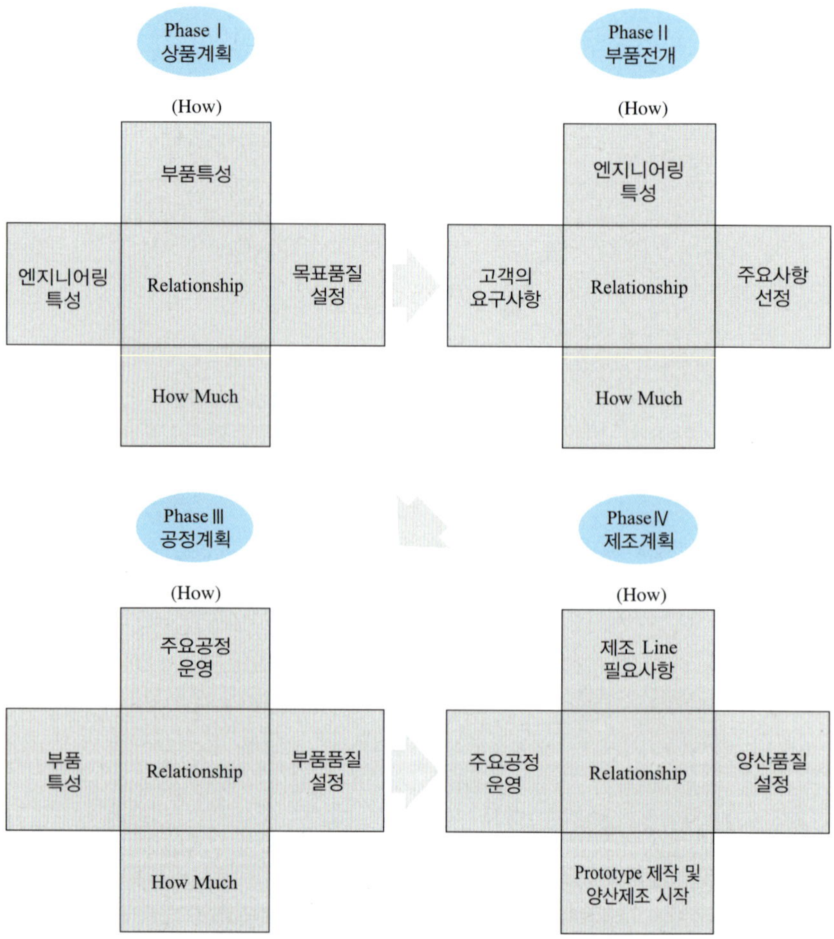

그림 1-16 QFD의 상품개발 단계별 내용

6) 품질의 집(House of Quality: HOQ)

이러한 품질의 집의 기본은 고객의 요구 및 취향을 반영하여 제품을 설계해야 한다는 것에 둔다. 그렇게 함으로써 판매원, 설계자, 제조자들은 제품이 처음 입안되는 때부터 서로 밀접하게 일을 할 수 있다.

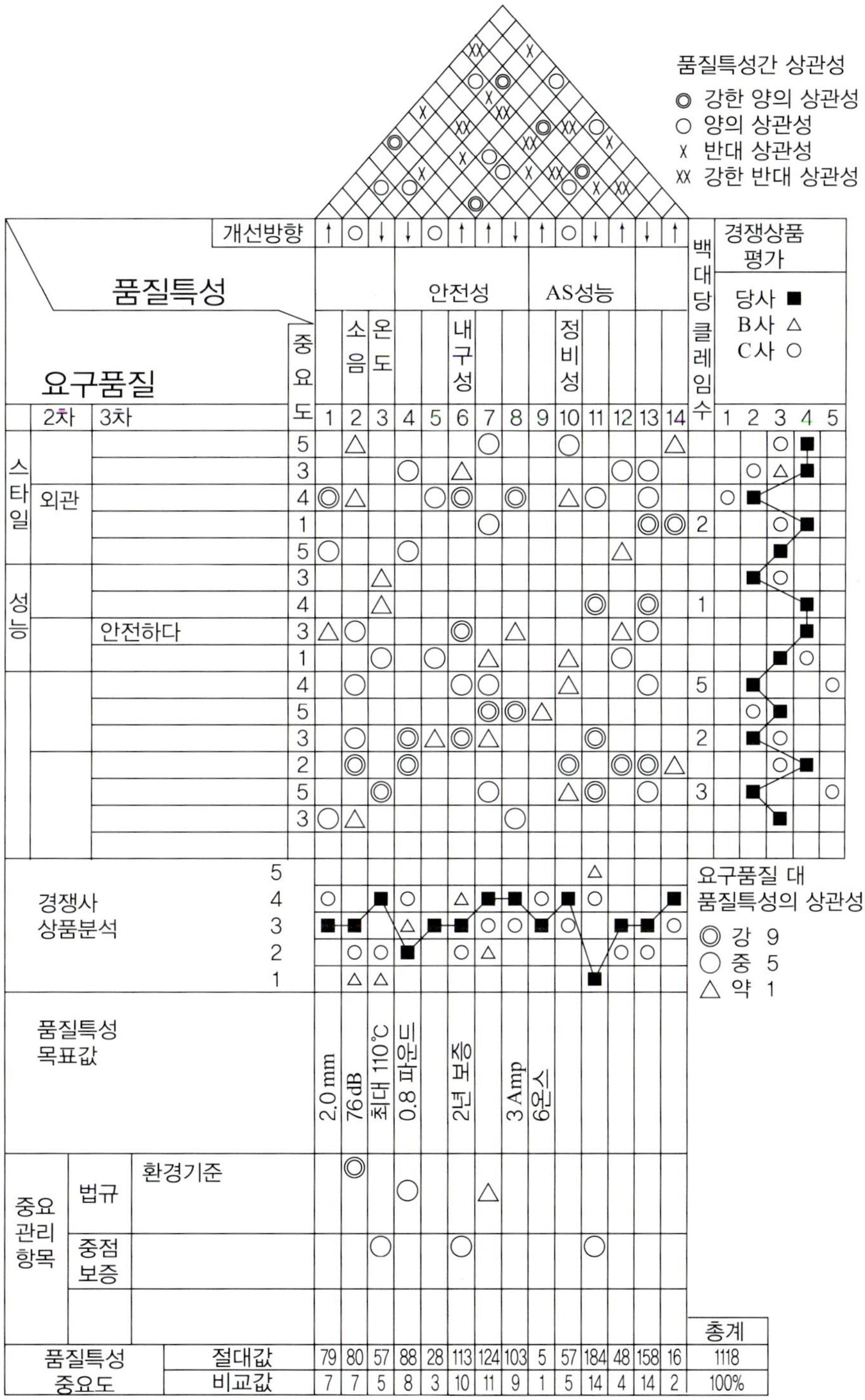
품질특성간 상관성
◎ 강한 양의 상관성
○ 양의 상관성
x 반대 상관성
xx 강한 반대 상관성
개선방향
품질특성
안전성
AS성능
소음
온도
내구성
정비성
요구품질
중요도
2차
3차
스타일
외관
성능
안전하다
백대당 클레임 수
경쟁상품 평가
당사 ■
B사 △
C사 ○
경쟁사 상품분석
요구품질 대 품질특성의 상관성
◎ 강 9
○ 중 5
△ 약 1
품질특성 목표값
2.0 mm
76dB
최대 110℃
0.8 파운드
2년 보증
3 Amp
6온스
중요 관리 항목
법규
환경기준
중점 보증
총계
품질특성 중요도
절대값
79 80 57 88 28 113 124 103 5 57 184 48 158 16 1118
비교값
7 7 5 8 3 10 11 9 1 5 14 4 14 2 100%

그림 1-17 품질의 집

품질의 집은 다음의 사항이 기록된다.

– 고객의 요구사항
– 목표에 대한 경쟁적인 상태 및 고객의 인식 대 품질특성
– 생산요소나 대용 품질특성 사이의 상관관계
– 품질의 목표

앞의 [그림 1-17]은 품질의 집을 예시적으로 나타낸 것이며 [그림 1-18]은 품질의 집의 주요 구성요소를 나타낸 것이다.

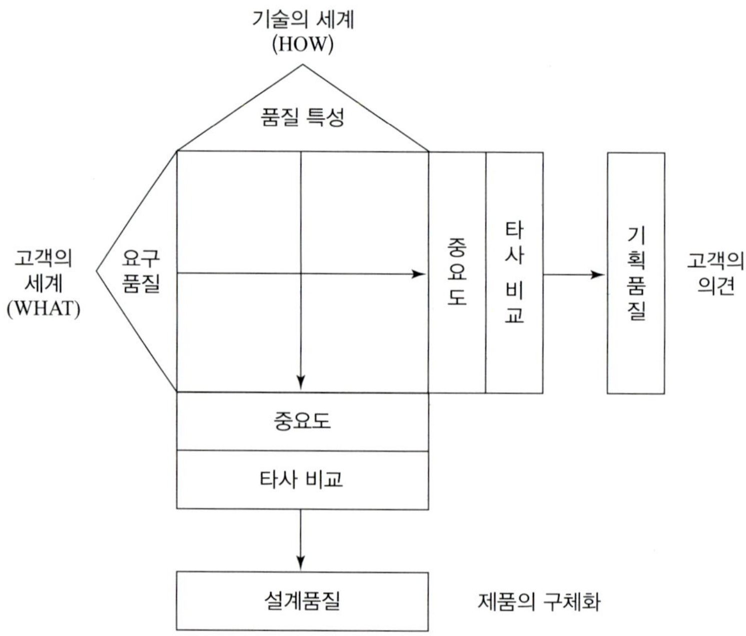

그림 1-18 품질의 집 구성요소

7) 요구품질표

요구품질이란 고객이 원하는 요구사항 또는 기대사항으로 'What' 이라는 항목으로 표현하였다. 이들 항목들은 일차원적이고 보통 시장조사를 통해 제시된다. 물론 여기에는 말해지지 않은 그 무엇 'What' 도 존재할 것이다. 또한 이러한 것들은 비록 말하지는 않았지만 기능이 이미 상품 속에 존재하여 포함되거나 과거의 경험으로부터 추정된다. 말

해지지는 않지만 무의식적인 요구사항은 위험한 특성을 갖는다. 이러한 특성은 고객이 만족하고 있다 하더라도 크게 만족하지는 않을 것이다. 그러나 이런 특성들에 대해 만족하고 있지 않다면 아무래도 이러한 특성은 분명히 고객으로부터 강한 부정적인 영향을 갖고 있을 것이다.

요구품질에 대한 전개표는 [표 1-8]과 같이 1차, 2차, 3차에 나누어서 동일한 특성별로 세분화시켜 나가면서 전개를 한다.

표 1-8 요구품질전개표

1차	2차	3차
자동차 DOOR의 작동과 사용	개폐 용이	밖에서 문을 열기가 쉽다
		밖에서 문을 닫기가 쉽다
		안에서 문을 열기가 쉽다
		안에서 문을 닫기가 쉽다
	차단성	빗물이 새지 않는다
		주행소음이 안 들린다
		세차시 새지 않는다
		바람소리가 없다
		창문을 열었을 때 빗방울이 안 떨어진다
		떨리지 않는다
	ARM REST	편안하다
		제위치에 있다
외관	모양	닦기 쉽다
		차체와 유격이 잘 맞는다

여기서는 일례로 몇 개만을 예시하였지만 보통은 30~100개 정도 열거한다. 일반적으로 시장조사를 통해 분야별로 조사하거나, 기술적인 내용의 경우는 좀더 세심한 분석을 통해 도출한다.

8) 품질특성표

품질의 집의 위쪽을 따라서 설계팀들은 고객의 속성에 한 가지 이상의 영향을 줄 가능성이 있는 엔지니어링 특성들을 리스트한다. 만약 엔지니어링의 특성이 어떤 고객의 속성에도 영향을 주지 않는다면 품질의 집의 엔지니어링 특성에 필요 없거나 팀이 고객의 요구속성을 지나쳐버렸다고 볼 수 있다. 이러한 고객의 속성을 실현시킬 수 있는 품질특성의 집합을 설정할 필요가 있는데, 이는 고객이 요구한 사항을 대용품질의 특성값이나 설계평가기준으로 변환시킨 것이다. 이것을 여기서는 'How' 라고 부르며, 품질특성이라고 정의한다.

각각의 'What' 에 대해서 복수의 'How' 가 존재할 것이다. 이때 단지 측정가능하고 관리할 수 있는 포괄적인 평가기준만이 결정될 필요가 있다. 또한 앞으로 품질기능전개도에서는 What과 How와의 상관 관계를 ◎○△의 표기를 통해 각각 강, 보통, 약 관계로 표기한다.

상관성 매트릭스에서 보여준 품질특성 How는 얼마 만큼이라는 목표값이 당연히 주어진다. 그 목표값은 고객의 요구들과 기대치들을 수치화한 것이며 설계팀이 수행해야 할 목표를 나타낸다. 고객의 요구사항이 확인되고 그 내용을 엔지니어링 특성으로 연결시킨 다음에 엔지니어링 특성이 속해 있는 품질의 집 하단에 목표값을 설정한다.

이러한 시스템을 사용하면 하나의 품질특성이 다른 품질특성에 어떤 영향을 주는지 즉시 알 수 있으며, 이런 매트릭스는 엔지니어들이 동시에 개선되어야 할 여러 가지 엔지니어링 요소들의 특성을 조사하는데 도움을 준다. 또한 QFD를 활용해 고객의 요구를 충족시켜주는 도구로 활용하며, 부정적인 상관성은 특성들 상호분석에 의해서 해결할 수 있다.

9) 요구품질 및 품질특성의 중요도 결정

① 고객요구의 중요도

중요도를 나타내는 방법은 두 가지로 나누어 생각할 수 있다. 첫째는 시장조사를 기초로 매겨지는 고객요구의 중요도 등급과 사내에서 계산상으로 매겨지는 품질특성의 중요도 등급이 있다. 중요도 등급은 최종적으로 상품 생산의 품질을 위한 How나 What 각각에 대한 중요도의 상대적 비교이다.

설계자의 용어와 추정들은 고객이 바라보는 관점과 다를 수 있으며 서로 상반되게 인식할 수도 있다. 또한 고객의 선호도가 모두 동일할 수는 없으며 모두 중요하다고 볼 수도 없다. 그렇다면 어떻게 중요도를 결정해야 하는가? '품질의 집' 에서는 가능한 한

많은 고객의 요구 속성을 상대적인 중요도로 측정하고 이러한 고객과 시장조사를 통해 경험한 바를 10점 이내로 하는 점수로 선별하여 정한다. 경우에 따라서는 전체를 100%로 해서 비율로 나누어서 그 값을 표기할 수도 있다. 예를 들어 경쟁사와의 경쟁에서 우위를 차지하려면 우선 타사 제품과의 비교를 통해 고객 요구사항에 대한 상대적인 중요도를 파악해야 하고, 또한 경쟁 제품에 대한 고객의 평가도 빼놓아서는 안 된다.

이 모든 것들이 단순히 조사되어지는 것이 아니라 결국은 고객에 대한 과학적인 조사를 기초로 분석되어야 한다는 것을 의미한다. 이런 것들은 당연히 경쟁사와의 비교를 통해 개선을 위한 기회의 수단으로 사용된다.

② 요구품질의 웨이트

이에 대해서는 다음과 같은 방식으로 계산할 수 있다.

- 중요도: 고객요구의 중요도
- 레벨업 수준: 목표제품의 상품성 점수÷기존 제품의 상품성 점수×100%
- 절대웨이트: 중요도 가중치×세일즈포인트 가중치×레벨업 수준율
- 요구품질 웨이트: 절대 웨이트를 백분율로 표시

③ 품질특성의 Rate 산정

앞의 매트릭스의 관련성 표시에 대해서 ◎○△의 표기를 통해 각각 강, 보통, 약 관계로 표기키로 했는데, 이들 표기에 대해 다음과 같이 Rate 표기를 한다.

◎ =9

○ =3

△ =1

[그림 1-19]와 같이 고객요구의 중요도 점수에 상관성의 강약에 해당되는 점수를 곱한 값 45(5×9)와 6, 3, 9를 더하면 63점으로 이것이 품질특성 웨이트 값이 된다.

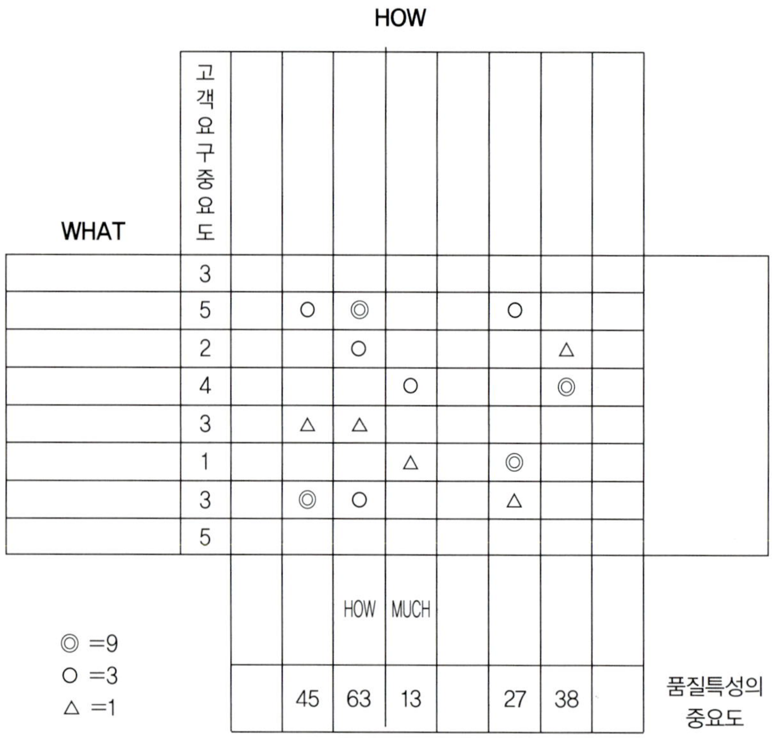

그림 1-19 품질특성 매트릭스

10) 품질기능전개표의 작성 순서

① 컨조인트 분석으로 얻은 최적의 요소에

- 조사, 발상 등의 단계에서 얻은 고정적인 요소(꼭 실현해야 할 성능, 기능, 내구성, 가격 등)
- 사회적 요청(환경에 대한 배려, 안전성 등 고객으로부터 요구가 없어도 실현해야 할 사항)을 종합해서 상품 컨셉으로 한다.

② ①의 상품 컨셉을 계통적으로 정리한 '기대항목전개표'를 만든다.

③ 이를 기술적으로 실현하기 위한 특성, 설계시에 명확히 해야 할 특성을 모아 계통적으로 정리한 '기술특성전개표'를 만든다.

④ ②, ③을 매트릭스화한다.

⑤ 크로스된 부분에 대응 관계의 강약을 ◎(강한 대응), ○(대응 있음), △(대응이 예상됨)로 기입한다.

11) 품질전개표의 활용

① 요구가 실현되는가

고객의 기대 항목 중에서 전혀 마크되어 있지 않은 것은 '기술적으로 실현될 수 없다' 든지 '기존의 기술로는 평가할 수 없다' 는 것이다. 이런 내용은 긴급히 검토할 필요가 있다.

② 중요 품질 특성은 무엇인가

마크가 많이 붙은 기술 특성은 고객의 시점에서 중요한 특성이다. 이것을 간단히 찾아낼 수 있다.

③ 비교한다면

타사 제품, 기존 제품 등의 품질 특성을 비교하고, 기대를 표현한다면 무엇을 어떻게 해야 하는지에 대한 방침을 쉽게 얻을 수 있다.

1.4.4 원가의 이해

(1) 원가관리의 필요성

원가관리는 원가계산과 원가통제로 나눌 수 있다. 원가 계산 정보는 정확한 제품가격 산정과 원가통제를 위해서 중요하다. 제조원가가 정확히 산정되지 못하면 적자가 나는 상품에 쓸데없이 경영자원을 투입하는 우를 범할 수 있다. 원가통제는 원가계산을 통해 산출된 실제원가와 예정원가를 비교해 원가 차이를 규명하고 원가 절감의 노력을 기울이는 것이다.

(2) 원가 주요 구성요소 이해

제품별 표준원가 계산은 원가의 구성요소를 이해하여야 한다. 원가는 재료비, 노무비, 경비요소별로 행해져서 직접비와 변동비로 구분된다. 또한 노무비, 경비는 시간비용이 해당되며 부가가치 창출과 이익 창출은 시간비용에서 대부분 결정된다.

1) 재료비 구성요소 및 계산

가. 재료비의 중요성

재료는 우리가 눈으로 볼 수 있고 손으로 만질 수 있는 물건, 즉 하드웨어이다. 물건을 사는 사람 입장에서는 가공하기 위한 소재이고, 파는 사람 입장에서는 제품 및 부품이라고 말할 수 있다. 따라서 구매자는 구매품의 적정가격을 어떻게 평가하느냐가 제조업에 있어서 매우 중요하다.

① 재료비가 제조원가에서 차지하는 비율을 [표 1-9]에서 살펴보자.

표 1-9 제조원가 구성 요소

구 분	대기업	중소기업	종 합
재료비	66.60%	63.20%	65.30%
노무비	10.11%	12.42%	10.78%
경비	23.29%	24.38%	23.92%
계	100%	100%	100%

출처: 기업경영분석, 한국은행

② 재료비 중에서도 직접재료비와 외주주문 가공비의 차지하는 비율이 통상 제조원가의 약 80% 이루고 있으므로 원가관리하는데 키포인트가 된다.

나. 재료비의 의미와 사고

재료를 적정 가격으로 구입하기 위해서는 첫째, 무엇을 살 것인가? 둘째, 어떻게 살 것인가?를 기본으로 정책 및 기준을 마련해야 한다.

① 기본 정책은 다음과 같다.

- 구매부품 및 원소재의 표준화 및 일원화에 힘쓴다.
- 코스트 테이블(cost table)을 이용하여 부품을 적정원가에 구매할 수 있도록 한다.
- 판매자와 구매자의 쌍방의 이익을 존중한다.
- 지속적으로 VE(Value Engineering), IE(Industrial Engineering) 기법을 이용하여 원가절감을 도모해야 한다.

② 실행정책은 다음과 같다.

- 자사에서 직접 생산할 수 있는지, 외주에서 구입하여야 하는지 판단한다.
- 재료 종류, 구매량 등에 따른 대량구매가 유리한지 분산구매가 유리한지 판단한다.

– 장기구매계약을 할 것인지, 단기구매계약을 할 것인지 판단한다.

– 자금예산에 맞추어 대금지급 조건을 판단한다.

다. 재료 구매시 5가지 결정 필요사항

① 구입품목, 재질, 규격, 치수: 상품기획 및 설계부서에서 결정한다.

② 가격: 시장가격이 형성된 재료는 그 변동 현황을 예측하고, 평균가격을 참고하여 구매부서에서 결정한다. 시장가격이 없는 재료는 견적서 및 자사의 코스트 테이블을 이용한다.

③ 수량: 경제적인 로트 크기(lot size)를 이용하여 생산부서에서 결정한다.

④ 납기: 생산계획에 맞게 적당하게 수립해야 한다. 왜냐하면 짧게 납기일을 설정하면 납품자 측은 그로 인해 특근 및 철야 등을 해서 생산하므로 원가가 비싸게 발생되어 구매단가가 상승되기 때문이다.

⑤ 지급조건: 재무 부분에서는 가능한 한 유리한 지급조건으로 구매하는 것이 좋으나 공급자 측의 자금 상태를 고려하여 적정조건으로 하여야 한다.

라. 재료구입에 대한 제조원가 영향

• 내부비용: 구매사무적 활동으로 검사, 손질, 정리, 보관, 인출 등 한마디로 재료관리에 해당된다.

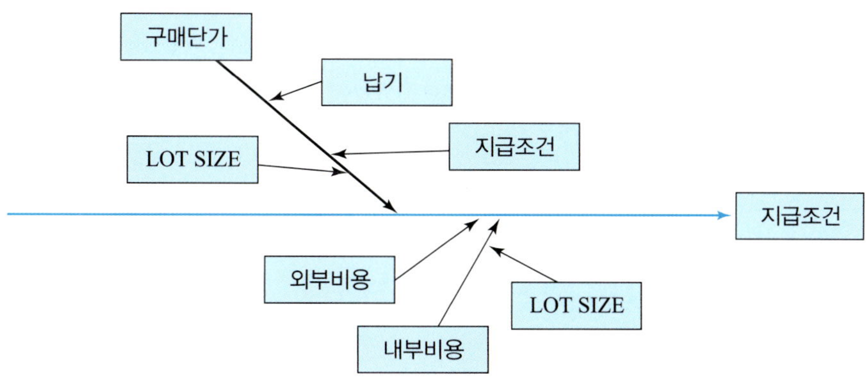

마. 재료비의 계산

① 재료비의 계산 방법([그림 1-20] 참조)

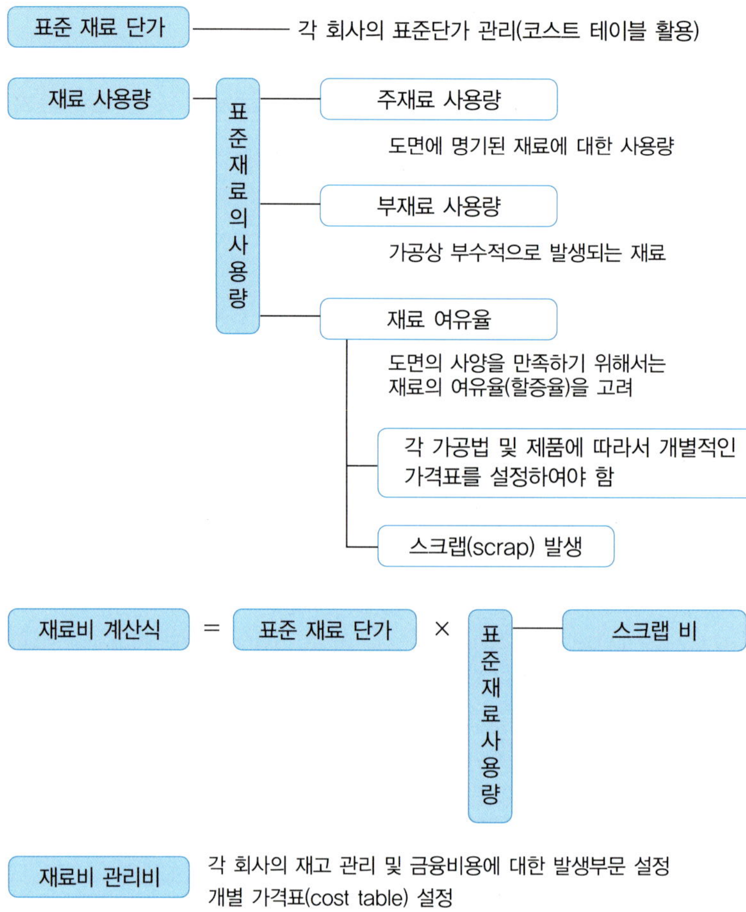

그림 1-20 재료비의 구성요소별 계산

② 재료단가 결정 방법

재료단가는 회계원칙으로는 구입원가(취득원가)로 계산하여야 되나 표준원가계산 시는 예정가격이나 시장평균가격으로 계산하는 것이 바람직하다. 실제로 표준원가계산은 제품을 만들기 전 설계 단계에 사전원가를 산출하기 때문에 각 제품 및 공법에 맞는 코스트 테이블을 구축해야 한다.

2) 시간비용 구성요소 및 계산

시간비용이란 작업자, 기계설비가 1시간 동안 소비된 비용을 말하며 시간의 흐름에 의해 발생되는 비용이다.

가. 구성 요소

① 기계설비비

- 기계설비의 고정비: 고정비라는 것은, 조업도의 증가에 관계없이 일정 기간의 총액이 변화하지 않는 것이고, 제품 1개당에서 보면 조업도의 증가에 반비례하는 성질을 가지고 있는 비용이다.
  - 기계설비의 고정비 성질 요소
    - ➢ 기계설비의 감가상각비
    - ➢ 건물 및 구축물의 감가상각비
    - ➢ 기계, 건물의 유지 보수비
    - ➢ 보험료 및 임대료
- 기계설비의 변동비: 변동비라는 것은, 조업도의 증가에 대응하여 그 총액이 비례적으로 변화하는 것이다. 제품 1개당에서 보면 일정하게 발생하는 성질이 있는 비용이다. 기계설비의 변동비는 준변동비, 준고정비 성질을 대부분 갖고 있으며 비례적으로 발생하는 변동비는 거의 없다.
  - 기계설비의 준고정비/준변동비 성질 요소
    - ➢ 기계설비의 전기요금
    - ➢ 수도요금, 연료비, 소모공구비
    - ➢ 간접재료비, 수선비 등

② 직접노무비

- 임금
- 상여제수당
- 퇴직급여충당금
- 법정복리후생비
- 후생비
- 교육훈련비
- 잡급(임시고용직)
- 복리시설분담금 등

③ 임률(노무비율)

지급되는 임금, 즉 협의의 노무비에는 기본금, 상여금, 잔업수당, 주휴수당, 연월차수당, 퇴직금, 법정복리비 등이 포함된다. 노무비는 일정 기간 동안 발생하는 금액으로 생각할 수도 있지만 좀더 세분하면 단위시간으로 나누어 생각할 수 있다. 단위시간으로 발생되는 노무비를 임률(노무비율)이라고 정의한다.

정리하면, 시간비용을 다음과 같이 구분하여 정의할 수 있다.

- 가공비율: 단위시간당 가공비를 의미하므로 시간당 가공비를 말한다. 기계경비율, 임률, 공통비율의 합으로 나타낼 수 있다.
- 기계경비율: 직접 경비를 산출할 수 있는 비용을 직접경비라고 정의하고, 또한 비용 발생이 큰 기계감가상각비, 건물감가상각비, 동력비, 수선비를 직접기계 경비로 정의한다. 그 이외의 발생경비를 원가계산의 편의상 공통경비로 배분하여 공통비율로 산정하여 계산한다.
- 공통비율: 비용발생이 개별적으로 파악하기 어렵고, 그 비용이 매우 적어 개별파악할 의미가 없는 것에 대하여 공통비로 배분하여 계산한다. 간접기계경비와 간접노무비 등이 공통비에 해당된다.

④ 공통비

지금까지 설명한 것처럼 기계설비고정비, 기계설비변동비, 직접노무비 등은 가능한 한 개별적으로 비용을 산출할 수 있다. 그러나 개별적으로 파악할 수 없는 비용의 경우 공통비로 산정하여 표준원가 계산시 효율적인 계산을 할 수 있도록 정확한 기준을 만들어 관리해야 한다.

나. 계산

● 기계 감가상각비(정액법)

$$AI = \frac{\text{기계 취득가액} \times (1 - \text{잔존가치})}{\text{내용연수} \times \text{연간 작업일수} \times \text{일일 작업시간}}$$

➤ 기계 취득 가액: 기계 구입 가격+구입 부대 비용+설치비

➤ 잔존가치: 10% 인정(현재 기업회계기준은 없음)

➢ 내용년수: 전용 기계 설비－전용비 상각(생산 수명에 대한 양산대수)

범용 기계 설비－8년

➢ 연간 작업 일수: 270일/년

➢ 일일 작업 시간 : 1교대(10시간)

2교대(20시간)

• 정율법에 의한 감가상각비는 동일제품, 동일공정에서 동일한 성격의 제품을 만들어도 원가가 다르다는 불합리함이 발생한다.
그러므로 설비기계의 감가상각비 계산은 정액법으로 구하는 것이 바람직하다.

－ 건물 감가상각비

$$\frac{\text{기계 설치 면적} \times \text{건물점유율} - \text{단위 면적당 건축 가액}}{\text{내용년수} \times \text{연간 작업일수} \times \text{일일 작업시간}}$$

－ 건물 설치 면적: 직접 생산에 관련된 기계 설치 면적(m^2)

－ 건물 점유율: 기계 설치 면적 이외의 재공품 적재, 운반용구의 통로, 작업자의 이동공간 여유 (설치 면적의 5배)

－ 단위 면적당 건축 가액: ₩/ (구입시점의 시세 반영)

－ 내용년수 : 40년

－ 연간 작업일수: 270일/년

－ 일일 작업 시간: 1교대(10시간)

2교대(20시간)

● 내용년수

내용년수에는 경제적 내용년수와 법정내용년수가 있다.
기계설비의 내용년수의 상각비계산시, 어느 내용년수를 사용하면 좋을까.
원가계산시 내용년수는 법정년수 내에서 어느 정도 관리 가능한 내용년수를 정하여 회사 특성에 맞추어 기준으로 삼아도 된다.

● 수선비

기계설비의 정상적인 상태를 유지하기 위한 비용이다. 기계와 건물의 유지보수비용에 해당하며, 제조업의 평균 감가상각비의 12% 정도 발생한다.

$$수선비=(기계 감가상각비+건물 감가상각비)\times수선비율(\%)$$

– 수선비율: 12% (기계장치, 건물유지, 보수비용)

3) 일반관리비와 판매비 구성요소 및 계산

가. 일반관리비와 판매비의 구분

일반관리비와 판매관리비를 구분하는 것은 업무 특성상 매우 곤란하므로 통상적으로 일괄적으로 파악하여 동일한 계정으로 비용을 처리한다.

나. 일반관리비와 판매비의 구성요소

- 임원 급료 수당
- 직원 급료 수당
- 직원 퇴직금 준비금
- 직원 법정 복리 후생비
- 복지시설 부담금 (진료소, 식당, 사택, 운동시설 등)
- 일반관리비 부문의 감가상각비 (건물, 비품, 그 밖의 고정자산)
- 접대비 (내빈 접대비, 회식비, 축의금, 조의금, 선물 등)
- 운반비 (제품을 운송하는데 발생된 비용)
- 대손 상각 (영업 활동과 연관된 매출채권 회수 불능 추산액)
- 일반 관리 부문에서 발생된 각종 비용 (수선비, 보험료, 통신료, 교통여비, 견본비, 포장비, 지급 임차료 등)

위에서 언급된 일반관리 부문(영업, 인사, 총무, 노무, 홍보, 기획 등)에 관련되어 발생한 비용이다.

다. 계산

- 일반관리비와 판매비 계산은 과거의 발생 실적자료와 업계 등의 자료를 충분히 검토하여 예정 표준비율을 산정한다.
- 각 회사별, 업종별 등에 따라 표준비율은 매우 다르게 발생된다.

– 업종별로 과거자료 및 원가관리 차원에서 회사의 정책적인 표준으로 관리하여야 한다.

일반관리비＝가공비(직/간접)×일반관리 표준비율(%)

일반관리비율 : 우리나라 부품 제조업 평균 적용 (20%)

4) 이윤의 기능 및 계산

가. 이윤

기업 활동의 목적은 이윤추구, 즉 가치창조를 하여 사회에 공헌하는 것이다. 이윤이 낮은 기업은 일반적으로 부가가치가 낮거나, 제품생산 프로세스에 로스가 많든지 하는 원인이 잠재하고 있을 것이다.

표준원가 계산기준에 있어서는 쌍방의 입장을 고려하여 합리적이고 적정한 이윤기준을 설정하여 관리하여야 한다. 경영자의 판매정책 및 이윤정책을 고려하여 경쟁제품을 벤치마킹하여 표준이윤을 관리하여야 한다.

나. 이윤 기능

– 기업의 성장을 측정하는 기능: 매출을 늘리고, 자기자본 비율 등을 늘리는 기업의 업적평가 기준의 척도이다. 기업이윤은 금융시장, 주식시장에서 주가를 변동시키고 금리를 변동시키는 기업의 성과평가에 중요한 지표이다.
– 기업을 미래의 위험에서 지키고, 사업의 존속 번영을 보증하고, 능력을 유지하는 기능을 갖는다.

다. 이윤 계산

표준이윤율을 산정하기 위한 이론적이고, 과학적인 방법이 확립되어 있지 않으므로 구입처의 실태를 참고로 하고, 동종업종의 평균을 분석하여 표준이윤율을 산정한다. 특히 자사의 자재, 구매정책과 방침을 가미하여 산정한다.

이윤＝(가공비(직/간접)＋일반관리비)×표준이윤율(%)

(3) 원가절감

원가절감의 방법에는 크게 나누어 두 가지 방법이 있다. 하나는 제품설계의 개선, 제조설계의 개선 등에 의한 하드웨어 면에서의 원가절감과 생산관리 등의 관리기술의 개선을 중심으로 하는 소프트웨어 면에서의 원가절감이 있다. 또 기술진보의 측면으로부터 고려하면, 제조 방법의 개선, 제조 시스템의 개선과 같은 연속적인 기술의 진보를 이용한 코스트다운이 있다. 나아가 원리의 변경, 이용할 자연 현상의 변경이라고 할 수 있을 불연속한 기술혁신을 이용한 코스트다운 등이 있다.

(a) 기술혁신의 이용에 의한 새로운 제품 시스템의 구축

지금까지 시장에 내놓은 제품과 비교해서 기술적으로 불연속이라고 할 수 있을 만큼 큰 기술혁신을 이용해서 제품의 시스템을 구축한다. 제품을 세상에 내놓은 경우에, 예를 들어 마이크로 컴퓨터 이용에 의한 전자계산기와 같이 일거에 수많은 코스트다운을 실현할 수 있도록 한다.

(b) 제품의 신규설계에 의한 전면적인 설계변경

새로운 기술을 도입해서 전면적인 설계변경을 행하여 적어도 30% 이상의 코스트다운을 행하는 경우이다. 예를 들면, 부품의 금형을 만들지 않고 NC Punching press로 가공하고 있던 것을 금형을 사용한 프레스가공 또는 주입에 의한 합성수지가공을 하는 등의 경우이다. 고정비는 크게 증가되지만 변동비는 대폭적으로 삭감된다.

(c) 부분적인 설계변경

사용자의 입장에서 보아 변했다고 느끼지 않을 정도, 즉 취급설명서 개정의 필요가 없을 정도의 설계변경에 의한 것으로 현행품에 한정된 가치분석(Value Analysis: VA)이다. 부품의 허용차 변경에 수반되는 가공방법의 개선, 부품의 일체화, 부품의 분할, 재질의 변경에 의한 가공개선 등이다. 경우에 따라 다르지만 최초의 VA로 10~30% 정도의 코스트다운을 기대할 수 있다.

Chapter 02

제품 개발 및 설계

하나의 제품이 이론의 타당성 검토, 즉 기술 구현의 가능성 단계에서 시작하여 공장에서 양산되어 시장에 출시되고 A/S(After Service)에 이르기까지는 다음의 [그림 2-1]과 같은 여러 단계를 거친다.

2.1 제품개발 및 설계 프로세스

그림 2-1 제품 개발 및 설계 프로세스

2.2 단계별 업무 내용

각 단계별 업무의 내용은 다음과 같다.

개념설계	상세설계	생산설계	생산자동화
– 선행기술 시험 – 시스템 해석 – 실험 해석 – 아이디어 설계 및 구상 설계	– 조립도면 작성 – 구조해석 – 부품도면 작성 – 해석(구조, 진동, 열 · 유동해석 등)	– 원가분석 – 공정설계 – 형(지그, 고정구) 설계 – NC 데이터 작성 – 생산 시뮬레이션 및 생산설비 구축	– FMS – 검사 – 생산관리 등

이를 구체적으로 기술하면 다음과 같다.

업무 단계	업 무 내 용	적 용 방 안
의장설계(디자인)	• 설정된 기능을 충실히 실현하면서 제품의 가치를 높이기 위한 조형미를 인위적으로 실현하는 창의적 단계	• 외관 형상의 Free-Sketch로 디자인 설정 • 외관 부품의 다양한 채색 • CG(Computer Graphics)에 의한 Animation 전개
개념설계 (기술 타당성 검토 포함)	• 제품 이미지의 형과 기능을 Sketch 등으로 묘사하면서 고정시키는 설계 단계 • 최적 설계 수행	• 부품별 Free-Sketch에 의한 형상 설정 • 3차원 공간 구조 구성도 작성
기능설계	• 기능의 실현과 성능의 향상을 위하여 적용 기술방식을 설정하여 무형의 이미지를 유형 형태로 만드는 단계	• 부품별 조립에 메카니즘(Mechanism) 수행 • 3차원 데이터를 이용한 부품별 해석(Analysis) 수행 • 부품별 최적 설계(안) 도출
기본설계	• 제품의 형태, 크기 등을 구체적인 도면으로 표현하는 설계 단계	• 3차원 형상으로부터 2차원 형상 추출 도면화 작업
상세설계	• 사용 부품을 결정하고, 각 부품별로 치수를 결정하는 것으로, 설계적인 것은 물론 제도적인 업무(2D 및 3D CAD)가 대부분이다.	• 3차원 데이터를 이용한 부품별-원재료 소요용량 등의 계산 • 3차원 도형으로부터 2차원 형상 추출 도면화
생산설계	• 제품의 기능을 실현하면서 원가를 낮추고, 품질의 향상 등 생산성을 향상시킬 수 있는 기술을 동원하여 구체적으로 실현하는 설계 단계	• 금형 가공용 NC-Tool Path 시뮬레이션 및 데이터 생성

2.3 제품개발의 단계별 인증공정

여러 부서에서 제품의 원가절감, 품질 향상, 개발기간의 단축, 출시의 단축 등 생산성 향상을 위해 단계별로 체크하는 인증공정은 다음 [그림 2-2]와 같다.

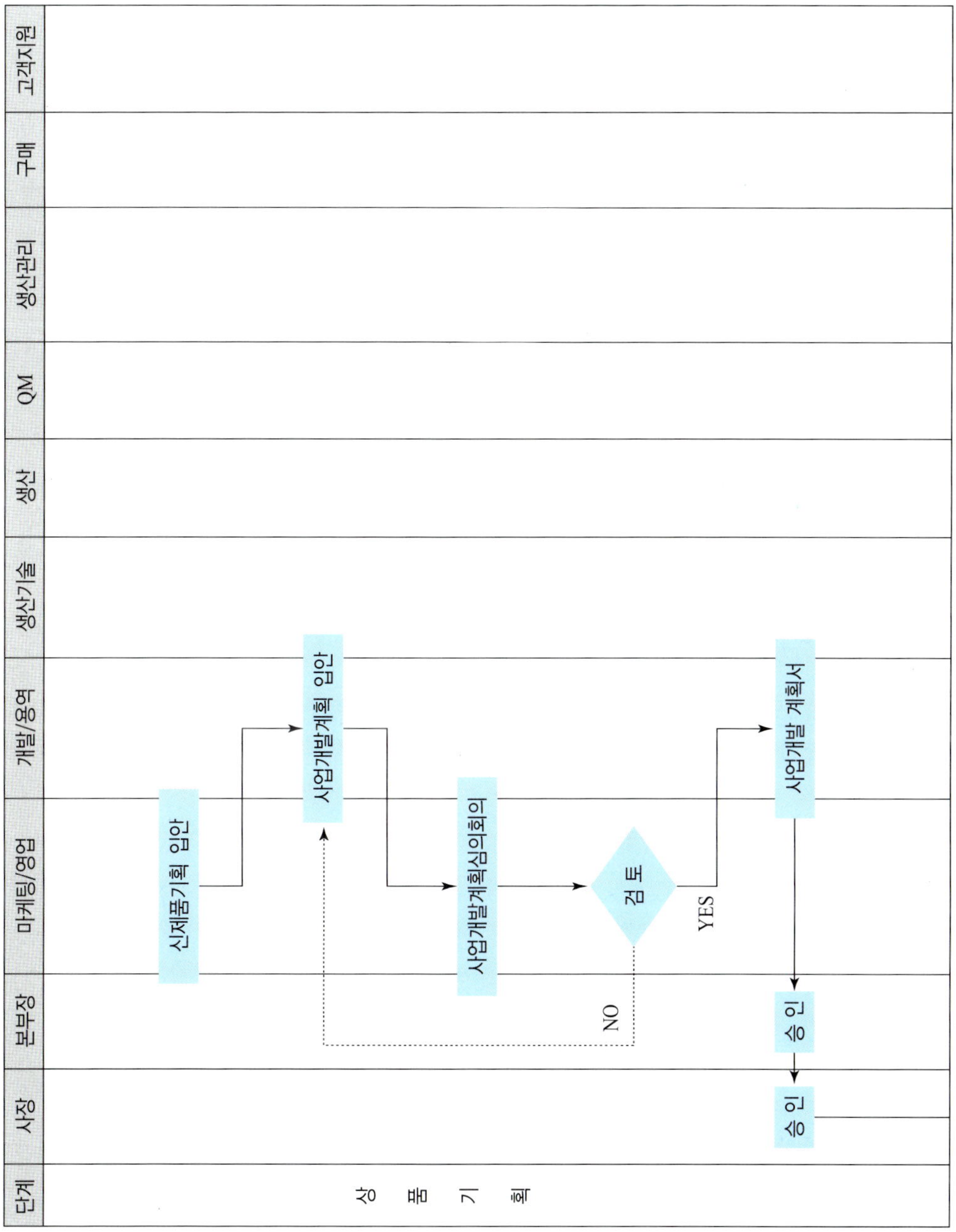

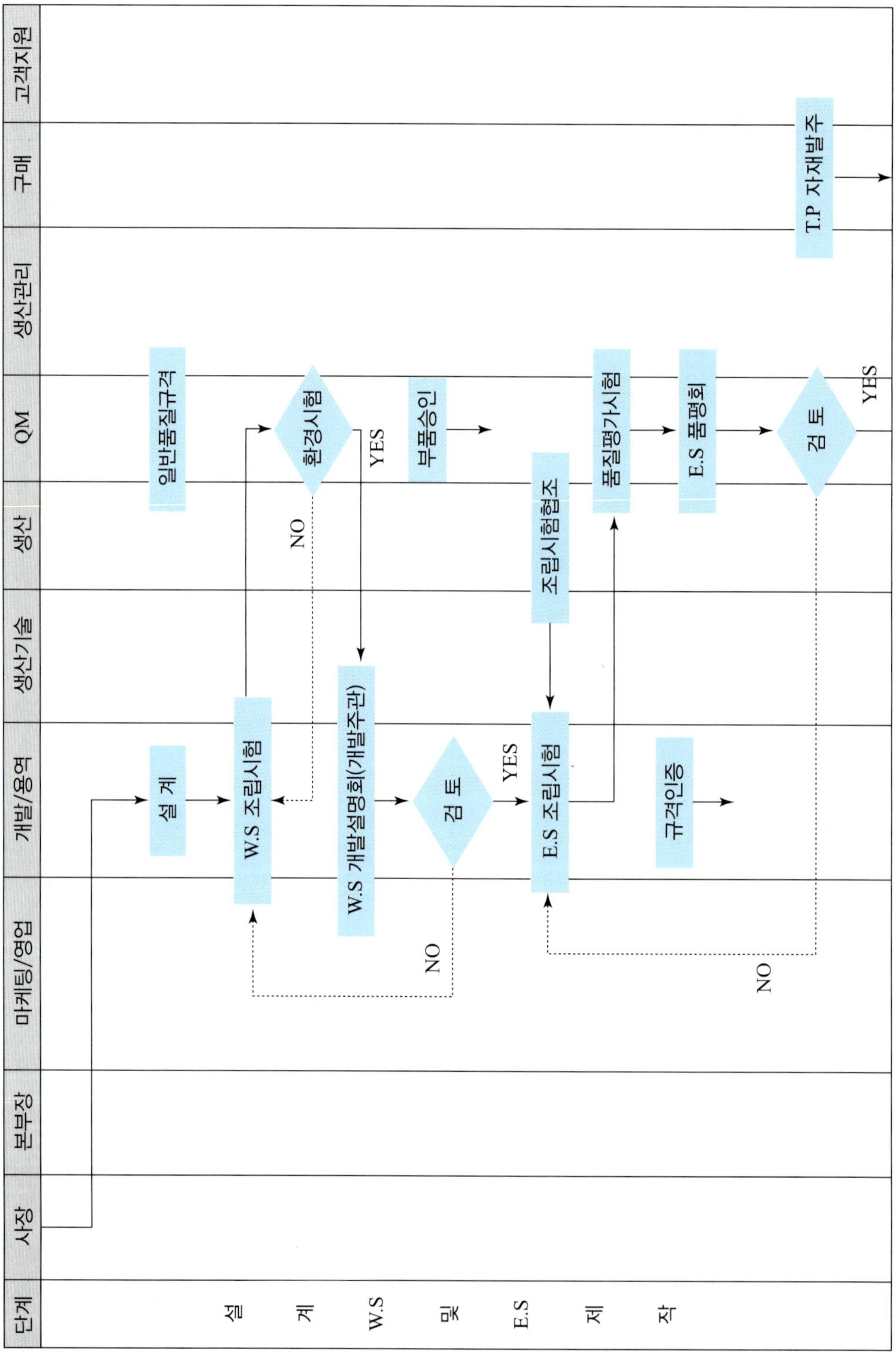
단계
사장
본부장
마케팅/영업
개발/용역
생산기술
생산
QM
생산관리
구매
고객지원
설계 W.S 및 E.S 제작
설 계
W.S 조립시험
W.S 개발설명회(개발주관)
검 토
YES
NO
E.S 조립시험
규격인증
일반품질규격
환경시험
YES
NO
부품승인
조립시험협조
품질평가시험
E.S 품평회
검 토
YES
NO
T.P 자재발주

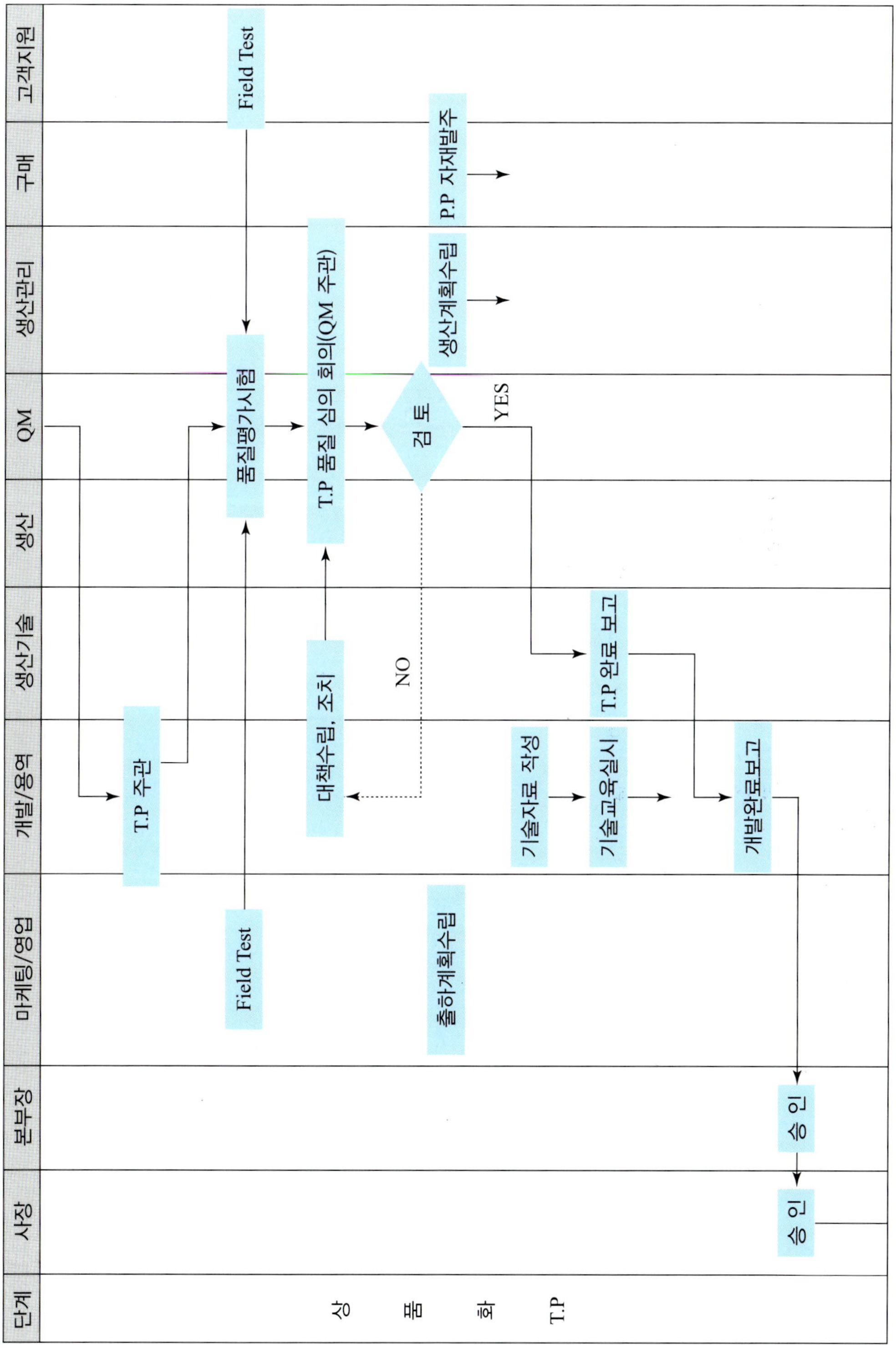
단계
사장
본부장
마케팅/영업
개발/용역
생산기술
생산
QM
생산관리
구매
고객지원
상품화 T.P
T.P 주관
Field Test
Field Test
품질평가시험
T.P 품질 심의 회의(QM 주관)
검 토
YES
NO
대책수립, 조치
생산계획수립
P.P 자재발주
출하계획수립
기술자료 작성
기술교육실시
T.P 완료 보고
개발완료보고
승 인
승 인

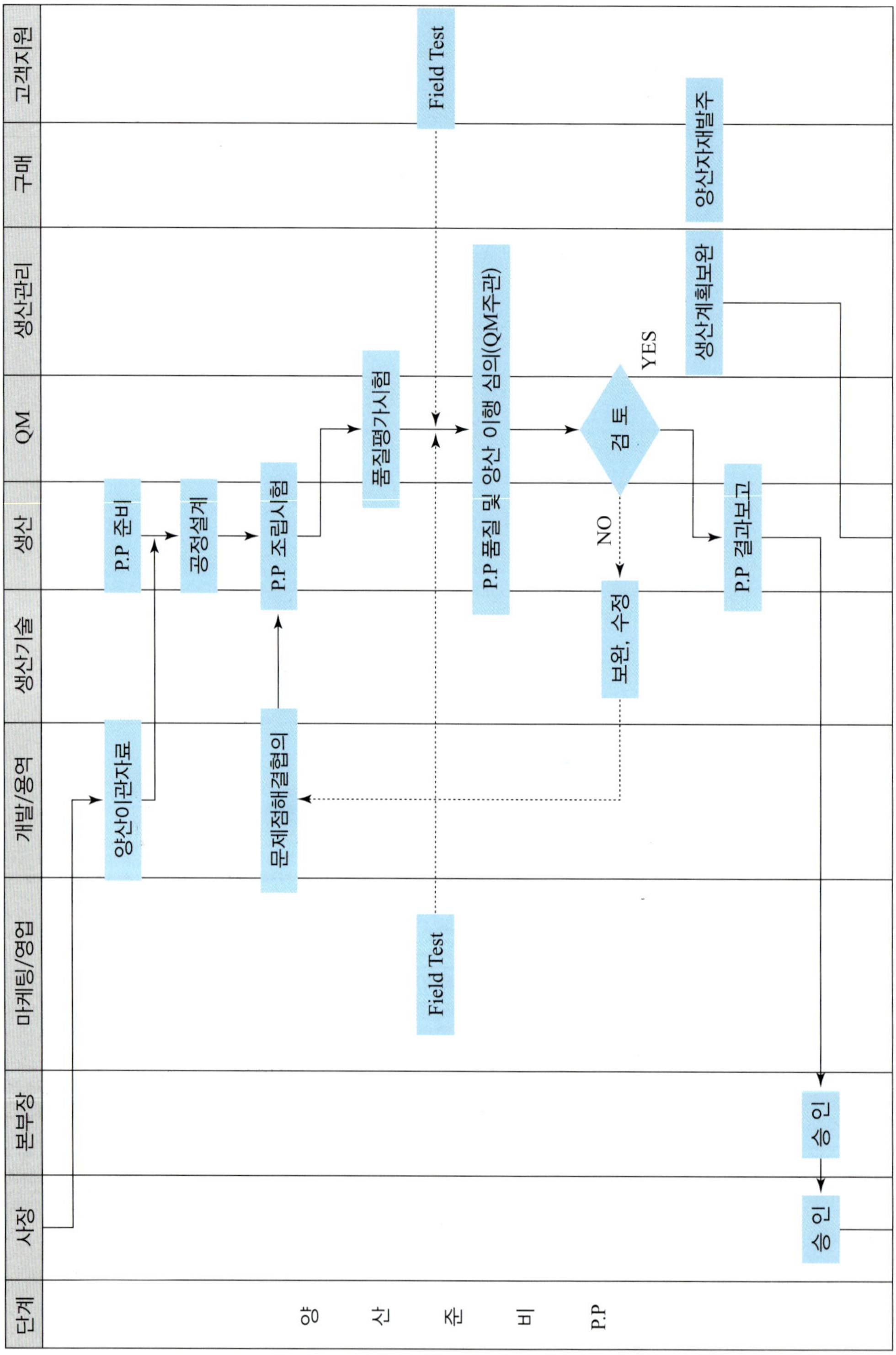
단계
사장
본부장
마케팅/영업
개발/용역
생산기술
생산
QM
생산관리
구매
고객지원
양산 준비 P.P
양산이관자료
P.P 준비
공정설계
P.P 조립시험
문제점해결협의
품질평가시험
Field Test
Field Test
P.P 품질 및 양산 이행 심의(QM주관)
검 토
YES
NO
보완, 수정
P.P 결과보고
생산계획보완
양산자재발주
승 인
승 인

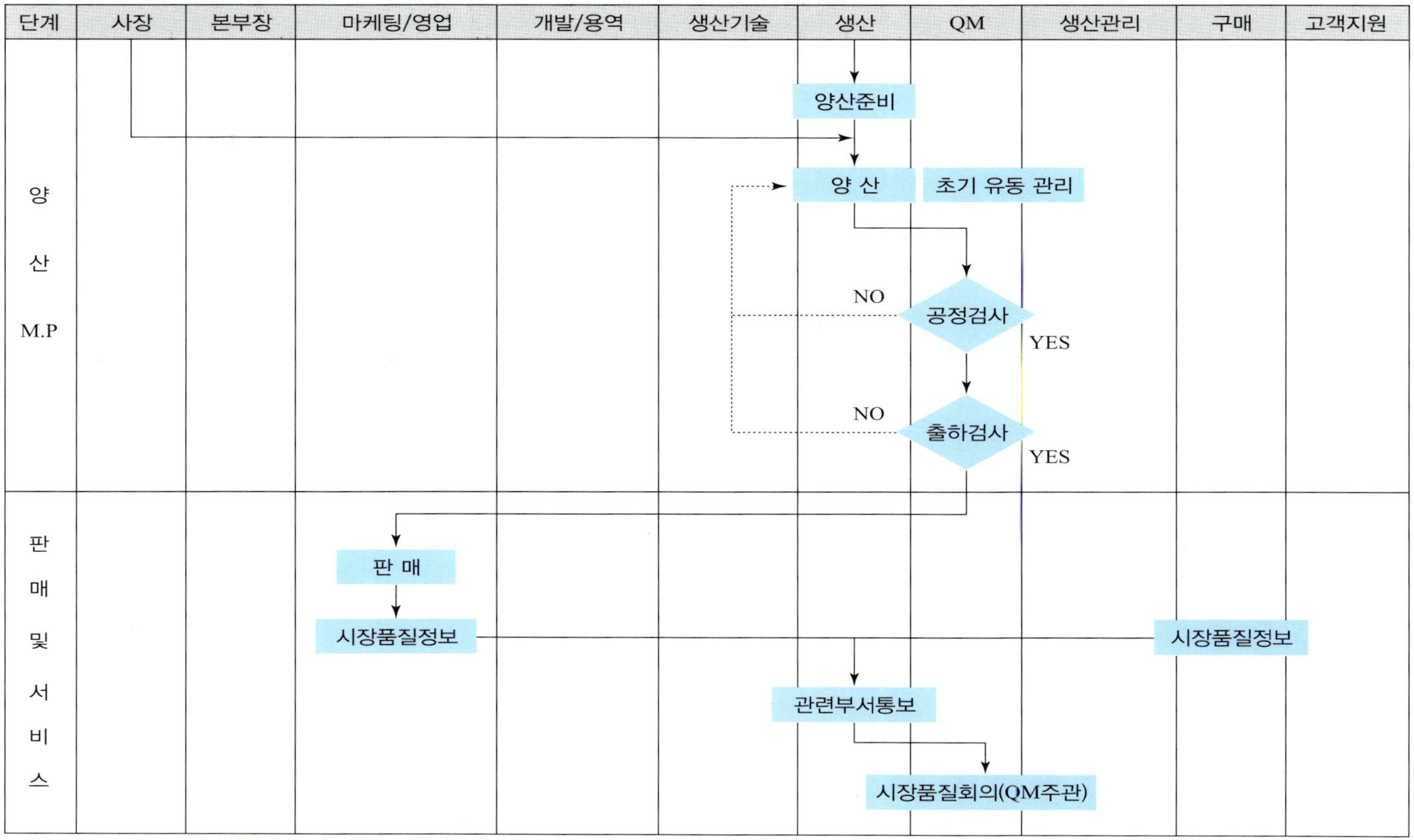

비고: W.S(시제품, Working Sample)로 P.T(Prototype)라고도 한다.
T.P(기술시작, Test Production)로 Pilot(Pilot Production)라고도 한다.
P.P(예비생산, 양산시작, Pre–Production)
E.S(설계시작, Engineering Sample)
F.T(현장시험, Field Test)
M.P(양산, Mass Production)

그림 2–2 **제품개발의 단계**

2.4 디자인 개발 업무

2.4.1 디자인의 개발 범위

제품 또는 상품을 위한 디자인의 개발 범위는 아주 포괄적이지만 다음과 같은 범주로 설명할 수 있다.

1) 신제품 디자인(new product design)
2) 부분변경 디자인(minor change design)
3) 화장변경 디자인(cosmetic change design)
4) 시장조사 및 분석(market research & analysis)
5) 포장 디자인(package design)
6) 제품 브랜드 개발(brand, logo type)
7) 라벨 디자인(label design): 보증서(warranty), 형식승인(UL, FCC 등), ID 등
8) 매뉴얼 디자인(manual design): 동작설명서(operating), 서비스매뉴얼(technical service) 등
9) 카탈로그, 브로슈어 디자인(catalog, brochure)
10) 디자인 모형 제작(design mock-up)
11) 디자인 의장 도면 및 시방서 작성

(예) 휴대폰 디자인 개발의 예를 들어보자. 휴대폰 개발을 위한 디자인의 개발 내용은 다음과 같다.

- 휴대폰 본체의 형상 및 구조
- 바(bar), 플립(flip), 폴더(folder), 슬라이딩(sliding), 회전(swing) 타입의 구조에 따른 형상
- LCD 디스플레이의 레이아웃 및 아이콘(icon), 폰트(font) 처리 등
- 제품 전체의 색상, 그래픽스(graphics) 지정
- 마크(mark), 로고(logo), 기능 표기 문구의 레이아웃
- 포장 관련 일체
- 충전기(charger)의 형상과 구조

2.4.2 디자인 개발 프로세스

다음 [그림 2-3]은 휴대폰 디자인 개발의 한 예를 보여준다. 디자인 개발에 관련된 프로세스(overall process)에 관하여 기간 대비 개발단계별로 전반적으로 자세히 보여주고 있다.

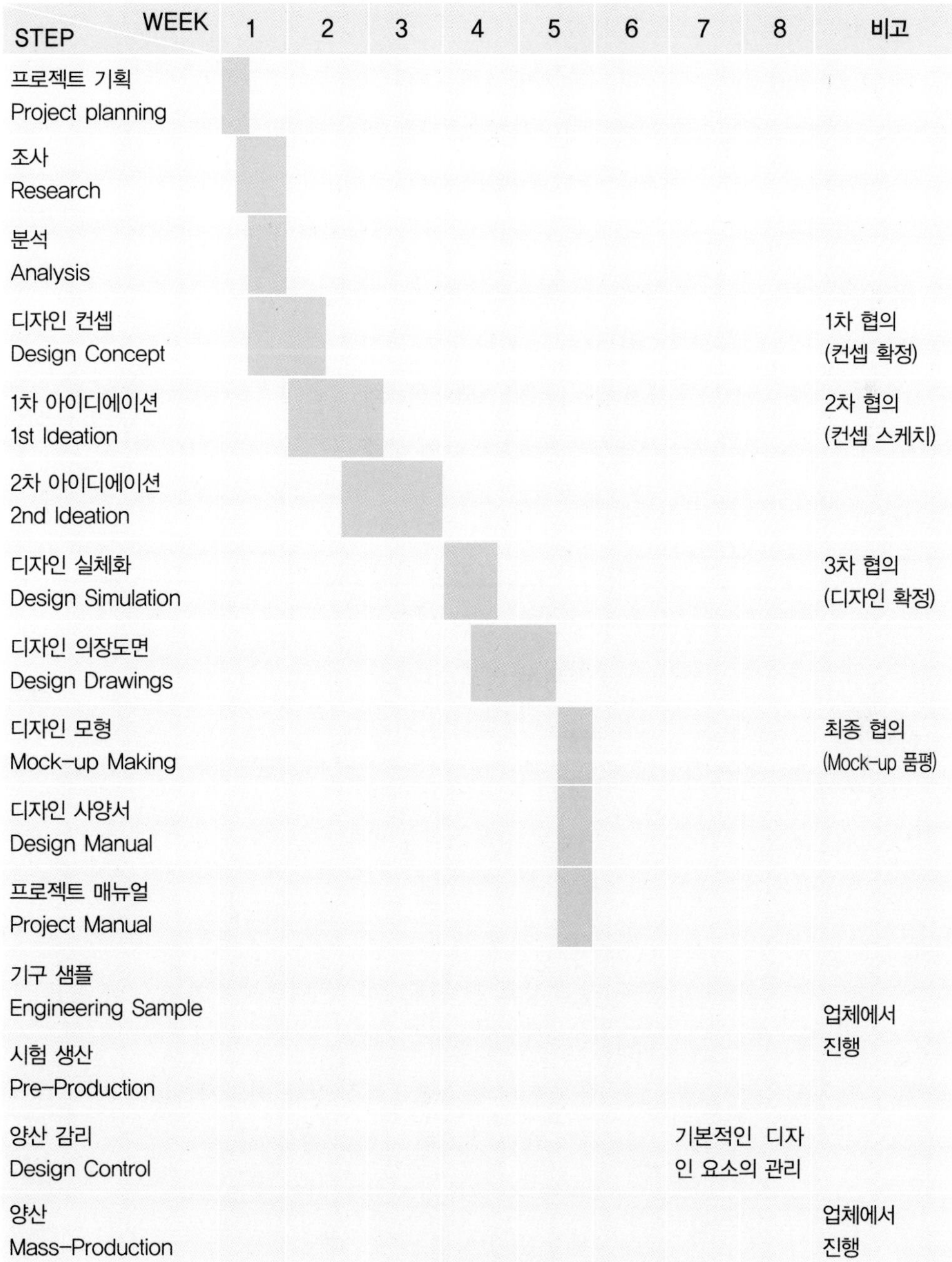

그림 2-3 **디자인 개발의 전반적 프로세스**

2.4.3 디자인 개발 단계별 업무

(1) 프로젝트 기획 및 컨셉션
Project Planning & Conception

프로젝트 기획 Project Planning	ㅣ계약체결 ㅣ디자인 개발범위, 내용 ㅣ업체 요구사항 및 상품 개발 조건 ㅣ생산, 판매(Sales Promotion) 상호협조사항 및 상호지원체제 구축
조사 Research	ㅣ각 모델의 Specs 변경 내용 확인 ㅣ각 상품의 특성 및 차별성 ㅣ목표 시장 및 사용자 환경 ㅣ경쟁사 및 경쟁 모델 현황
분석 Analysis	ㅣ경쟁사의 PI(Product Identity) ㅣ디자인 목표 설정을 위한 사용자 환경 ㅣ목표 시장의 관련 상품 특성 ㅣ사용자의 라이프스타일 ㅣ업체 상품 전략의 이미지화
디자인 컨셉 Design Concept	ㅣ업체의 PI 요소 개발 방향 – 업체의 상품전략을 바탕으로 한 각 모델의 이미지 통일화 방법 ㅣ제품 포지셔닝 전략 – 업체 상품 전략에 의한 각 모델의 디자인 개발 목표 ㅣ디자인 차별화 전략 – 경쟁사 대비 차별우위성 상품 이미지 요소 – 각 모델별 디자인 차별화 방안 – 디자인 고급화를 위한 디자인 요소 (재질, 표면처리, 구조, 데코레이션…)

| Sales Points 강화 전략
  – 마케팅, 광고, 홍보 등의 일체감 있는 Promotion을 위한 통합된 디자인 요소 개발

(2) 디자인 개발

Design Development

1차 아이디에이션
1st Ideation

| 각 모델의 디자인 컨셉의 구체화 작업
| 각 모델별 디자인 아이디어 전개 (Concept Sketch, Image Sketch)
| 효과적 이미지 표현을 위한 다양한 개발 방법 연구
  – 전략적 이미지 관리를 위한 방안
  – Imagination Factors의 발굴 및 적용 가능성 검토
| 다양한 재질, 표면처리, 장식 등에 대한 적용 방안
| Outputs : Sketch 40~50점 중 약 5~7점 제안
  – 3점의 디자인안으로 개발방향 설정

2차 아이디에이션
2nd Ideation

| 1차 아이디에이션 결과에 대한 수정, 보완 작업
| 각 모델의 디자인 아이디어 구체화(Detail Sketch)
| 이미지 강화를 위한 시각, 촉각적 요소의 적용방안 확정
  – 조형적 이미지
  – 색상, 표면처리, 장식
  – 재질, 구조, 기능
| 구조, 기능성 요소의 확정을 위한 부품, 크기 조정
| 부가가치 제고를 위한 추가 아이디에이션
| 업체 로고, 브랜드 적용 방안
| Outputs : Sketch 약 5점 제안
  – 약 2점의 디자인안으로 개발 방향 설정

디자인 실체화

| 각 모델별 2차 아이디에이션에서 설정된 디자인안의 실체화 작업

Design Simulation

| 조형, 색상, 표면처리, 구조, 장식 등에 대한 적용 방안 제안
| 부품, 재료, 구조 등의 생산성 검토
| Design Simulation (상황에 따라 선택 적용함)
 – CAD에 의한 3D Simulation
 – Study Modeling에 의한 Simulation
 – Design Renderings에 의한 Simulation
| 제품의 디자인 치수화
| Outputs : Design Rendering 3점 제안
 – 최종 디자인 1개안 확정

(3) 디자인 관리

Design Control & Mock-up Making

디자인 의장도면
Design Drawings

| 각 모델별 최종 디자인안에 대한 디자인 의장도면 제작
| 기구 중심의 제품 외관도면
| AutoCAD Drawings
 – 구조에 대한 검토
 – 표면처리, 장식성에 대한 가공방안 검토
| 각 모델별 Design Mock-up 및 기구설계 진행에 따른 수정, 보완
| Outputs : 각 모델별 의장도면 1세트, Diskette

디자인 모형제작
Mock-up Making

| 각 모델별 Design Mock-up
| 외관형상 중심의 모형 각 1세트 제작
| 각종 인쇄 사양, 표면처리 등 적용
| Outputs : 각 모델별 Design Mock-up 1세트
 각 모델별 Label 등의 인쇄 샘플

사진 촬영
Design Manual

| 각 모델별 디자인 모형 사진 촬영
| 이미지와 디자인 특성을 강조하여 전문 스튜디오에서 촬영
| Outputs : 각 모델별 11×14 inch 사진 1장, 5×7 inch 사진

	3장
디자인 사양서	∣각 모델별 상품 개발시 디자인 관리를 위한 표준 사양서
Design Manual	∣각 모델별 의장도면, 색상, 표면처리, 인쇄, 필름, 샘플 등 모든 디자인 요소에 대한 관리지침서
	∣Outputs : 각 모델별 Design Manual 1세트
프로젝트 매뉴얼	∣프로젝트 진행 내용의 매뉴얼화
Project Manual	∣각 모델별 디자인 사양서 포함
	∣각 모델별 최종 결정된 디자인안으로 한정함

2.4.4 3차원 디자인 CAD

소비자의 요구와 시장의 환경변화에 적극적으로 대처하기 위하여 제품 외관의 다양한 구성요소들(형상, 구조, 재질, 색채, 그래픽, 사용환경 등)과의 관계 검토를 위한 디자인 전용의 시스템이 필요하다([그림 2-4] 참조).

(1) 디자인 CAD의 필요성

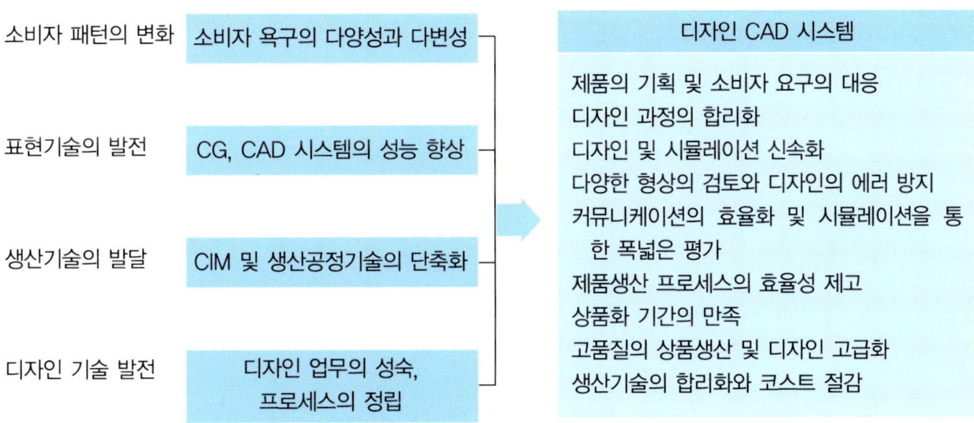

그림 2-4 디자인 CAD의 필요성

디자인의 정확하고 효율적인 제품화를 위하여 3D 형상 데이터를 설계제조 부문과 연계할 수 있는 시스템 구축이 과제로 대두된다.

(2) 디자인 과정

디자인 프로세스에 3차원 CAD를 도입하여 디자인의 조기평가 체제를 구축하고 이를 설계부문과 연계하여 최적의 디자인안이 상품화될 수 있도록 프로세스를 재정립한다.

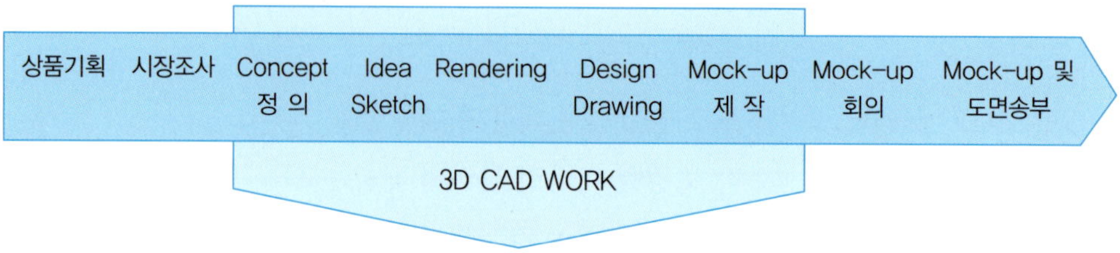

① 디자인 평가를 시제품(mock-up) 의존형에서 조기평가형으로 한다.

② 스케치, 도면, mock-up 사이에 있어서 정보변환 정밀도의 향상

③ 동적인 모의시험(dynamic simulation)

④ 설계/제조 부문과의 정보 네트워크 활용

3차원 CAD 작업을 통해 이미지 데이터는 디자인안의 색채, 질감 등의 평가에 활용하고 모델링 데이터는 실물 가공, 설계 부문과의 데이터 공유 등에 활용한다.

따라서 다음과 같은 효과를 얻을 수 있다.

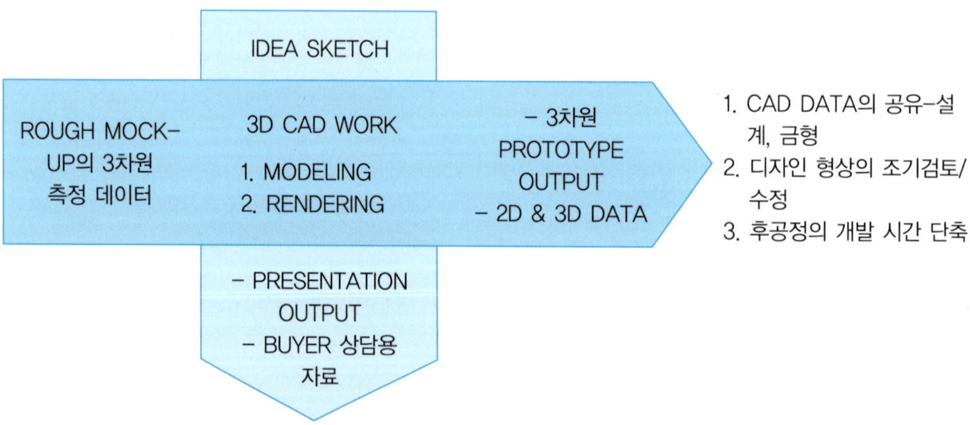

1) 디자인안의 공유: 설계, 금형, 상품기획, 영업 등

2) 디자인 형상의 조기평가: 외관, 색채, 재질감 등

2.5 기구설계 업무흐름

기구설계(Mechanical Design)의 업무흐름은 다음 [그림 2-5]와 같다.

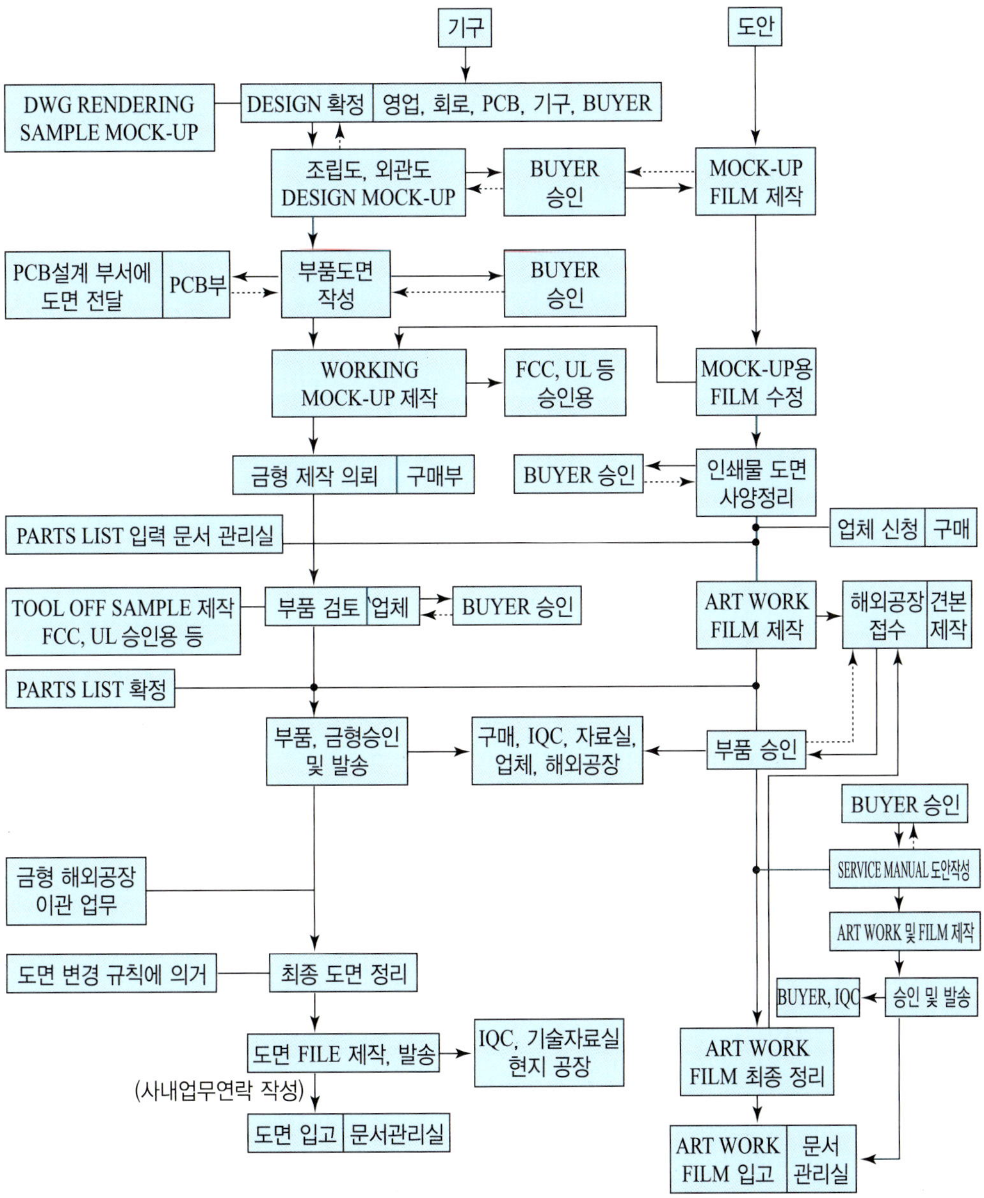

주 : IQC(Incoming Quality Control) : 수입검사

그림 2-5 기구설계 업무 흐름도

2.6 고속페이저 개발 일정의 예

다음 [그림 2-6]은 고속페이저(Flex Pager)에 대한 개발일정의 예이다. 디자인, 기구, 금형, 하드웨어, 소프트웨어 등 전반적 개발에 관련된 개발 일정에 관하여 자세히 보여주고 있다.

FLEX Pager Development & Production Schedule

ID	Task Name	Plan Start	Plan Finish	Action Start	Action Finish
1	제품 Design	06/12/97	07/28/97	06/12/97	NA
2	1. 1st Design Idea Sketch	06/12/97	06/26/97	06/12/97	06/26/97
3	2. 2nd Design Idea Sketch	06/27/97	07/27/97	06/27/97	07/01/97
4	3. Design Rendering	07/01/97	07/05/97	07/02/97	NA
5	4. Design Mock up 제작	07/05/97	07/16/97	NA	NA
6	Hardware 개발	06/01/97	10/15/97	06/01/97	NA
7	1. 부품선정 및 회로설계	06/01/97	06/30/97	06/01/97	06/30/97
8	2. 1st PCB Artwork & Manufact	07/01/97	07/15/97	07/01/97	NA
9	3. 1st PCB Evaluation	07/16/97	07/31/97	NA	NA
10	4. 2nd PCB Artwork & Manufact	08/01/97	08/16/97	NA	NA
11	5. 2nd PCB Evaluation	08/18/97	08/30/97	NA	NA
12	6. E/S 제작	08/01/97	08/30/97	NA	NA
13	7. 형식 검정	09/01/97	09/30/97	NA	NA
14	8. Test Production	10/01/97	10/15/97	NA	NA
15	9. QM Approval	10/01/97	10/15/97	NA	NA
16	10. Pilot Production	10/16/97	10/31/97	NA	NA
17	11. 012 사업자 인증	10/16/97	10/31/97	NA	NA
18	12. Mass Production	11/01/97	NA	NA	NA
19	Software 개발	06/01/97	08/30/97	06/01/97	NA
20	1. LCD 개발	06/01/97	07/31/97	06/01/97	NA
21	2. Protocol 개발	06/01/97	07/15/97	06/01/97	NA
22	3. MMI 개발	07/16/97	08/30/97	NA	NA
23	양산준비	08/01/97	10/15/97	NA	NA
24	1. 자재발주	08/01/97	10/15/97	NA	NA
25	2. 생산장비 발주	09/01/97	10/15/97	NA	NA
26	3. Line Setup	09/01/97	10/15/97	NA	NA
27					
28					
29					
30					
비 고	NA : Not Available				

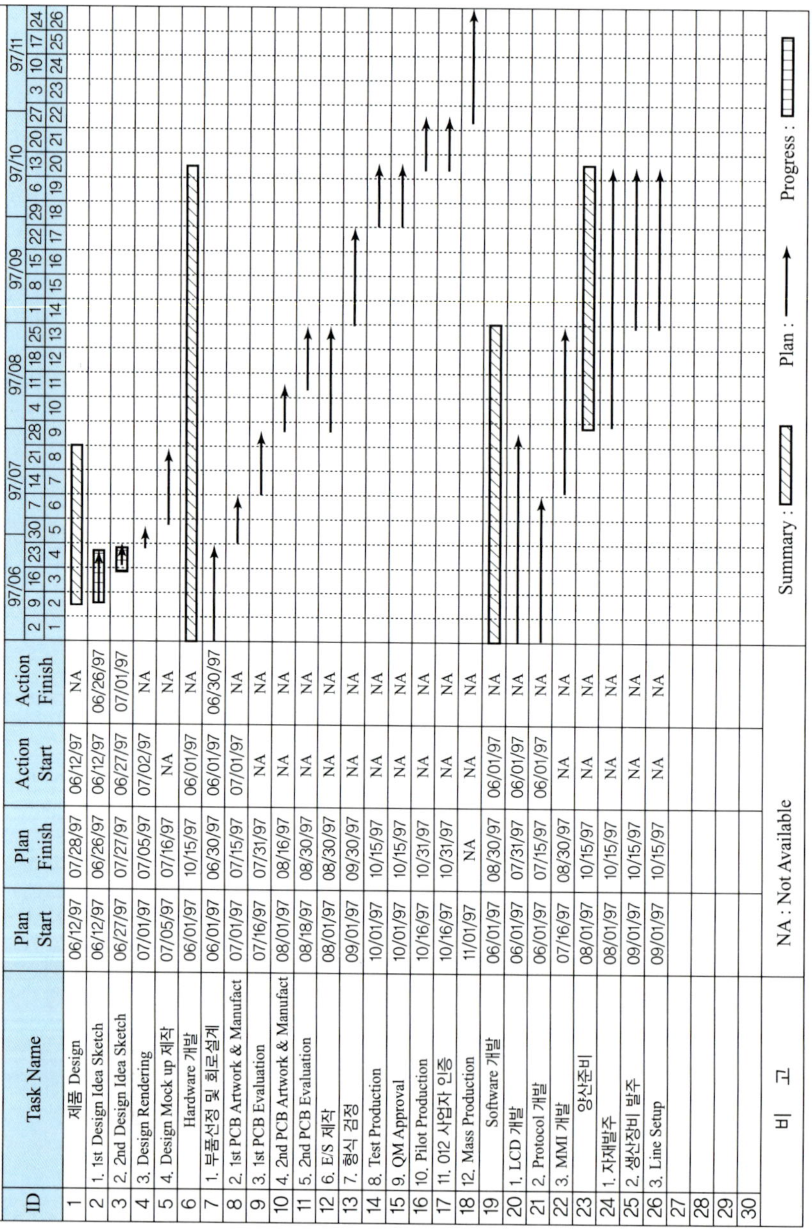

Summary : ▨ Plan : → Progress : ▭

FLEX Pager Development & Production Schedule

ID	Task Name	Plan Start	Plan Finish	Action Start	Action Finish
31	기구 개발	07/05/97	10/15/97	NA	NA
32	1. Design Mock up	07/05/97	07/11/97	NA	NA
33	2. 기구 설계	07/05/97	07/30/97	NA	NA
34	3. 1st Working Mock up 제작	07/31/97	08/10/97	NA	NA
35	4. Set Assembly	08/11/97	08/14/97	NA	NA
36	5. Drawing Modify	08/15/97	08/19/97	NA	NA
37	6. 금형제작	08/20/97	10/07/97	NA	NA
38	7. 2nd Working Mock up 제작	08/20/97	08/25/97	NA	NA
39	8. 1st 시사출	10/08/97	10/09/97	NA	NA
40	9. Tool Modify	10/10/97	10/14/97	NA	NA
41	10. Tool Fix	10/15/97	NA	NA	NA
42					
43					
44					
45					
비 고		NA : Not Available			

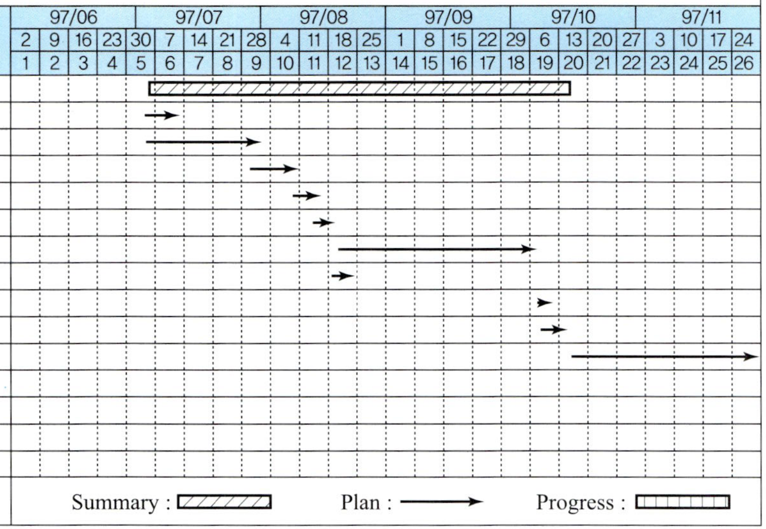

그림 2-6 고속 페이저 개발 일정도

2.7 플라스틱 제품설계

플라스틱(plastic)이라 함은 "고분자 물질을 주원료로 하여 인공적으로 유용한 형상으로 만든 고체이다. 단, 섬유, 고무, 도료, 접착제 등은 제외한다"라고 정의한다. 플라스틱은 기계, 전자, IT 등 융합제품의 기술 발전에 따라 아주 광범위하게, 유용하게 사용되고 있다. 플라스틱은 그 특성에 따라 다음과 같이 구분된다.

2.7.1 열가소성 플라스틱과 열경화성 플라스틱

플라스틱을 구분하면 열가소성 플라스틱(thermoplastic)과 열경화성 플라스틱(thermosetting plastic)의 두 종류로 구분한다.

(1) 열가소성 플라스틱

상온에서는 고체이지만 열을 가하면 녹아서 연화하여 유동체로 되고, 냉각되면 굳어져서 고체가 된다. 이 상태에서 다시 가열하면 앞의 과정을 반복할 수 있는 성질을 가진다. 이 플라스틱은 일반적으로 범용 플라스틱과 엔지니어링 플라스틱으로 분류한다.

① 범용 플라스틱
가격도 싸고 성형이 용이한 플라스틱이다.

예) ABS, PS, PE, PP, SAN, PMMA 등

② 엔지니어링 플라스틱
기계부품에 적합한 고성능의 플라스틱으로 주로 공업용도에 사용되며, 내열성 100℃ 이상, 인장강도 500kgf/cm^2 이상의 플라스틱이다.

예) PC, PA(Nylon), POM, PBT, PPE, PPS 등

(2) 열경화성 플라스틱

가열하면 한때는 용융되어 유동체로 되지만 더 가열하면 점차 화학변화를 일으켜 경화(硬化)하거나 연소하는 성질을 가지고 있는 플라스틱이다. 일단 고체화된 것은 가열해도 다시는 유동체로 되지 않는다.

예) 페놀(phenol), 우레아(urea), 멜라민(melamine) 등

2.7.2 플라스틱의 일반적 장 · 단점

(1) 장점

① 가공이 용이하고 생산성이 높다.
② 가볍고 튼튼하다.
③ 전기, 열에 대해 절연성이 좋다.
④ 착색이 자유롭고 아름답다.
⑤ 여러 가지 화학약품에 잘 견딘다(내산(耐酸), 내알카리성이 있다).

(2) 단점

① 고온에서 사용하기 어렵다.
② 기계적 강도가 부족하다.
③ 온도변화에 의해 치수 변화가 크다.
④ 내후성(耐候性)에 한계가 있다.
⑤ 흠이 생기기 쉽고 더러워지기 쉽다.
⑥ 연소성이 있다.

이 장점과 단점은 모든 플라스틱에 해당하는 것은 아니다. 예를 들어, 장점 중에서 전기절연성은 특수용도에서는 결점으로 되어, 이 점을 해결하기 위한 전도성 플라스틱도 있으며, 결점으로 열거된 온도에 의한 치수변화를 개선한 플라스틱과 연소하기 쉬운 점을 개선한 난연성 플라스틱도 있다.

2.7.3 제품설계의 중요성

제품설계, 디자인에 있어서 제품의 사용 목적, 조건에 적합한 재료를 선정하는 것 또는 그 재료의 특성에 부합한 설계를 하는 것은 성형품, 금형제작 등을 고려한 설계를 하는데 있어 중요하다. 아무리 이상적인 재료를 사용하여도 금형제작에 무리가 발생한다든지 성형품에 좋지 않는 영향을 끼치는 설계가 되어서는 안 된다. 성형품을 저비용으로 하기 위해서는 여러 가지의 조건을 가능한 만족하도록 성형품, 금형제작에 적합한 제품설계 작업을 할 필요가 있다. 이를 위해서는 제품설계의 단계에서 디자이너, 성형업자, 금형 제작업체가 충분히 검토하고 종합된 제품설계를 하는 것이 바람직하다.

2.7.4 제품설계 및 금형제작

원하는 제품, 즉 성형품을 만들기 위한 제품설계 및 금형제작의 공정은 다음 [그림 2-7]과 같다.

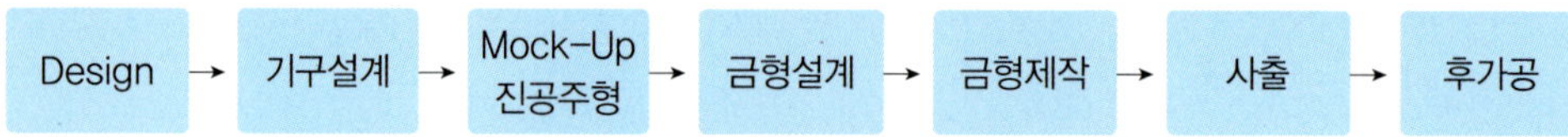

그림 2-7 제품설계 및 금형제작 공정

2.7.5 플라스틱 제품의 시제품 제작

플라스틱 제품의 설계도면이 완성되면 양산용 금형제작을 위해서는 고비용의 투자와 제작시간이 많이 걸리므로 제작 착수 이전에 설계도면의 오류 유무 점검, 회로부품을 실장한 기능의 점검, 최종 외관검토 및 조립성 문제 검토, 동작성 테스트 등의 여러 목적으로 사용하기 위하여 반드시 시제품을 제작하여 문제점을 사전에 예방해야 한다. 이는 제품의 원가절감, 품질향상, 개발기간의 단축 등 생산성 향상에 있어서 중요한 과정이다. 이 시제품을 프로토타입(prototype) 또는 목업(mock-up)이라고도 하며, 다음과 같은 종류가 있다.

(1) 목업의 제작

목업(모형제품)은 전문 제작업체에서 제작한다. 제작업체는 설계자가 제공한 설계도면을 바탕으로 제작하며, 사용재료는 ABS판, PMMA판, PC판, PVC봉 등이며 곡면부는 목형(木型)을 만들어 열을 가해 성형하고, 또한 드릴, 선반, 밀링 M/C(machine) 등을 이용하여 구멍(hole), 보스(boss), 평면부의 필요 형상을 제작한다. 그 외는 수공으로 제작하며 접착제 등을 이용, 조합하여 한 개의 부분을 완성한다. 이후 외관에 도장을 실시하고, 필요한 곳에 실크인쇄(silk screen)도 한다. 3차원 CAD의 등장으로 3차원 설계도면을 목형의 제작 없이도 CAM으로 가공하여 가공 품질의 향상, 제작기간의 단축 등이 이루어지고 있다.

(2) 소프트 몰드의 제작

시제품의 제작은 기술검토 및 외관 디자인 검토용으로 제작되는 것이나, 흔히 수출품의 경우는 고객 제출용 또는 시험 검증용으로 10여 개에서 수십 개가 필요할 때가 있다. 만약 이들을 목업으로 모두 제작한다면 그 비용이 엄청나게 들게 된다. 이 비용을 절감하기 위해 수량이 많을 때에는 소프트 몰드(soft-mold: 진공주형) 방법으로 시제품을 제작한다. 제작방법은 원형을 그대로 복사하는 방식을 취하므로 반드시 원형으로 쓰일 목업이 필요하다. 이를 마스터 목업이라고 한다. 성형사출에서 금형에 해당하는 형은 대개는 실리콘 고무로 제작된다.

2.8 프레스 제품설계

2.8.1 프레스 가공의 종류

프레스(press) 가공의 종류는 대단히 많고, 또 그 가공방법의 내용과 병행하면 복잡하지만 가공 또는 성형방법이 유사한 것을 그룹별로 정리하면 전단타발가공, 굽힘성형가공, 드로잉(drawing) 가공, 압축가공 등의 4개로 분류할 수 있다.

2.8.2 프레스 금형

프레스(press) 가공에서의 금형은 펀치(punch)와 다이(die)로 구성되어, 이 사이에 재료를 넣고 기계로 눌러 요구하는 형상을 얻는데 목적이 있다.

프레스 금형은 제품의 형상 및 공정에 따라 다음과 같이 분류할 수 있다.

- 프레스 금형
  - 단일공정형(Single Station Die)
    - 전단형
    - 성형형
    - 벤딩(Bending)형
    - 드로잉(Drawing)형
  - 복합형(Compound Die)
    - 복합 벤딩 금형(Bending Die)
    - 복합 드로잉 금형(Drawing Die)
  - 순차이송형(Progressive Die)
    - 2공정 가공형
    - 타발 중심 순차이송(Progressive)형
    - 벤딩 중심 순차이송형
    - 드로잉 중심 순차이송형

2.9 다이캐스팅의 제품설계

2.9.1 다이캐스팅이란?

다이캐스팅(die casting)은 금속제 금형에 보다 낮은 용융점을 갖는 금속을 용융 상태에서 고온, 고압으로 주입하여 동일 형상의 금속물을 단시간에 대량 생산할 수 있는 정밀 주조금형 방법이다.

다이캐스팅 금형 구조는 플라스틱 금형(몰드 금형)의 구조와 유사하므로 제품설계의 일반적 주의사항은 플라스틱 설계와 비슷하다. 다이캐스팅 제품은 통상 주조 후 후처리 공정을 거치므로 다이캐스팅 제품설계시 후처리공정을 고려한 설계를 해야 신뢰성 있고 경쟁력 있는 제품이 될 수 있다. 보통 다이캐스팅 제품은 설계에서 완성품까지 다음의 공정을 거친다.

1) 제품설계 → 목업 제작, 시험, 수정
2) 금형설계 → 금형 제작 → 시사출 → 금형 수정 보완 → 금형 열처리
3) 주조 → 게이트(gate) 제거, 버(burr) 제거 → 제품 열처리
4) 교정 → 후가공 → 표면처리

2.9.2 다이캐스팅 제품의 특징

모래주조(sand cast)나 영구적 몰드주조(permanent mold cast) 등의 일반 주조 제품과 비교해 다음과 같은 장점이 있다.

1) 복잡한 형상의 제품이 제작 가능하다.
2) 치수 정도(정밀도)가 높아 기계가공비가 절감된다.
3) 표면 상태가 양호하다.
4) 살두께가 얇게 되므로 중량 경감으로 원가가 절감된다.
5) 용융금속의 고속주입, 급냉으로 조직이 작고 치밀하며 강도가 높다.
6) 단위시간당 생산량이 많으며 생산 공간을 작게 차지한다.
7) 제품의 기밀성이 높다.
8) 제품의 균일성이 높다.
9) 인서트(insert)의 이용이 가능하다.

반면 다음과 같은 단점을 갖는다.

1) 크기의 제한이 있다. 제품 중량이 최소 25kgf을 넘지 못하며 통상 5kgf 미만이다.
2) 제품의 형태와 게이트 위치, 형태에 따라 제품 내에 기포가 발생할 우려가 있다.
3) 생산설비 및 금형이 고가이므로 대량생산시에만 경제적이다.
4) 알루미늄(Al), 마그네슘(Mg), 티타늄(Ti), 아연(Zn) 등과 같이 동합금보다 융용점이 높지 않은 금속에 적용 가능하다.

또한 다이캐스팅 제품은 설계시 경험에 의존해야 할 것이 많다. 이를테면 주조 상태가 가능한 형상 및 치수공차, 적절한 빼기구배 등은 경험 없는 엔지니어가 결정하기는 곤란하며 현실성 있는 제품설계가 불가능하다. 이런 경우 다이캐스팅 설계기준을 참조하면 편리하다.

Chapter 03

시제품 사용 테스트

신제품 컨셉과 제품 설계 단계를 거쳐 최초로 개발된 제품인 시제품(prototype product)을 활용하여 최종 소비자의 반응을 알아보는 것을 제품 사용 테스트라고 한다. 필드 테스트, 사용자 테스트 또는 시장 수용 테스트라 불리기도 한다.

제품 사용 테스트를 통한 평가 항목은 다음과 같다.

- 잠재적인 구매자들에게 원형 제품이 초기 컨셉 테스트 때 세웠던 기준들과 일치하는가?
- 신제품 아이디어가 실제로 잘 구현되었는가?
- 신제품이 실제 사용법대로 편리성이나 내구성, 제품의 능력 등을 잘 구현하였는가?
- 경쟁사 제품과 비교하여 경쟁우위를 제공하는가?

3.1 제품 사용 테스트 과정

(1) 대상 제품의 선정

표 3-1 대상제품의 유형 및 테스트

유 형	대상 제품	테스트
단일제품	신제품	신제품을 써보시고 느낌이 괜찮은지 말씀해주세요.
두 종류 제품	신제품과 B사 제품 : 경쟁사 또는 업계 수위 업체 제품	이 제품들을 써보시고 어느 것이 괜찮은지 말씀해주세요.
세 종류 제품	신제품과 다른 두 가지 제품 : 비교는 신제품과 두 제품 중에 하나를 사용	이 중에서 어느 것이 더 괜찮은지 말씀해주세요.

(2) 사용자 그룹 선정

테스트 대상 제품을 선정한 후 과연 누구를 대상으로 제품을 테스트할 것인가를 정해야 한다. 일반적으로 제품 사용 테스트는 사용자가 누구인가? 또는 어떤 종류의 제품을 테스트 하는가에 따라 테스트 방법이 달라지기 때문이다.

제품 사용 테스트 시에는 한쪽으로 편향되지 않은 사용자 그룹을 선택해야 한다. 이때 고려되는 사용자 그룹은 일반 소비자, 외부 전문가, 내부 직원 등 매우 다양하다. 주의해야 할 점은 자사 제품에 우호적인 소비자들로만 구성된 그룹을 대상으로 테스트를 실시해서는 안 된다.

(3) 테스트 방법 결정

제품 사용 테스트 방법으로 실험실 평가법, 전문가 평가법, 소비자 평가법, 내부 직원에 의한 평가 방법 등이 있다.

● 실험실 평가법

제품의 성능에 대한 문제들은 대부분 실험실 테스트를 통해서 해결된다. 실험실 테스트는 두 가지 단점을 가진다. 첫째, 실험실은 제품의 실제 사용 상황을 완벽하게 반영하지 못한다. 둘째, 실험실에서 이뤄지는 평가는 기술적인 관점에서 주로 평가를 하기 때문에 소비자가 감성적으로 느낄 수 있는 편익을 소홀히 할 수 있다.

● 전문가 평가법

전문가 평가법은 제품 전문가의 판단에 의해 평가하는 방법으로 주로 소비자가 지각하는 편익 측면에 대한 평가에 사용되고 있다.

● 소비자 평가법

소비자에 의한 테스트는 신제품 테스트에서 가장 보편적인 방법이며, 소비자 편익에 대한 평가, 신제품에 대한 전반적인 평가 등을 테스트한다. 소비자 평가법은 HUT(Home Use Test), CLT(Central Location Test) 등이 대표적이다.

- HUT는 '가정 내 사용조사' 라고 하며 응답자가 실제로 집에서 제품을 일정기간 내지 장기간 사용한 후 그 결과를 평가하는 조사 방법이다.
- CLT는 상설 또는 임시의 시험회장을 만들고 조사 대상자를 모아 테스트를 실시하는 것이다.

● 내부직원 평가법

내부직원 평가법은 회사에 대한 충성도, 회사 내 무언의 압력, 라이프스타일 및 습관 등에 따라 의견이나 결과가 왜곡될 수 있다는 비판에도 불구하고 가장 유용하게 쓰이는 방법 중 하나이다. 종업원 테스트의 단점은 이러한 제품에 대한 정보를 철저히 숨기고 평가 직원들에게 철저한 교육과 훈련 등을 통해 객관적인 결과를 얻도록 하는 등의 노력을 통해 극복되고 있다.

(4) 반응조사 및 결과분석

● 반응조사 준비

- 사용자들과 접촉 방법을 결정해야 한다.
- 개별적인 접촉과 단체 접촉이라는 두 가지 방법 중 하나를 결정해야 한다.
- 제품 사용 테스트를 하는 장소를 결정해야 하는데 제품이 사용되는 장소에 따라 테스트 장소를 결정해야 한다.

● 반응평가 실시

– 리커드척도법: 소비자의 제품에 대한 태도를 '좋아한다/싫어한다' 의 5점 또는 7점 척도를 통해 평가하는 방법이다.

– 비교척도법: 제품 사용자가 신제품과 다른 제품을 사용한 뒤 비교해 보도록 하고 그 결과를 선호도로 점수화시켜 순위를 매기는 방식이다.

– 의미차별화 척도: 의미론적 차별법으로 한 쌍의 대조적인 형용사나 반의어를 이용하여 개념상의 의미를 정한다. 이들에 관련된 개념은 의미공간과 관련시켜보는 방법으로 양극 사이에 7점 척도를 두고 위치를 사용자가 마음대로 표시하도록 한다. 그 결과에 의한 자료는 각 형용사 항목별로 평균치를 구해서 분석 결과의 윤곽을 이해하도록 하는 방법이다.

● 결과 분석

제품이 치명적인 오류를 갖고 있지 않은지를 확인한다. 경쟁사 제품과 비교했을 때 어떤 점이 좋게 평가되었으며 어떤 점이 나쁘게 평가되었는지 파악해야 한다.

Part 2
기술사업화 사례
– 전동공구를 중심으로

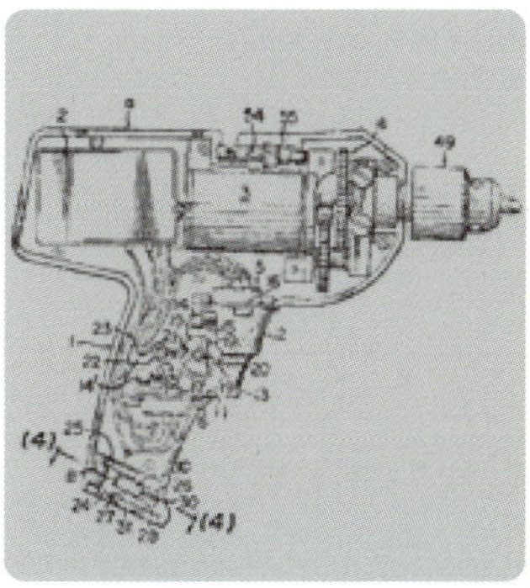

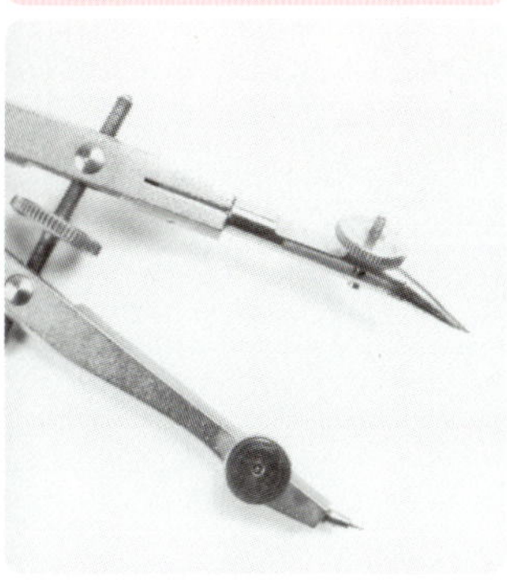

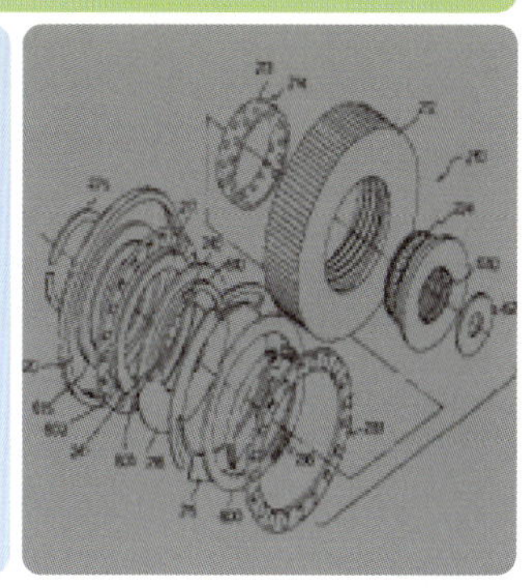

Chapter 01

전략적 사업 구상

1.1 시나리오

이 장에서는 지금까지 서술한 기술경영의 도구를 활용하여 신규 아이템의 발굴과 신제품 개발의 유용성에 대해 설명하고 제품개발을 위해 다음과 같이 가상의 시나리오를 생각해 보았다.

시장에는 무수히 많은 제품들이 나와 있고 또한 같은 종류의 동일 제품 역시 무수히 많다. 소위 경쟁사에 의한 경쟁제품이 그것이다. 그렇지만 틈새시장이란 이러한 유사한 경쟁 제품에도 예외는 아니다. 더구나 가격경쟁력을 갖추기 위해 때로는 반제품의 형태로 조립 가능한 제품이 나오고, 갈수록 이러한 제품은 늘어날 것으로 예상된다.

또한 인건비 상승 등으로 가정에서조차 수선수리를 자가로 해야 하는 경우도 늘고 있다. 그중에서도 우리에게 익숙한 제품이 바로 드라이버이다. 이것 하나로 책장의 조립에서부터 벽에 나사 하나 박아넣는 일까지 두루 사용되고 있다. 하지만 용도와 목적에 따라 수동식은 매우 불편할 뿐만 아니라 여러모로 수고를 아끼지 않아야 한다. 그래서 나온 것이 전동 드라이버 공구이지만 제한적인 케이블선 길이로 인해 또 다른 불편을 초래하고 있다. 그래서 케이블선이 없는 전동공구이면서 충전 가능한 충전식 전동공구를 신규 아이템으로 생각한다. 이때 진정으로 수요자의 니즈는 과연 무엇인지, 그리고 이와 같은 요소들은 기존 제품과 차별화될 수 있어 틈새시장이 될 수 있을지를 알아보고 또한 틈새시장의 제품이 되도록 제품기획을 세워 보기로 한다.

1.2 기술전략

1.2.1 마스터플랜 수립

위에 언급된 내용에 따라 마스터플랜 수립시 제일 먼저 해야 할 부분이 기술 및 제품, 업체 동향, 시장규모, 시장의 성장성 등 국내외 환경 분석이다. 그래야만 신제품 스펙을 제대로 정할 수 있기 때문이다. 그 다음으로 고객 니즈 및 제품의 분석이 중요하다. 이때 고객 니즈로부터 요구품질을 얻어낼 수 있고, 또한 이 요구품질로부터 품질특성을 얻어낼 수 있다. 요구품질과 품질특성은 점수화하여 점수 순서대로 우선순위를 정한다. 여기서의 순위는 바로 개발 스펙의 중요도라 할 수 있다. 새로운 아이디어의 발굴을 위해서는 경쟁사의 벤치마킹도 필요하다. 이러한 작업을 거쳐 신제품의 스펙이 결정되는 것이다. 다음은 충전식 전동공구개발을 위한 마스터플랜을 예시적으로 보여준다.

충전식 전동공구개발 MASTER PLAN

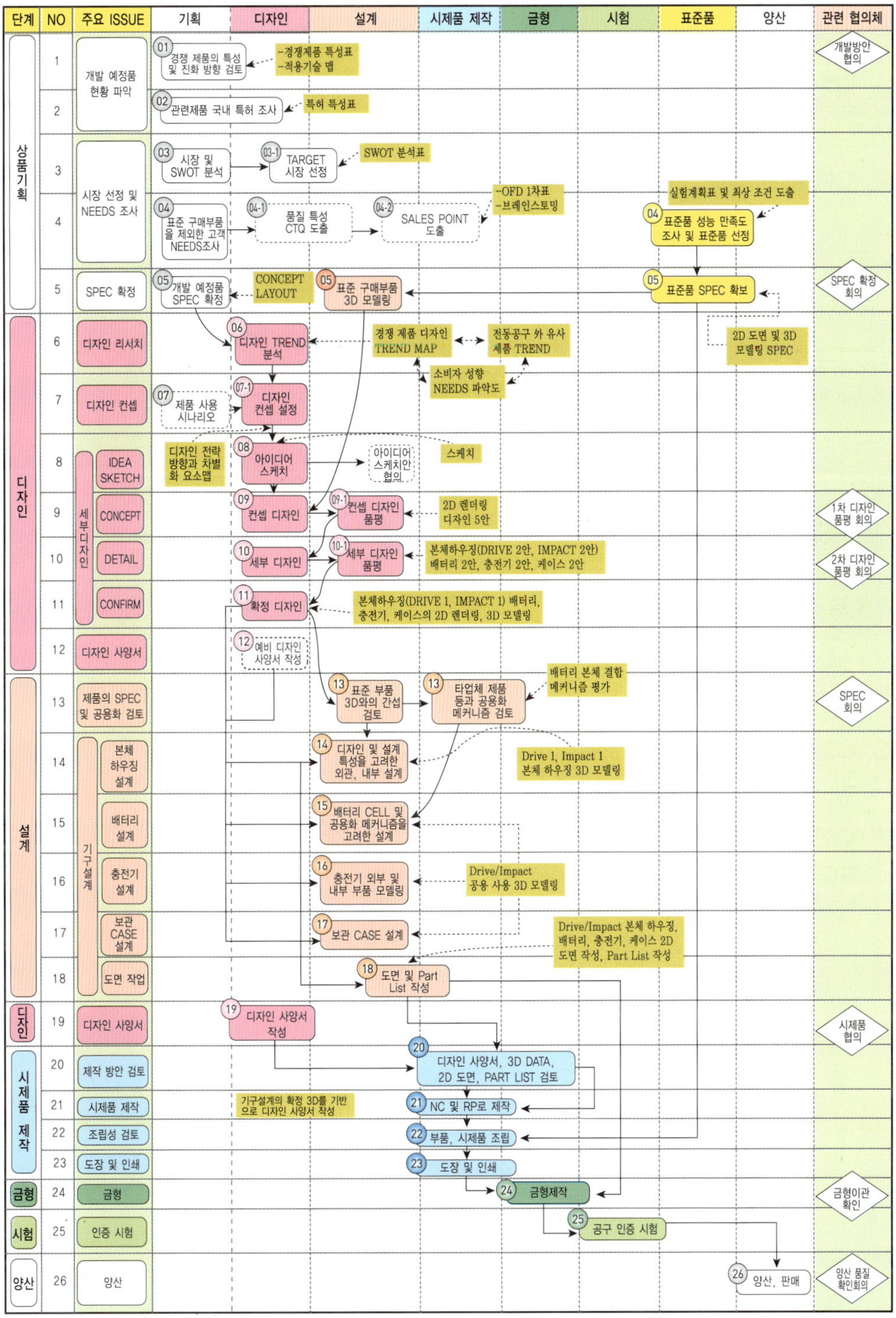

1.2.2 종합적 분석의 틀 활용

신제품의 스펙이 정해지면, 이제 효율적인 제품화를 위해 여러 전략을 상호 연계되도록 정해야 하는데 이를 다음과 같은 종합적인 분석의 틀 속에서 생각할 수 있다.

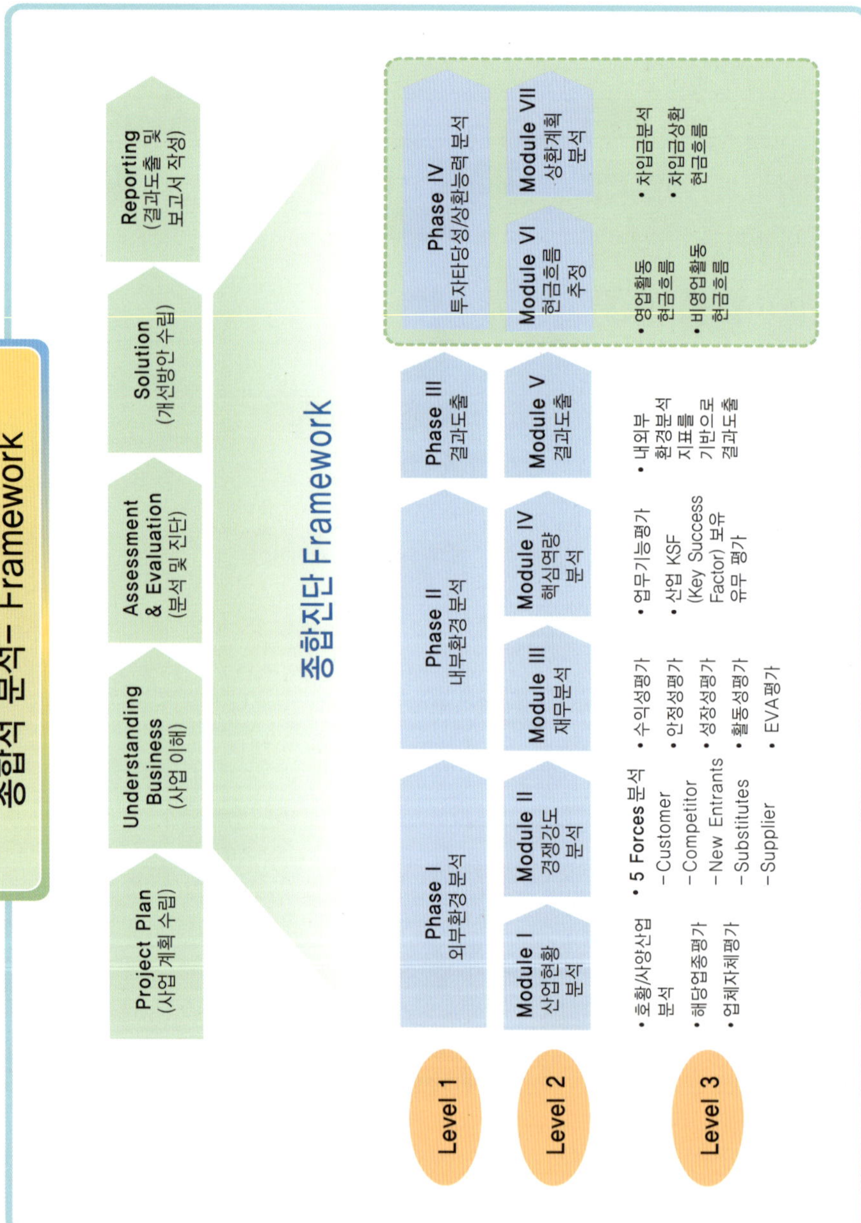

1.2.3 분석의 절차

(1) 외부환경 분석

[그림 1-1]과 같이 우선 1단계에서는 외부환경에 대한 분석이 이루어진다. 산업의 주기상 호황산업과 사양산업을 분석하고 해당 업종이 무엇인가를 알아본다. 이는 신규사업으로서 유망사업을 찾아내기 위해서는 이제 사양산업으로 접어들고 있는 것이 무엇인가를 분명히 구별해야 한다. 왜냐하면, 가치창출이 어렵다고 판단되는 사양산업 속에서 구태여 유망 아이템을 찾을 필요는 없기 때문이다. 그리고 업체 자체 평가도 서로가 유사한 업체 간의 비교분석을 통해 어느 위치, 어느 수준에 와 있는가를 전체 산업분석 차원에서 다루어야 한다. 이와 같은 경쟁강도에 대한 분석은 보통 5Forces 분석을 통해 할 수 있다.

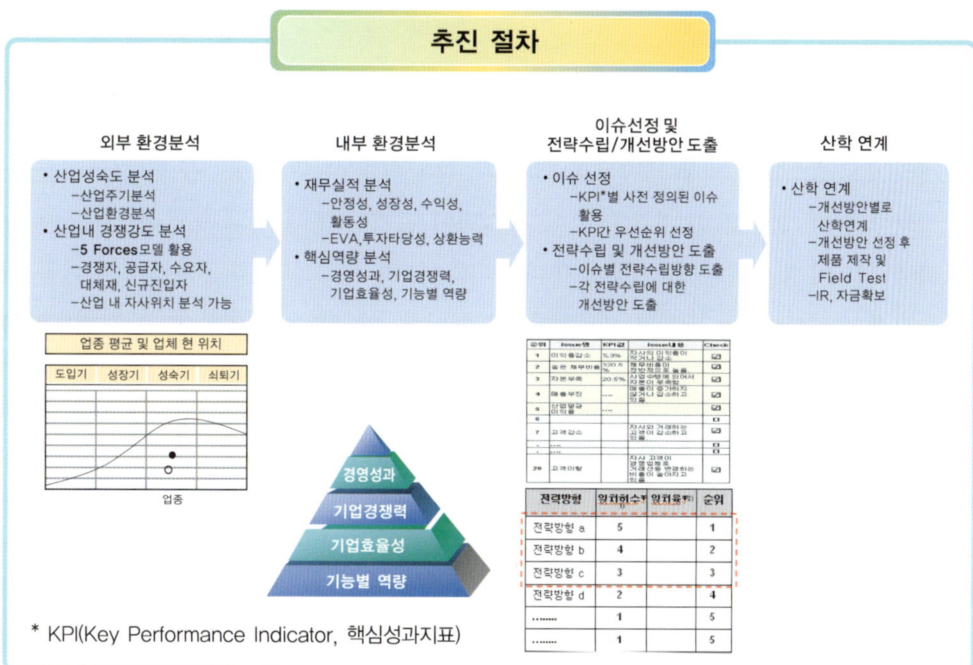

그림 1-1 분석 절차의 예

(2) 내부환경 분석

다음 2단계에서는 내부환경 분석이 이루어져야 한다.

1) 내부 자원 분석(개발 프로세스)

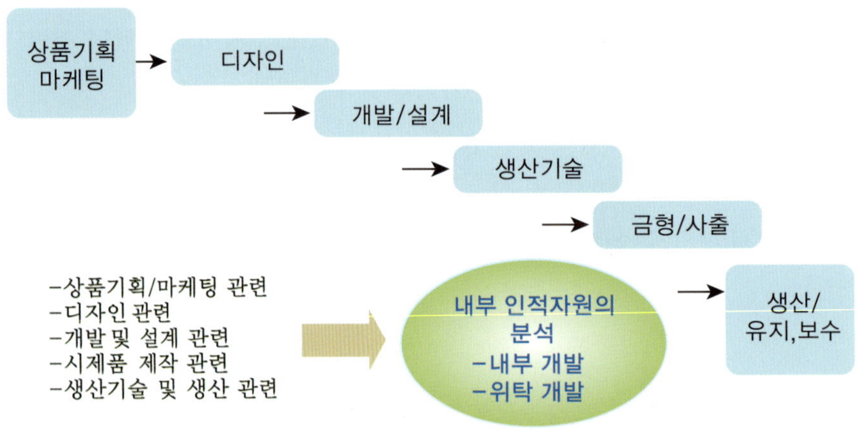

상품기획 단계에서부터 제품의 생산, 유지 및 보수에 이르기까지 내부 역량 분석을 통해 개발 프로세스별로 내부 개발로 할 것인지, 아니면 외부 위탁 개발을 할 것인지를 먼저 정해야 한다. 왜냐하면 내부 자원이 한정되어 있기 때문에 이를 효과적으로 사용하기 위해서는 미리 계획을 세워야 하기 때문이다. 또한 시장의 니즈를 파악하고 이를 기획에 적극 반영해야 한다. 이를 위해 수요자 인터뷰, 앙케트 조사, 품질기능전개(QFD) 등을 활용한다.

2) 내부 역량 분석

내부 역량 분석을 위해서는 지적재산권의 보유, 기술적 아이디어 도출 및 전개 능력, 잠재적 설계 능력, 관련 기술의 응용 능력, 마케팅 능력 등을 주요 요소로 하여 각각 그에 맞는 지표와 점수화 등을 통해 비교 대상과의 비교분석을 통해 상대적으로 추정해야 한다.

● 내부 기술력 및 생산력 평가 예시

1. 기술 Infra의 Level 평가

항 목	레 벨 (1 2 3 4 5)	평 가
1. 기술개발의 환경		
2.기술인력의 수준		
3.연구개발 투자		
4.기술개발 실적		
5.특허(지식재산권) 확보		우수

2. 생산력 평가– 경쟁사 대비(독일 BOSCH)

항 목	레 벨 (1 2 3 4 5)	평 가
1. 생산 효율성		
2.생산설비의 적정성		
3.품질관리 수준		
4.공정관리 수준		
5.부가가치 창출력		
6.노동 생산성		
7.원가 우위성		
8.고객만족의 예상 수준		우수

3) 진단 결과 분석의 예시

내부 능력의 정도를 알아보기 위해 진단결과를 레이더 그래프로 나타낸다. 특히 비교 대상업체를 추가하면 경쟁자와의 관계를 각 분야별로 진단 결과에 따라 비교할 수 있다.

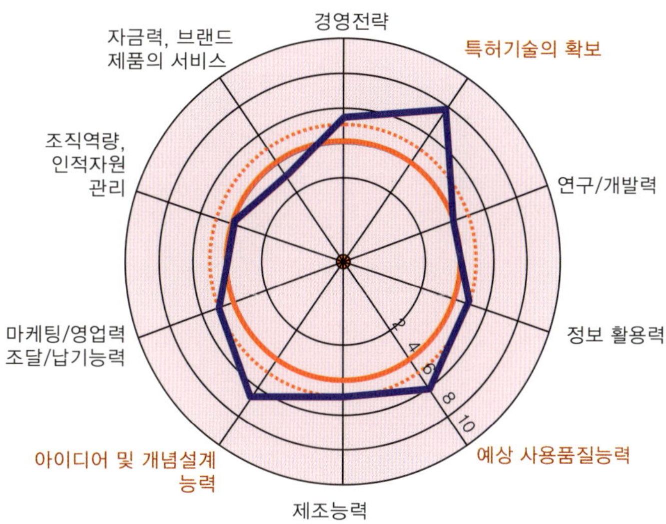

4) 전략적 목표

전략적 목표는 가능하면 구체적으로 기재하되, 단기와 중장기로 구별하여 수립한다.

구분	단기전략 (2008~2009)	중 · 장기전략 (2010~2012)
TARGET	경쟁력 확보	핵심기술 차별화
추 진 과 제	1. 시제품 제작 2. 개발 자금력 확보 3. Pilot 샘플 제작 4. 1차 Lot 출시	1. 제품의 다양화(Line-up 구성) 2. 양산 자금력 확보 3. 기술 영업력 강화 4. 차별화된 핵심기술역량의 구축 (디자인, R&D, 제조 기술력 등)

5) 전략적 목표를 위한 로드맵

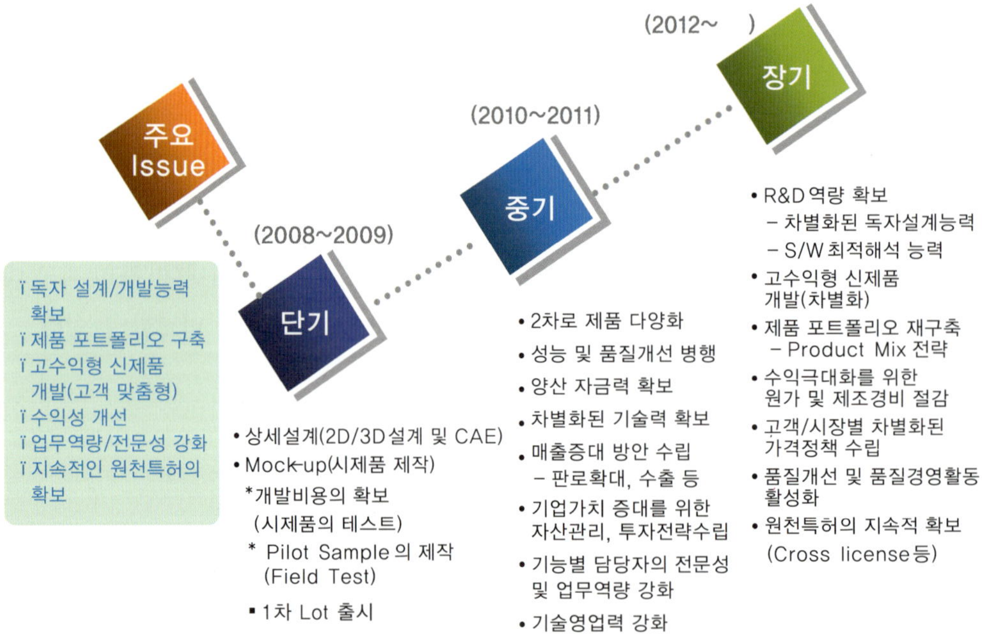

Chapter 02

사업 환경 분석

2.1 전동공구의 환경 분석

우선 관련 제품의 현황이 무엇보다도 중요하다. 다시 말해, 우리는 드라이버 공구에 대해 신규 틈새시장의 아이템으로서의 가능성을 조사 분석하고 틈새시장의 아이템이 되도록 신제품 기획을 한다.

2.1.1 관련 제품의 특허 조사

(1) 특허 조사(I)

발명특허는 제품이 어떻게 동작하는지에 대한 구체적인 도면과 이에 대한 기능 설명이 자세하게 나와 있으며, 항상 사용 가능하고 유용한 기술 정보이다. 특허권은 현재 보호되고 있는 개념들이 무엇인지, 피해야 할 개념들이 무엇인지, 또 허락을 받아야 할 것이 무엇인지를 알아보는 데 유용하다. [그림 2-1]은 전동공구 관련 기존 특허에 대한 동향 및 이에 따른 전동공구의 구조를 분석하기 위해 예시한 것이다.

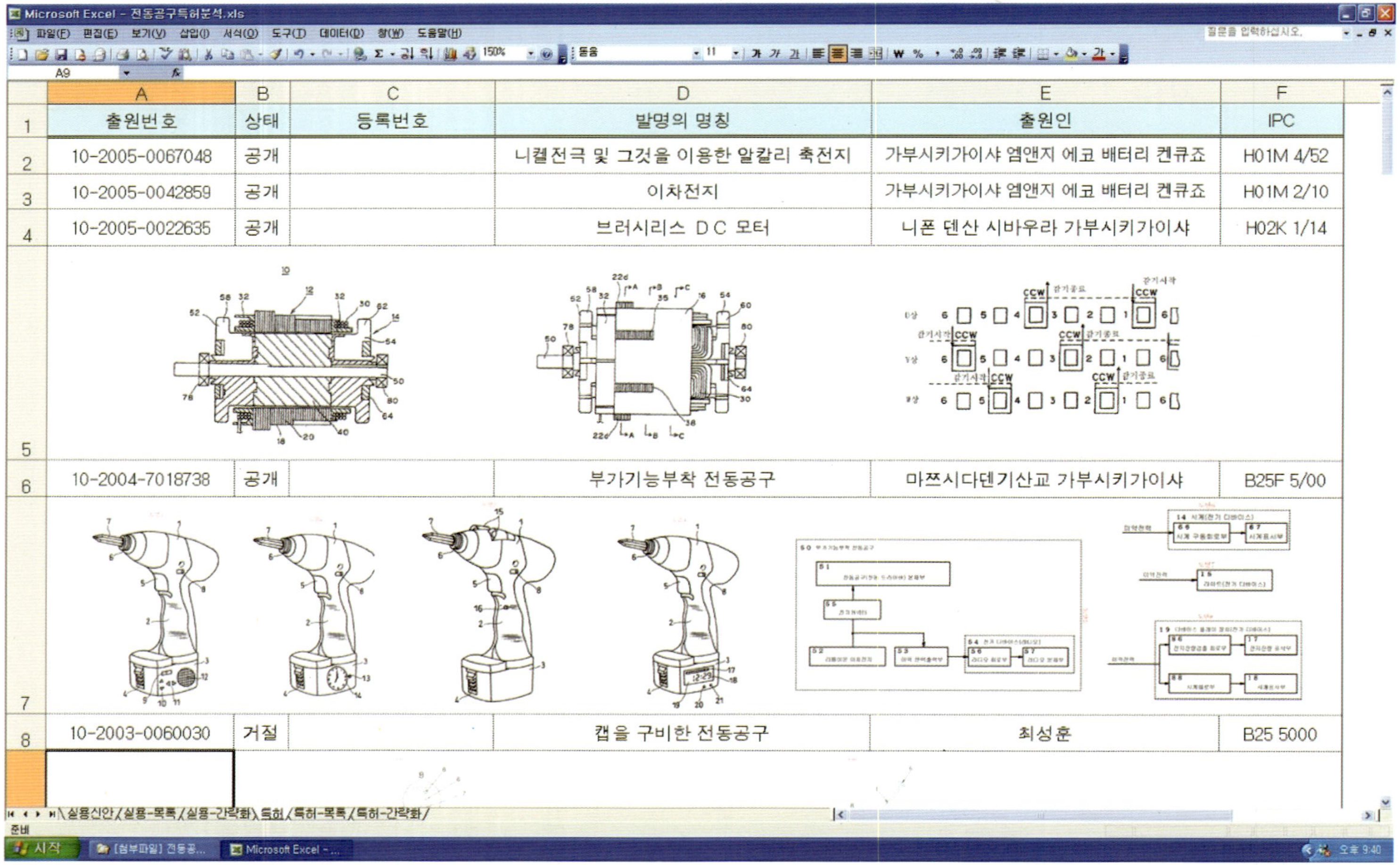

출원번호	상태	등록번호	발명의 명칭	출원인	IPC
10-2005-0067048	공개		니켈전극 및 그것을 이용한 알칼리 축전지	가부시키가이샤 엠앤지 에코 배터리 켄큐죠	H01M 4/52
10-2005-0042859	공개		이차전지	가부시키가이샤 엠앤지 에코 배터리 켄큐죠	H01M 2/10
10-2005-0022635	공개		브러시리스 DC 모터	니폰 덴산 시바우라 가부시키가이샤	H02K 1/14
10-2004-7018738	공개		부가기능부착 전동공구	마쯔시다덴기산교 가부시키가이샤	B25F 5/00
10-2003-0060030	거절		캡을 구비한 전동공구	최성훈	B25 5000

그림 2-1 특허 조사 분석의 예시

(2) 특허 조사(II)

Kipris를 통한 특허검색과 이를 활용하는 PIAS(Patent Information Analysis System)에 의한 PM(Patent Map)을 통해 얻은 결과를 정리하면 다음과 같다.

1) 부품별 특허 출원 현황

부가기능			Cord 전동공구		
등록	거절/취하	공개	등록	거절/취하	공개
1	1	1	8	5	0

Trigger Switch			Motor			Gear			Charger			Battery		
등록	거절/취하	공개	등록	거절/취하	공개	등록	거절/취하	공개	등록	거절/취하	공개	등록	거절/취하	공개
1	0	0	2	1	1	0	2	1	1	0	0	0	0	2
2003년: DE사-1건			1993년: K사-2건			1996년: L사-1건			2000년: K사-1건			2005년: 일본-2건		
			1995년: L사-1건			1997년: 일본-1건								
			2005년: 일본-1건			2001년: 일본-1건								

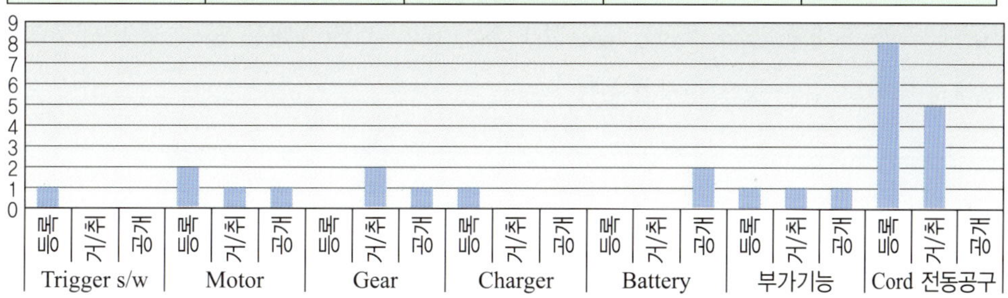

2) 출원인별 특허출원수

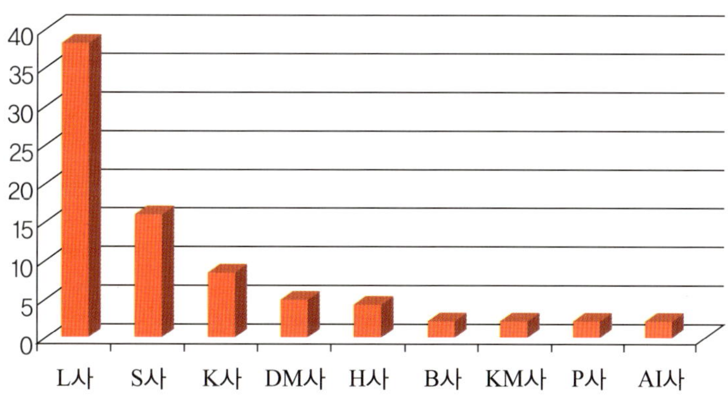

그림 2-2 출원인별 출원 현황

표 2-1 출원인별 출원 및 등록 건수

출원인	L	S	K	DM	H	B	KM	P	AI	기타	합계
출원수	38	16	9	5	4	2	2	2	2	50	130
등록수	9	4	7	1	3	1	0	1	2	31	59

[그림 2-2] 및 [표 2-1]을 살펴보면 실제로 국내출원인은 L, S, K, DM, KM이고, 외국출원인은 H, B, P, AI로 한국출원을 기준으로 한 것이다. 외국출원인 H사, B사는 인지도가 매우 높은 유명 전문업체로 신규아이템 개발에 있어서 벤치마킹 대상으로 살펴볼 것이다.

3) 출원인별 기술현황

[그림 2-3]과 같이 업체에 따른 기술분야(IPC) 현황을 살펴보면 L사는 B25D-011(전동기구동에 의한 휴대용 충격 공구), K사 및 H사는 B25F-005(휴대용 동력 구동 공구의 세부)에 주력하고 있는 것으로 추정된다.

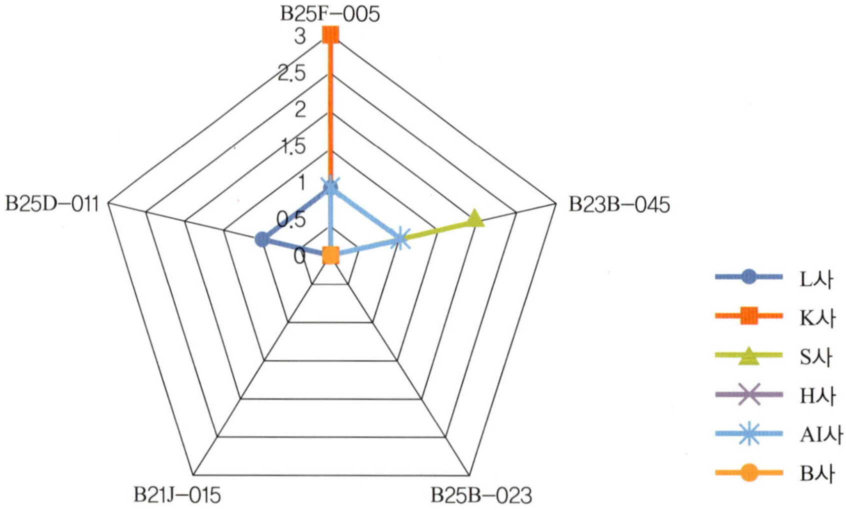

그림 2-3 업체별 기술분야 현황

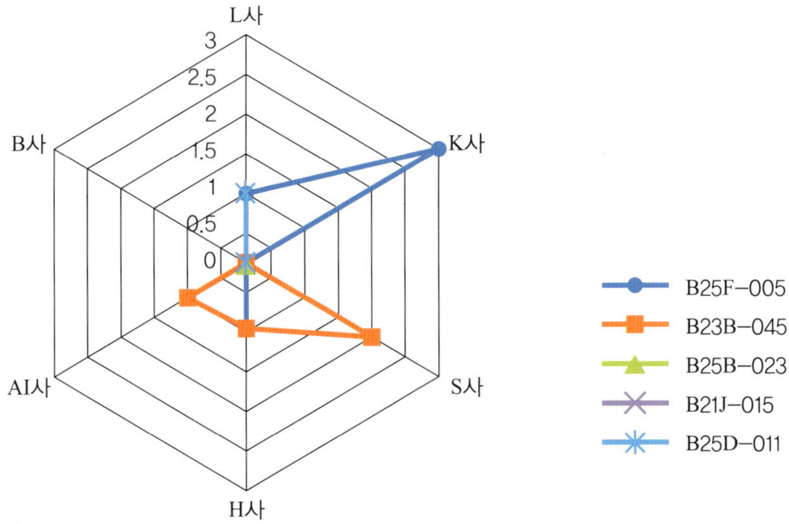

그림 2-4 **기술분야별 업체 현황**

B25F-005 : 휴대용 동력 구동 공구의 세부

B23B-045 : 보링(특수가공을 위한 것)

B25B-023 : 스크류드라이버의 세부 및 부속구

B21J-015 : 리벳팅(rivetting)

B25D-011 : 전동기 구동에 의한 휴대용 충격 공구

[그림 2-4]에서 B25F-005(휴대용 동력 구동 공구의 세부)의 경우는 L사보다 K사가 이 분야의 개발에 주력하는 것으로 보인다. 또한 B23B-045(보링(특수가공을 위한 것))에 대해서는 AI사, H사, S사 등이 주력하고 있는 것으로 파악된다.

4) 업체별 특허출원 점유율

[그림 2-5]와 같이 업체별 점유율을 보면, 국내출원인 L사가 47%의 점유율을 보이고, 다음으로 국내출원인 S사 19%, K사 11% 점유율을 보이고 있고 외국출원인 B사 3%, P사 3%, AI사 3%로 나타나고 있으며 경쟁사 또는 벤치마킹 대상업체로 국내는 L사, 해외는 B사를 예로 들 수 있다.

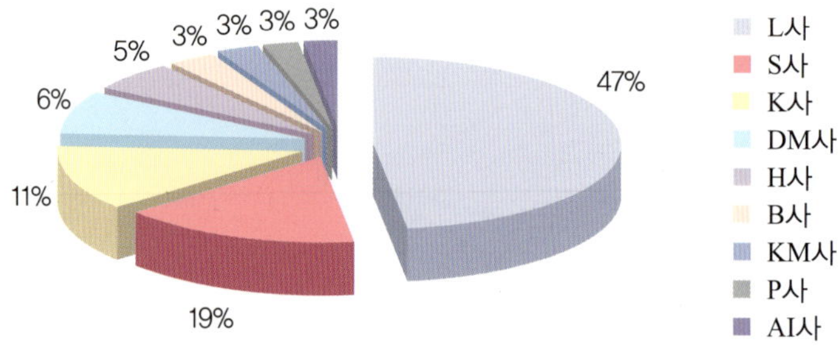

그림 2-5 업체별 점유율

5) 연도별 출원수

[그림 2-6]을 보면, 1996년이 이 분야의 절정기로 볼 수 있다.

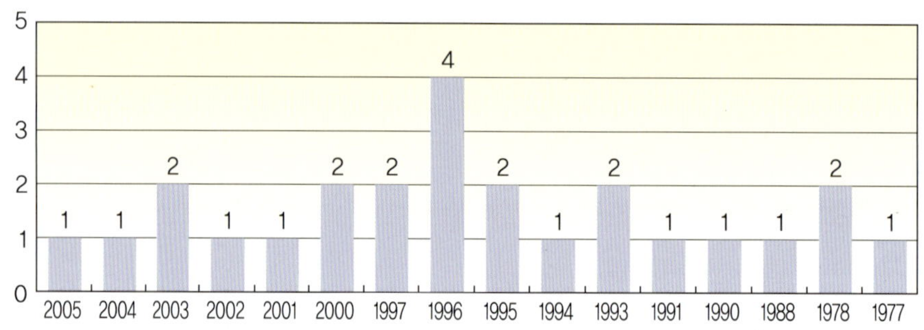

그림 2-6 연도별 출원수

2.2 관련 제품의 특허 분석

2.2.1 정량적인 특허 분석

(1) PIAS를 통한 특허출원 현황 분석

1) 출원인-연도별-출원수 현황

[그림 2-7]에서 보는 것과 같이 대체로 1993년과 1997년이 많은 출원이 이루어진 점을 보아 이 시기가 출원 절정기로 보인다.

그림 2-7 **출원인별 출원수**

2) 기술분야(TPC)–출원인 현황

등록특허를 기준으로 9개 업체 출원인의 기술별 현황을 조사한 결과 [그림 2-8]과 같은 결과를 얻었다. L사는 B25F-005가, S사는 B23B-045, DM사는 B25B-021 등이 대표적으로 연구 개발되는 부분으로 추정된다.

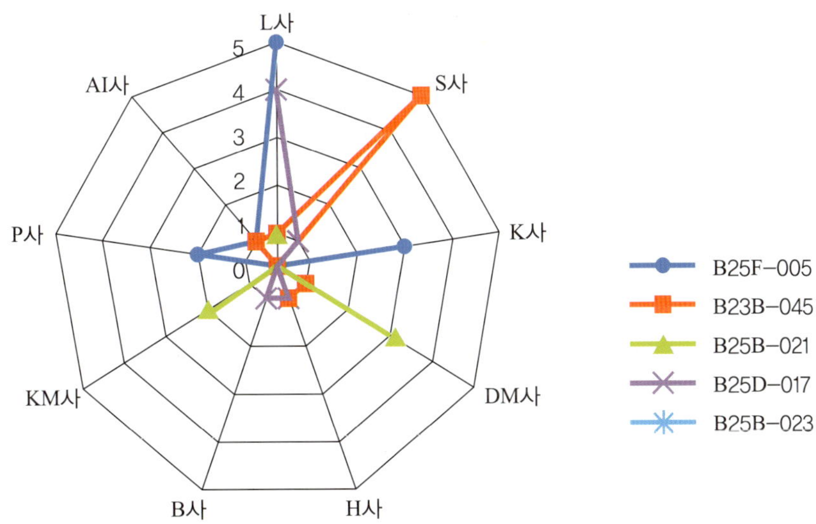

그림 2-8 **기술분야별 출원인**

(2) 주요 경쟁사 출원인 모니터링

1) 특허 지표를 활용한 분석

앞에서 살펴본 출원인의 점유율에 따라 주요 출원인을 L사(47%), S사(19%), K사(11%), 외국출원인업체 H사(5%), B사(3%), P사(3%), AI사(3%)로 보고 특허지표를 참고로 하여 이들의 경쟁적 관계를 살펴보자.

먼저 앞서 설명한 R&D 집중도를 다시 설명하면 'R&D 집중도(R&D emphasis)' 는 기업의 해당 기술분야 출원수를 해당 기업의 총출원수로 나눈 값으로 나타낸다.

우리는 설명을 간편히 하기 위해 한 기업에서 유사한 여러 종류의 기술을 출원할 경우 유사한 것끼리 묶어 동일 분야의 기술로 보고 이 동일분야 기술을 기준으로 경쟁업체별로 비교한다고 가정하자. 앞서 설명한 특허지표를 활용하여 특허포트폴리오를 작성하는 예시를 참고로 하여 전동공구 관련 경쟁사들의 지표 및 지수를 [표 2-2]와 같이 정리했다.

표 2-2 경쟁업체별 특허 지표에 따른 특허 지수

기업	특허 출원수	등록수	동일 분야의 특허수	평균 특허 수준	특허강도	특허강도에 따른 기술점유율	상대적 특허 위치	R&D 집중도
L사	38	9	10	0.24	0.06	0.02	0.08	0.26
S사	16	4	7	0.25	0.11	0.04	0.15	0.44
K사	9	7	5	0.78	0.43	0.17	0.58	0.56
H사	4	3	4	0.75	0.75	0.30	1.00	1.00
B사	2	1	2	0.50	0.50	0.20	0.67	1.00
P사	2	1	1	0.50	0.25	0.10	0.33	0.50
AI사	2	2	1	1.00	0.50	0.20	0.67	0.50

여기서 특허성장률(R&D 집중도)과 특허기술위치(기술점유율) 간의 특허포트폴리오를 작성해보면 [표 2-3]과 [그림 2-9]와 같이 된다.

표 2-3 특허 포트폴리오를 위한 특허 지수의 예

구분	특허성장률 (R&D 집중도)	특허기술위치 (기술점유율)	해당기업 총출원수
L사	0.26	0.02	38
S사	0.44	0.04	16
K사	0.56	0.17	9
H사	1.00	0.30	4
B사	1.00	0.20	2
P사	0.50	0.10	2
AI사	0.50	0.20	2

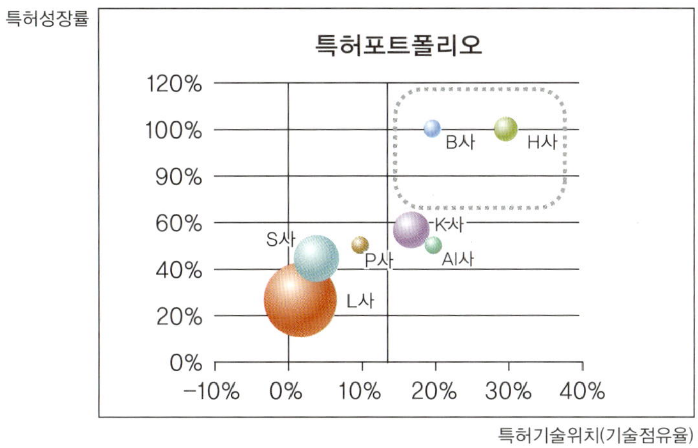

그림 2-9 표 2-3에 따른 특허 포트폴리오

여기서 X축은 특허기술위치(기술점유율), Y축은 특허성장률을 나타내며, 점선 안의 부분은 특허기술위치가 양호하고, 또한 특허성장률도 양호한 것으로 기술사업화 대상으로 볼 수 있다(B사, H사가 양호한 대상임).

2) 경쟁사 비교 분석

[그림 2-10]에서 보듯, R&D 집중도는 H사 및 B사, 특허수준은 K사, 특허강도, 특허강도에 따른 기술점유율, 상대적 특허위치에서는 모두 H사가 상대적으로 양호하므로 신규 아이템 개발시 이를 참조하여 벤치마킹하기로 한다.

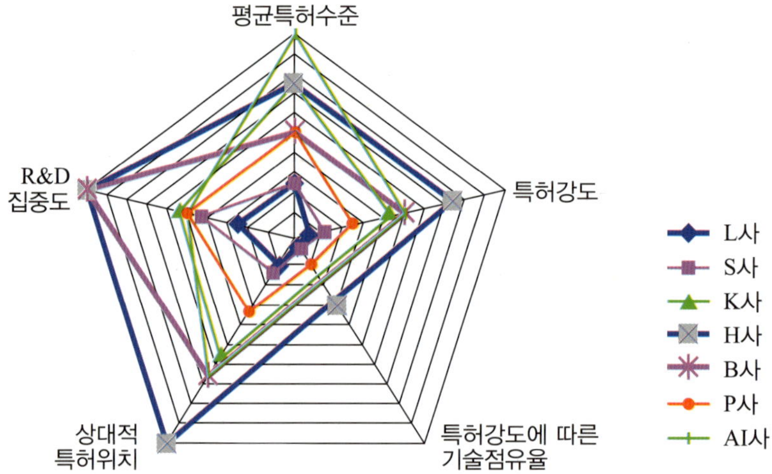

그림 2-10 경쟁사 비교

3) 기술성숙도

[그림 2-11]과 같이 시장을 조사하면, Driver Drill의 경우 9.6V는 쇠퇴기에, 12V는 성숙기에, 그리고 14.4V는 도입기에 있다. 그 밖의 Impact Drill, Impact Driver, Impact Wrench의 경우는 현재 도입기로 모두 18V이다.

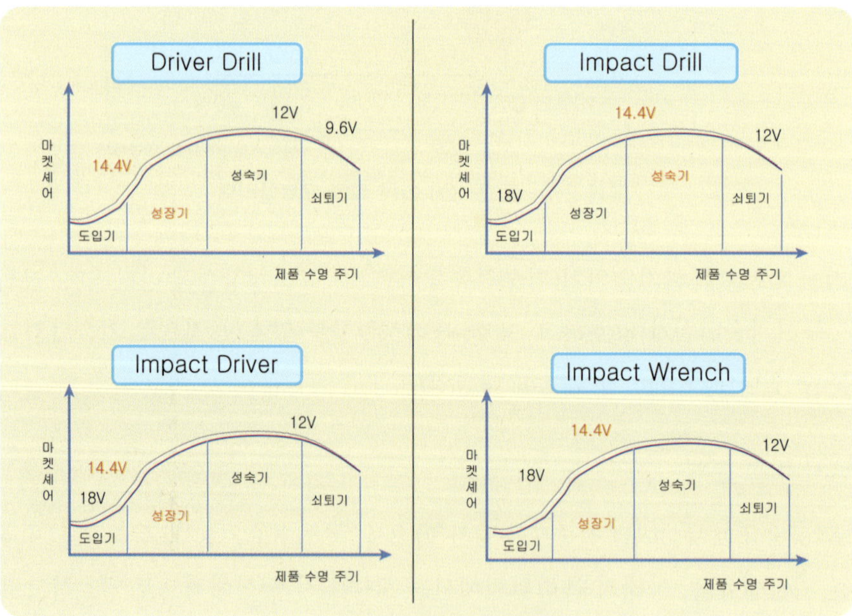

그림 2-11 충전 전동공구의 성숙도 분석

Chapter 03

경쟁제품 검토

3.1 경쟁사 제품 가격 분석

3.1.1 경쟁 제품의 특성

해당 종류의 공구별 경쟁 가격을 배터리 용량 14.4V를 기준으로 실제로 시장조사를 해보니 [그림 3-1]과 같았다. K사는 20만원 미만대, B사는 20만원대, A사는 30만원대, H사는 30만원 이상대로 조사되었다.

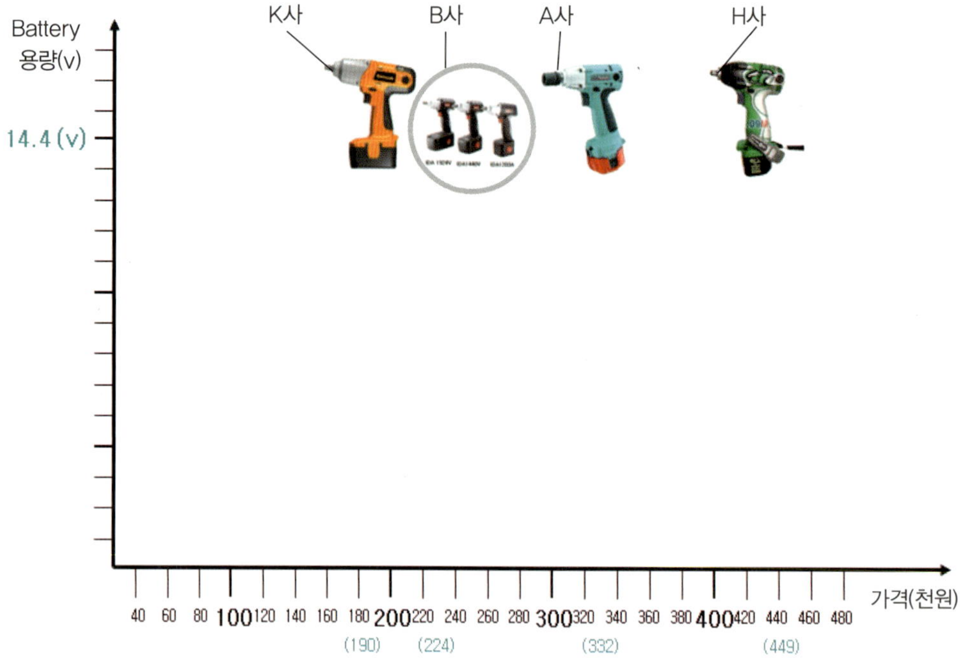

그림 3-1 Impact Wrench 경쟁 제품 가격 비교

3.1.2 Driver Drill의 경쟁사 제품 가격 분석

국내에서 판매되는 Driver Drill의 가격과 시장 점유율을 비교한 결과 시장을 선도하는 B사의 가격 전략에 따라 국내 업체들의 가격 포지셔닝이 되었고 기타 업체들의 경우는 세계적인 자사 브랜드를 각인시키면서 소량 판매 고가격 정책의 market 포지셔닝을 하고 있다([그림 3-2], [표 3-1] 참조).

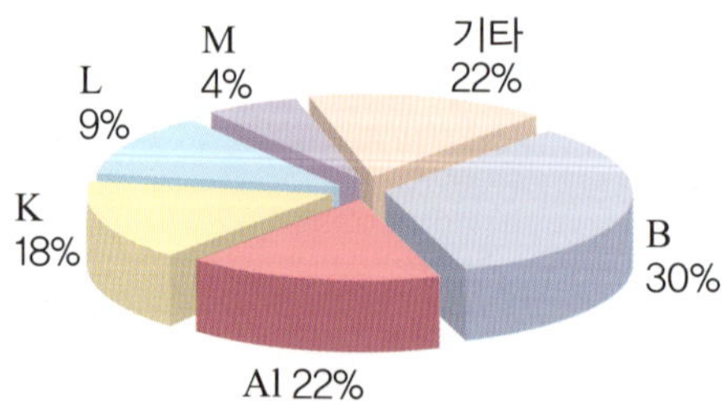

그림 3-2 Driver Drill의 업체 점유율

표 3-1 Driver Drill의 업체별 가격대

(단위 : 원)

	7.2V	9.6V	12V	14.4V	18V
B	80,000	100,000	120,000	140,000	
Al	72,000	80,000	90,000	95,000	
K	55,000	63,500	95,000	185,000	213,000
L	75,000	80,000	90,000		
M		120,000	160,000	170,000	
D		98,000	171,000		
A		160,000	190,000	250,000	330,000
H		110,000	185,000		324,000

3.1.3 Impact Drill의 경쟁사 제품 가격 분석

[그림 3-3]과 [표 3-2]에서 보는 것과 같이 D사 Impact Drill은 유럽 생산 제품의 이미지를 유지하면서 Impact Drill과 Impact Wrench로 사용이 가능함을 Marketing Point화하여 시장에 접근한 것으로 보이며, B사 보다 낮은 가격대에 전문가용으로 고객에 인식시킨다.

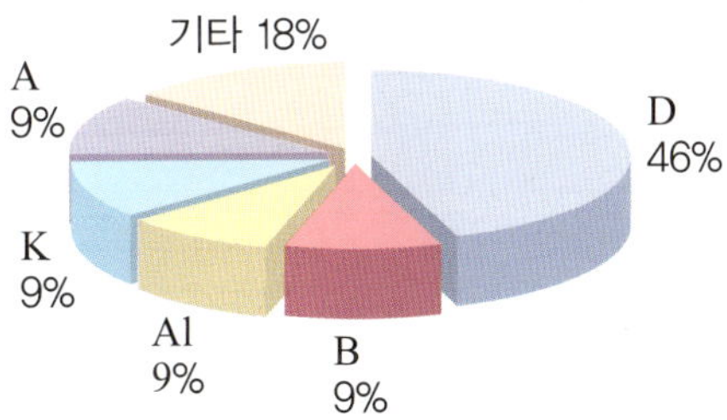

그림 3-3 Impact Drill의 업체 점유율

표 3-2 Impact Drill의 업체별 가격대

(단위 : 원)

	12V	14.4V	18V	24V
B	190,000	250,000	262,000	
Al		172,000	205,000	
K		193,000	224,000	
M		150,000	170,000	
D		215,000	243,000	
A	223,000	306,000	365,000	
H	198,000			395,000

3.1.4 Impact Driver/Wrench의 경쟁사 제품 가격 분석

시장조사 및 분석을 통하여 Impact Driver는 B사의 가격 책정에 따라 AI사가 하향 조정하여 결정된 것으로 보이며, Impact Wrench는 AI사의 경우 시장을 주도하는 경쟁자가 없으므로 제조원가를 고려하여 가격을 책정한 것으로 판단된다.

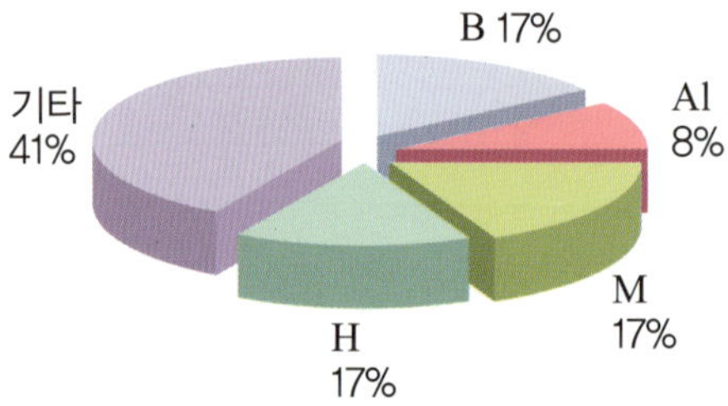

그림 3-3 Impact Driver/Wrench의 업체 점유율

표 3-3 Impact Driver/Wrench의 업체별 가격대

(단위 : 원)

	12V	14.4V
B	176,000	198,000
Al	159,000	175,000
K	146	
M	235,000	275,000
D		
A		
H	419	449

	12V	14.4V	18V
B			
Al	190,000	190,000	289,000
K			
M	332,000		
D			
A			
H	419,000	449,000	

3.2 관련 제품의 진화 방향

관련 제품의 진화 방향을 예상하여 정리하면 [그림 3-5]와 같다.

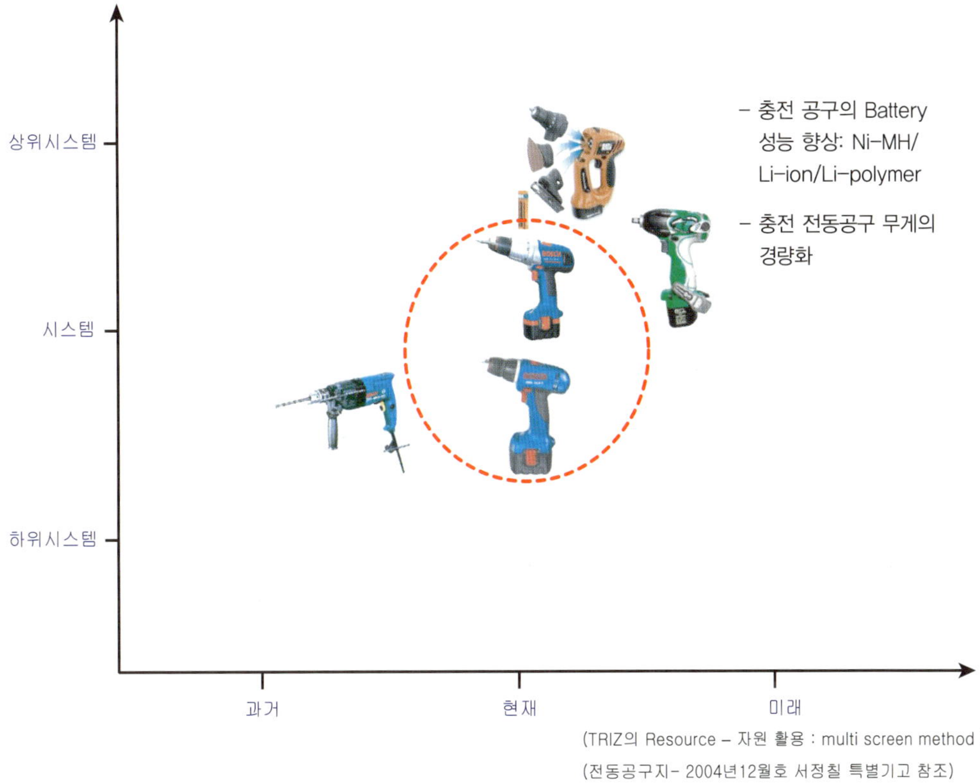

그림 3-5 제품의 진화

Chapter 04

시장조사 및 분석

4.1 시장 조사

4.1.1 공구 현황

[그림 4-1]에서처럼 필드 조사를 해보니, 전동공구로 Driver Drill이 전체 충전식 전동공구의 약 70%를 차지하는 것으로 나타났다. 따라서 시장 규모가 큰 이 분야를 신규 아이템 대상으로 고려한다.

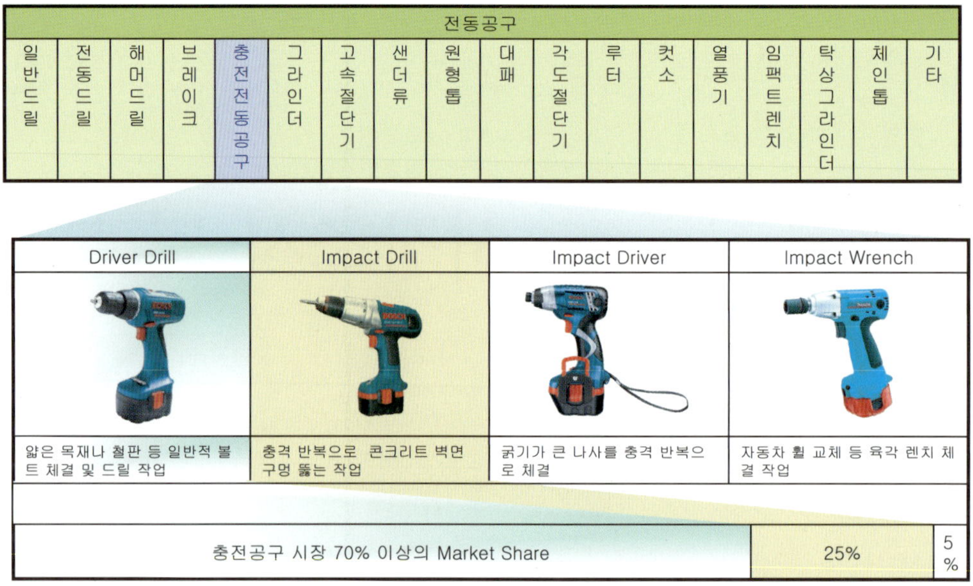

(2006년 6월 충전공구 A/S 및 총판 업체 설문 조사 결과 참조)

그림 4-1 시장분포 현황

4.1.2 시장 동향

[그림 4-2]는 국내외 시장 상황을 반영하여 정리한 것이다.

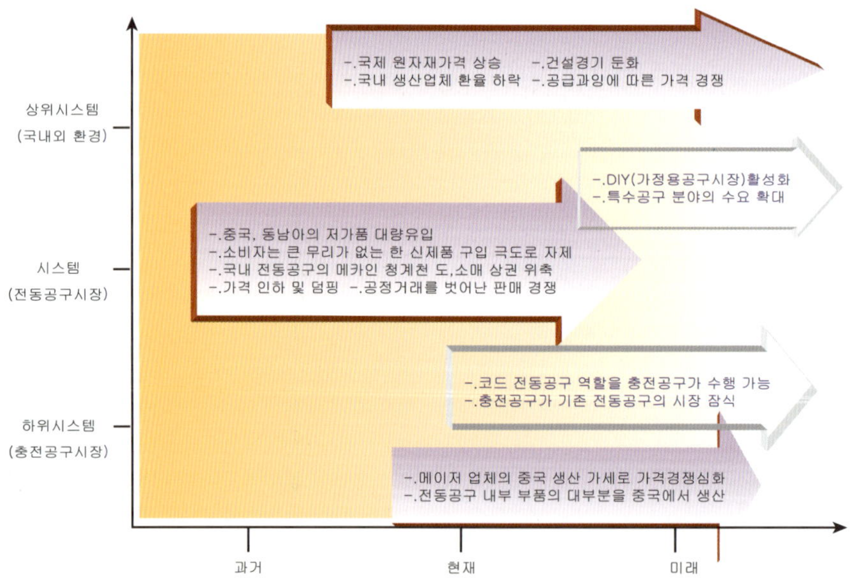

(TRIZ의 Resource – 자원 활용 : multi screen method)
(전동공구지- 2004년12월호 서정칠 특별기고 참조)

그림 4-2 전동공구 시장 동향

4.1.3 시장 규모

[그림 4-3] 및 [그림 4-4]와 같이 필드 조사 등을 통해 조사한 바로는 전동공구 시장이 약 1,500억원 규모이며, 이 중 충전류는 380억원으로, 국내는 80억원, 해외는 300억원 정도로 추정된다. 따라서 세부 시장에서 제일 규모가 큰 충전식 전동공구 개발을 신규 아이템 개발의 목표로 삼는다.

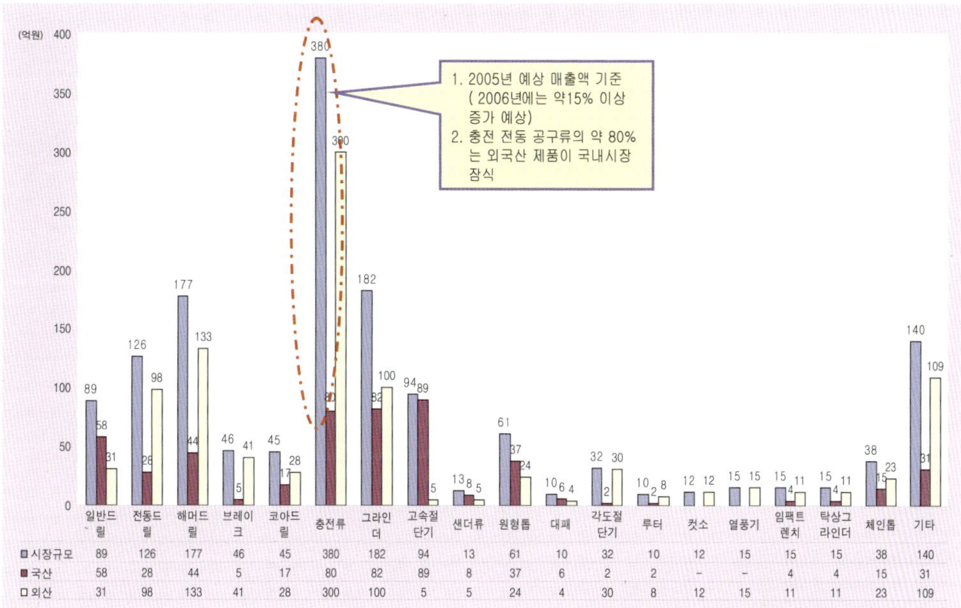

(전동공구지- 2004년12월호 서정칠 특별기고 참조)

그림 4-3 전동공구 국내 시장 규모

(단위 : 억원)

구분	일반드릴	전동드릴	해머드릴	브레이크	코아드릴	충전류	그라인더	고속절단기	샌더류	원형톱	대패	각도절단기	루터	컷소	열풍기	임팩트렌치	탁상그라인더	체인톱	기타	
시장규모	89	126	177	46	45	380	182	94	13	61	10	32	10	12	15	15	15	38	140	1,500
국산	58	28	44	5	17	80	82	89	8	37	6	2	2	-	-	4	4	15	31	512
외산	31	98	133	41	28	300	100	5	5	24	4	30	8	12	15	11	11	23	109	988

그림 4-4 국내외 시장 규모 비교

4.1.4 시장점유율

[그림 4-5]와 같이 각각의 공구 전문업체들의 시장점유율을 조사한 바로는 Driver Drill의 경우 B사가 30%로 가장 크며, Impact Drill의 경우 D사가 46%로 가장 큰 비율을 차지하고 있다.

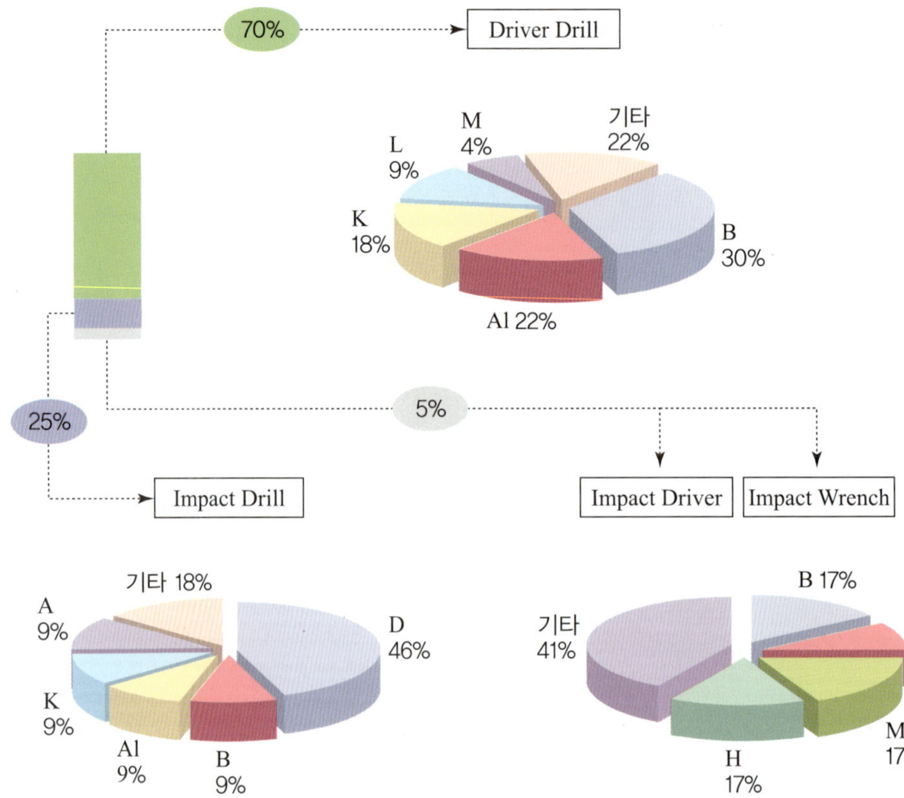

그림 4-5 국내 충전식 전동공구의 Market Share

4.2 시장 분석

4.2.1 SWOT 분석을 통한 시장 분석

[그림 4-6]은 전동공구에 대한 SWOT 분석을 예시적으로 보여준다.

사업전략 차별화된 디자인을 바탕으로 경쟁사보다 저렴한 가격, 좋은 품질, 향상된 기능 으로 시장에 진입		강점(Strengths)	약점(Weaknesses)
		* 대표자의 전동공구 책임 개발 다수 * 디자인의 첨단으로 차별화 * 제품의 신뢰성 test 장비 보유 및 개발력 * 기존 Line 으로 충전공구 생산 가능 * 전국적인 판매망 및 A/S센터 보유 * 기존 전동공구 시장에서 고품질 업체로 인식 * 소규모 업체로서의 생산단가 우위 * 기존의 마케팅 연구개발 생산 능력 활용 * 부품 및 원·부자재의 outsourcing 력 높음 * 최신 성능의 저가격으로 시장 진입 가능 * 국내 생산으로 인한 소비자 appeal 가능	* 생산 및 판매 중인 충전공구 없음 * 할부 판매 없음 * 전반적 자금 부족 * 충전공구 개발 경험 없음 * 소규모 전동공구 업체로서의 시장 진입 난해 * 관련 부분의 전담 인력 부족 * 소량 생산으로 인한 부품의 고가 구매 * 충전공구 관련 특허 없음 * 판매자의 제품 구색을 위한 기존 시장 점유율이 높은 제품 출시 압박 * 자사 제품의 미실시로 소비자의 직접 연구 부족 * 브랜드 이미지 약함
기회 (Opportunities)	* 인터넷 사용자 급증으로 직접판매 * 기존 당사 제품의 기술력 인정 * 경쟁사의 특이 특허 청구조건 없음 * 주기적 제품의 성능 upgrade 필요 * 소비자의 전문적 수준 취미 생활 * 수해 지역의 無전기 사용 수요 * DIY (Do-It-Yourself) 사용자 급증	SO ☆ 기존 전동공구 시장에 인정된 기술력을 바탕으로 충전공구도 역시 당사가 만들면 확실하다는 인식을 줄 수 있도록 성능 및 품질 우위 전략 추진	WO ☆ 충전공구 제품의 종류별 개발 및 성공적인 시장 진입으로 전동공구 업계에서 브랜드 네임 각인
위협 (Threats)	* 선점자의 판매 업체에 대한 압력 * 대 자본으로 多 광고 및 경품 제공 * 시장 진입장벽이 낮음 * 시장 선점자의 가격 인하 정책 * 기존 업체의 know how * 저가 중국 제품의 성능 상승 * 국내외 다수의 경쟁업체 * 국내 선점 제조업체의 출혈 경쟁	ST ☆ 시장 선점자의 유리한 위치에서 판매자에 대해 행하는 압력을 제거할 수 있는 마진, 품질, 성능의 우위를 판매자에 인식시킨다면 시장에 성공적인 진입 및 시장의 leader 로서의 발판도 마련할 수 있음.	WT ☆ 기존의 시장점유율이 높은 제품을 현 개발품에서 일부만 추가하여 공유할 수 있도록 설계

그림 4-6 SWOT 분석

4.2.2 5 Forces 분석

전동공구에 대해 5 Forces 분석으로 [그림 4-7]에서와 같이 살펴보면, 현재 공급자의 교섭력의 경우, 국제 원자재 상승, 국제 유가 및 환율 불안, 중국 저가 유입 등으로 낮은 편이며, 구매자 교섭력의 경우는 다양한 취미 활동 및 인건비 상승 등으로 인한 DIY용 공구 활성화로 높은 편이다. 또한 다양한 수요 욕구 증가로 인한 특수공구 분야에 대한 잠재적 진입에 대해서는 늘 상존하고 있다. 반면에 아직은 충전식 전동공구 등을 대체할 만한 대체재 출현 가능성은 현재 적어보인다. 그러나 산업 내 경쟁자 간의 경쟁은 매우 치열하고 특히 외국 전동공구 업체의 시장점유율은 여전히 높기만 하다. 이를 5 Forces 분석으로 정리하면 다음 [그림 4-7]과 같다.

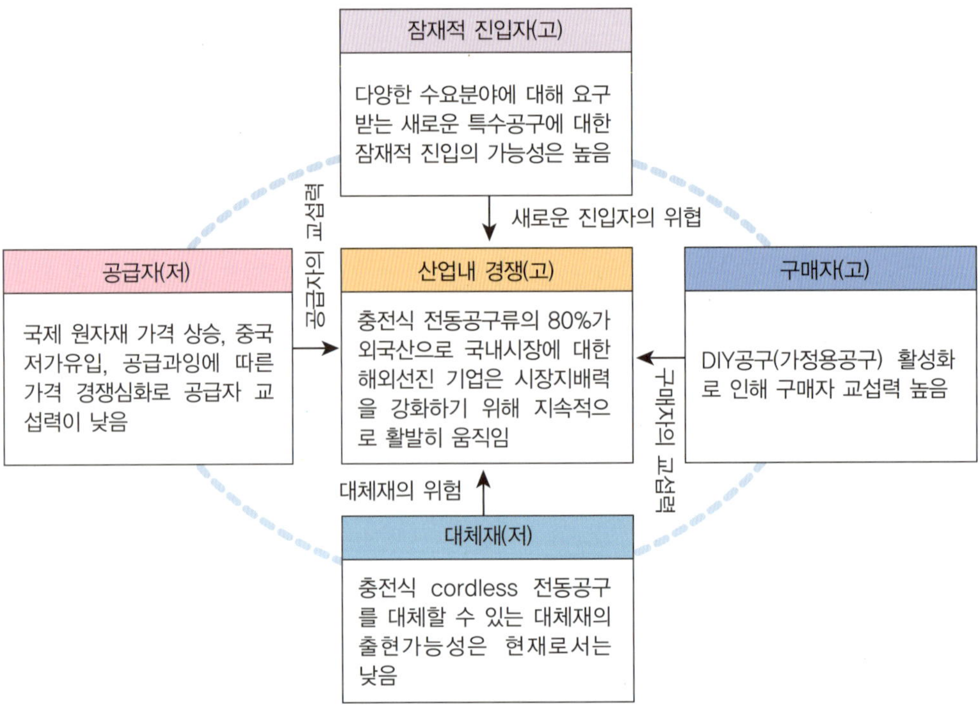

그림 4-7 5 Forces 분석

4.3 목표 시장 선정

지금까지의 조사 및 분석을 재정리하면 전동공구 시장에서 시장 규모가 가장 큰 충전식 전동공구를 개발 대상 목표로 하며, 충전식 전동공구 중 점유율을 제일 많이 차지하는

Driver Drill을 개발 아이템으로 한다. 이를 위해 Driver Drill의 시장점유율이 가장 높은 B사를 벤치마킹하여 개발한다. [그림 4-8]은 목표 시장을 선정하기 위한 유 · 무선 전동공구의 사용 용도별 분석도이다.

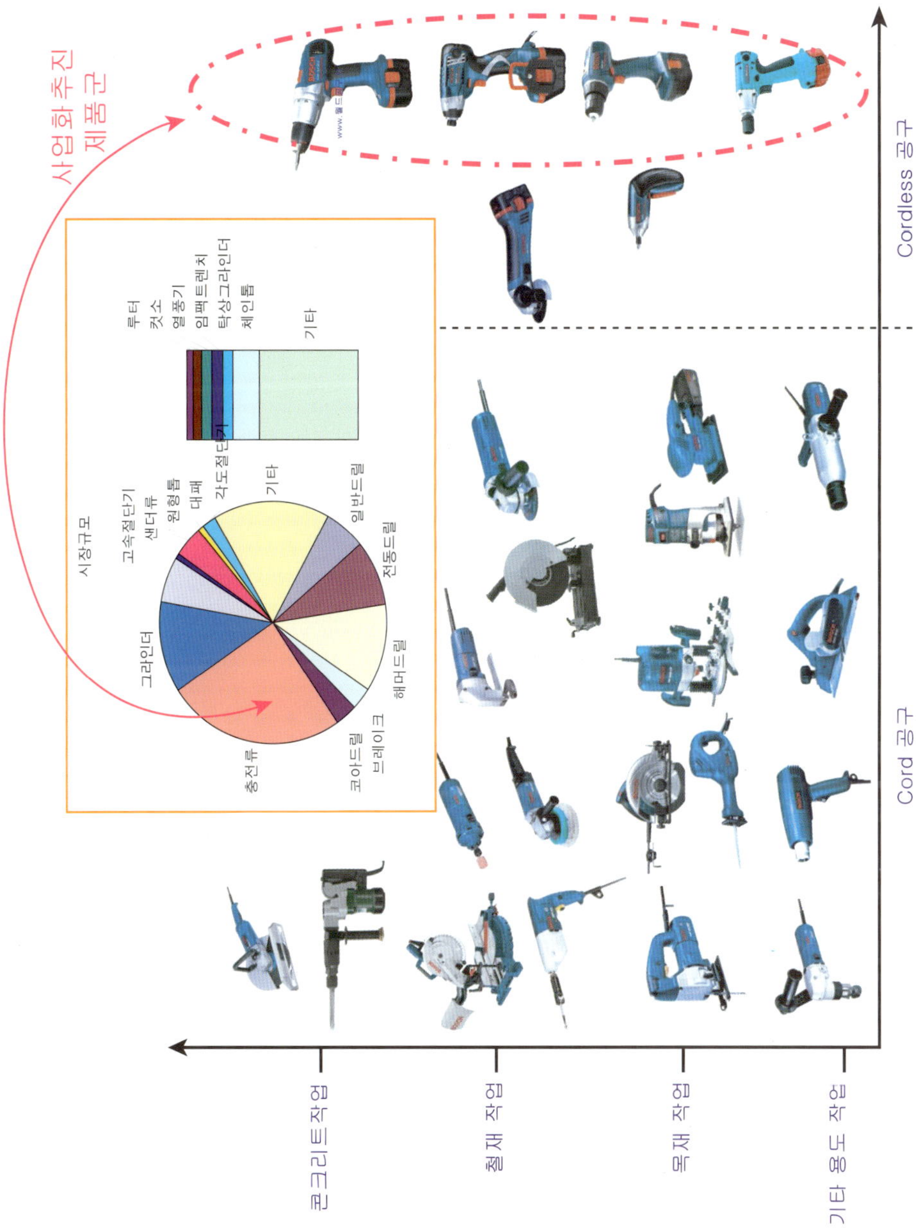

그림 4-8 유 · 무선 전동공구의 용도에 따른 분석도

Chapter 05

고객 요구 사항

5.1 고객 니즈 조사

5.1.1 제품 일반 요구사항

이제 목표 시장이 선정되고, 개발 아이템이 결정되었으므로 본격적으로 B사 제품을 벤치마킹하는 것은 물론 수요자 인터뷰와 앙케트 조사 등을 통해 요구사항을 찾아낸다. 이러한 일은 앞서 설명한 대로 양식지 등을 이용하여 조사한다. [표 5-1]과 같은 각 부문별 설문을 작성하여 최종적으로 [표 5-2]와 같은 결과를 얻었다.

표 5-1 Driver Drill 성능요구표

	항목순위	수준									
		A		B		C		D		기타 (최적조건)	
		level	순위	level	순위	level	순위	level	순위	level	순위
전압(V)		9.6	( )	12	( )	14.4	( )	18	( )		( )
무부하 속도 (rev/min)		0~2400	( )	0~2600	( )	0~2800	( )	0~3000	( )		( )
Impact (rate/min)		0~3000	( )	0~3100	( )	0~3200	( )	0~3300	( )		( )
Battery 용량 (Ah)		1.5	( )	2	( )	2.4	( )	2.6	( )		( )
충전시간(h)		20분	( )	30분	( )	1	( )	2	( )		( )
최대토크 (N.m)		100	( )	150	( )	200	( )	250	( )		( )
전체중량 (Kg)		1.2	( )	1.7	( )	2.2	( )	2.6	( )		( )
소비자가격 (천원)		100	( )	150	( )	200	( )	250	( )		( )
			( )		( )		( )		( )		( )

표 5-2 표 5-1의 성능요구표로부터 얻은 결과

당사 전동공구의 성공적인 시장진입을 위한 주요 요인		
가격		보쉬가격의 70% 수준, 아임삭보다 5000 ~ 10,000원 낮을 것.
마케팅(브랜드)		1,2단 변속 기능 넣을 것, torque 조절단은 15단으로 할 것.
디자인		당사 logo 각인시킬 것. 녹색 계통의 단단하고 견고하고 professional 할 것. 눈에 확 들어오게 할 것.
사용의 편의성	보관 시	외관 case에 막 집어넣도록 할 것.
	사용 시	가볍고 장시간 사용할 것.
	휴식 시 tool 고정	Makida와 같이 넘어지지 않을 것.
	충전 시	충전 표시가 확실할 것.
호환성		Bosch와 부품, 배터리 호환될 것.
A/S		무상 A/S, housing만 바꿀 수 있도록, housing에 insert nut로 할 것.

5.1.2 외관 요구사항

다음의 [그림 5-1]~[그림 5-4]는 고객 니즈를 조사할 때 활용할 수 있는 양식지를 예시적으로 보여준 것이다.

그림 5-1 고객 니즈 조사용 양식지 예시 1

- 아래 항목 중 드릴 공구 디자인에 있어서 중요하다고 생각되는 항목에 순위를 기재해주시고 추가 고려 사항이 있다면 적어 주십시요.

내용	크기	색상	유선형 모양	손잡이 그립감 (사용감)	거치 용이(보관성)	추가항목 ( )
순위						

- 위의 드릴 그림 중 선호하는 Color 배열은?(우선순위 2가지만 기록) ( )
- 위의 드릴 그림 중 기존 제품에서 본 것 같은 색상 배열은?(모두 기재) ( )
- 신규 브랜드로 드릴 시장에 진출하고자 제품 컬러를 선정하려고 합니다. 기 제품에 사용하는 컬러 배열이 있는 것을 감안하여 위의 그림 중 가장 적합하다고 생각하는 것은?(택1) ( )

그림 5-2 고객 니즈 조사용 양식지 예시 2

* 다음은 타사 제품의 배터리들입니다. 사용하시면서 디자인에 반영하였으면 하는 사항이 있다면 적어주시기 바랍니다. (   )

* 다음은 타사 제품의 충전기입니다. 사용하시면서 디자인에 반영하였으면 하는 사항이 있다면 적어주시기 바랍니다. (   )

그림 5-3 고객 니즈 조사용 양식지 예시 3

* 드릴 Case의 경우 구입시의 Case를 사용하고 있습니까?

a. 그렇다

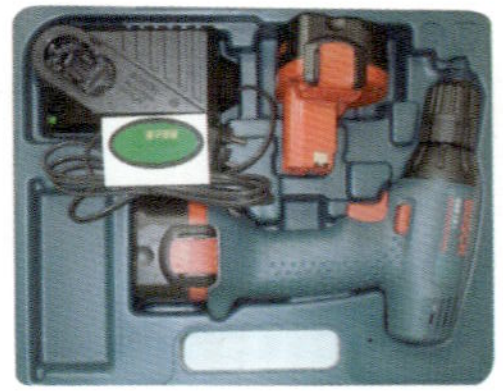

b. 아니다.
별도의 공구 박스에
보관 사용하고 있다.

* 다음은 타사 제품의 Case들입니다. 사용하시면서 디자인에 반영하였으면 하는 사항이 있다면 적어주시기 바랍니다. (   )

그림 5-4 고객 니즈 조사용 양식지 예시 4

5.2 기능분석표

5.2.1 기능분석-시스템 완전성 분석

[그림 5-5]는 전동공구 구성에 대한 것이다.

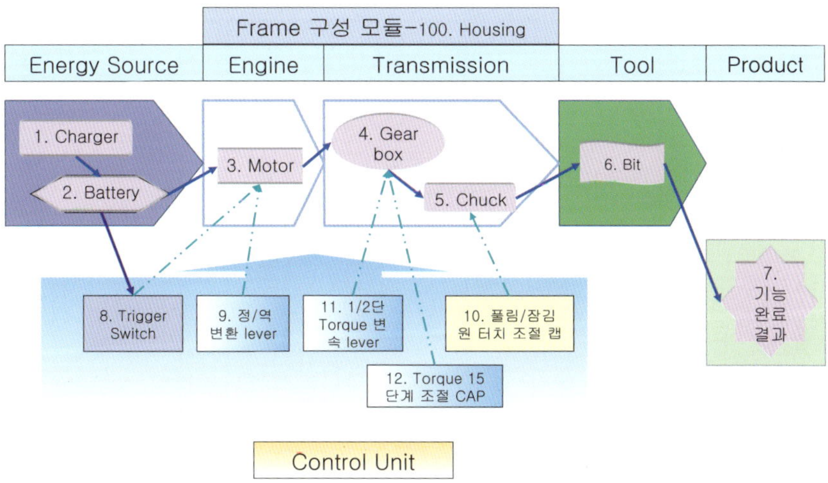

그림 5-5 전동공구의 구성

5.2.2 분해도

[그림 5-5]의 전동공구의 구성 예시에 따라 [그림 5-6]으로 현실화한다.

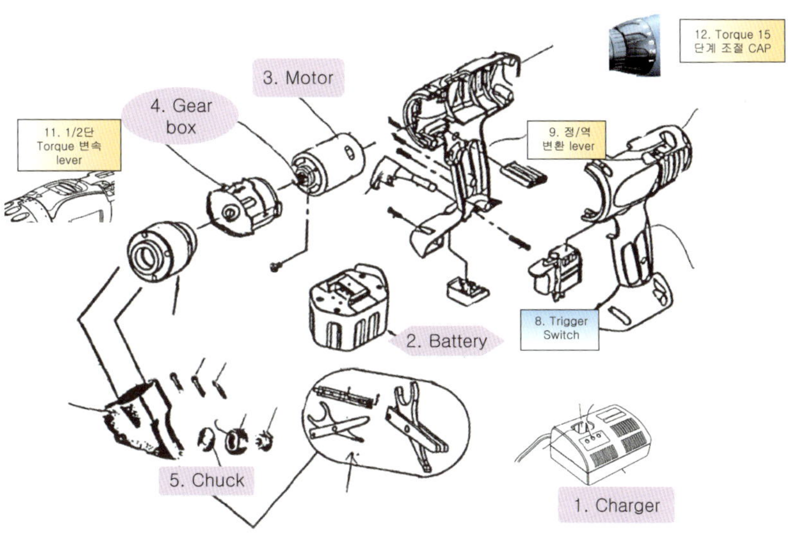

그림 5-6 전동공구의 분해도 예시

5.2.3 각 모듈 분석

(1) 모듈 분석 1(Charger-Energy Source)

모듈 분석에서는 각 부분별로 기능, 요구성능, 벤치마킹을 포함한다.

구 분	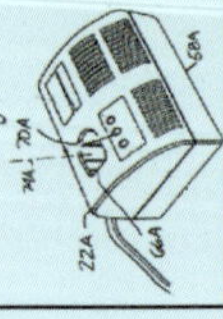		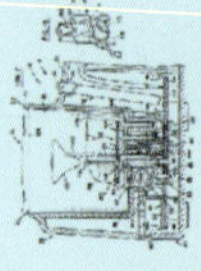	
기능	1-10. 전원 저장	1-20. battery에 전원공급	1-30. battery 지지	1-40. 충전 상태 표시
요구성능 (useful)	1. 방열판과 fuse 용량은 커야 한다.	1. 12~18V 까지 충전 가능 2. 1시간 충전이면 OK 3. 접지부 탄성 유지 4. 충전 완료 후 자동 전원 차단 5. 고장 시 기판만 A/S 될 것	1. 역 삽입 불가 형상 2. 접지부 탄성 유지	1. 충전 전후 LED 표시 색깔 변경
품질 불량 (harmful)		1. 완전 방전 후 순간부하가 요구되므로 내부 부품 손상 및 화재 발생 우려 2. 장시간 충전 시 접지가 눌러 붙음		
Action	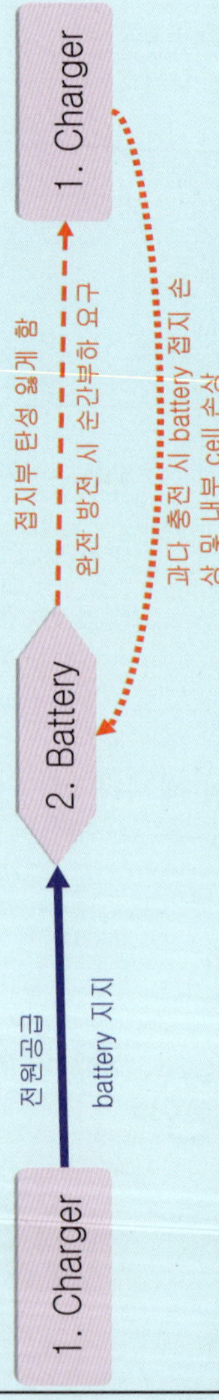			
Bench marking 제품	B사 접지부 호환	AI사 기판 방식		

(2) 모듈분석 2(배터리)

구 분	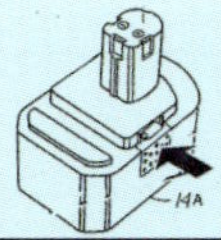	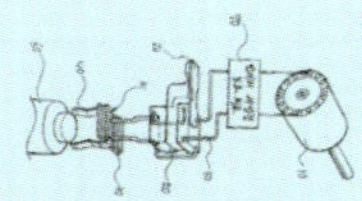		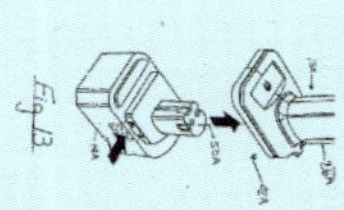	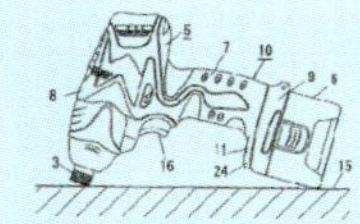
기능	2-10. 전원 저장	2-20. motor에 전원공급	2-30. trigger switch에 전원 공급	2-40. housing 고정	2-50. 충전 전동공구를 안정적 상태로 유지
요구성능 (useful)	1. 14.4V 요구 cell -1.5, 2.0, 2.4, 3.0Ah 2. Battery 덮개는 screw type으로 할 것			1. Battery 밑바닥에서 버튼 거리 최소화 2. 버튼은 크게, spring은 강하게 할 것 3. Housing 결합하는 곳 양쪽 4군데가 안정적	1. 작업 중 세워질 것 2. 척과 삼각 접촉으로 안정적으로 놓일 것
품질 불량 (harmful)	1. Charger 관련 불량 내용 참조	1. 접지 단자간의 접촉 불량		1. 버튼이 눌려지지 않음 2. 외부 충격으로 버튼 턱 파손	1. 불안정적 구조로 낙하 시 파손 심함

Action

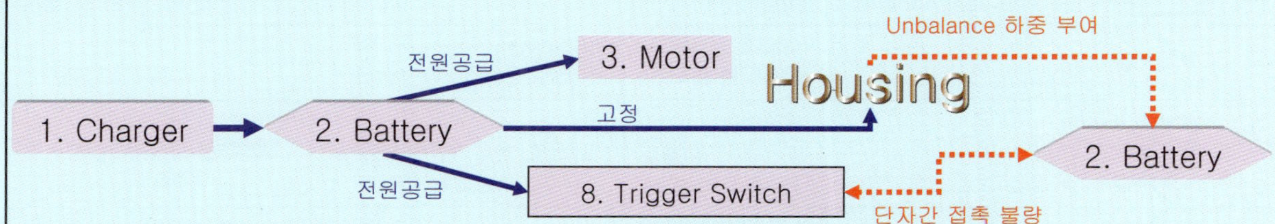

Bench marking 제품	B사 접지부 호환	A사 고정 방식	
		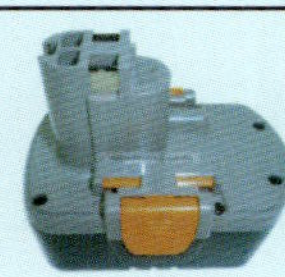	

(3) 모듈분석 3(모터)

구 분	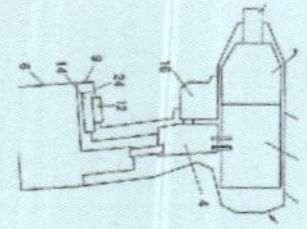		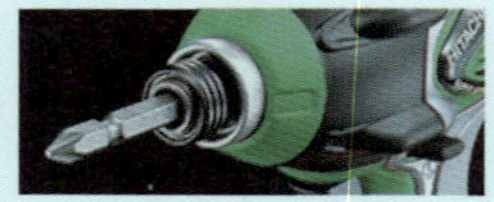	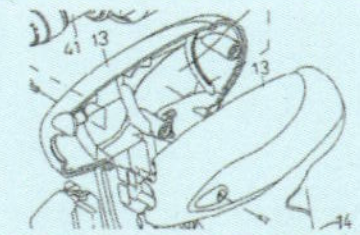
기능	3-10. trigger switch로부터 전원 및 신호 수신	3-20. gear 모듈에 회전력 전달	3-30. 정/역 switch로부터 회전 방향 변경 수신	3-40. housing 으로부터 고정됨
요구성능 (useful)	1. 전자식 variable 기능 2. 신호의 흐름이 원활할 것	1. 소음이 없을 것 2. 전기 brake 기능 있을 것	1. 정/역 변환 신호 수신이 원활할 것	1. 작동 시 진동 없을 것 2. 낙하 시 모터 파손이 없을 것 3. 열 방출 최적화할 것
품질 불량 (harmful)	1. 단선 불량 발생	1. Brake 시 파란 불꽃 발생 2. Motor의 연소 현상 발생	1. 먼지 등 이물질로 인해 switch가 눌러지지 않음	
Action	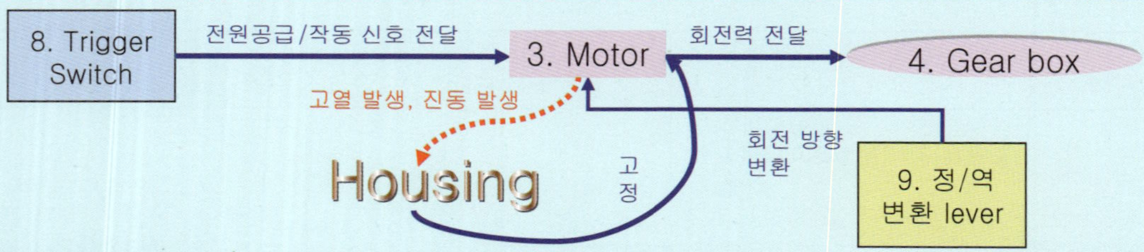			
Bench marking 제품	OOO사 부품 호환			

(4) 모듈분석 4(기어박스-트랜스미션)

구 분	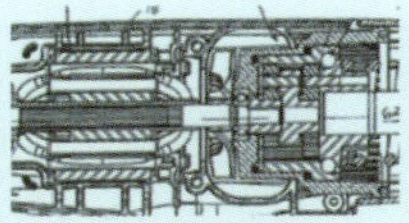	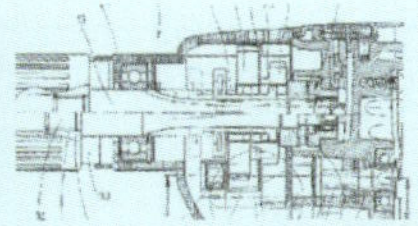	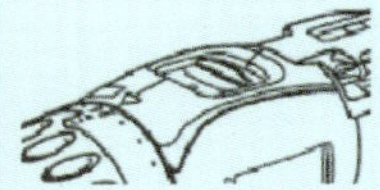		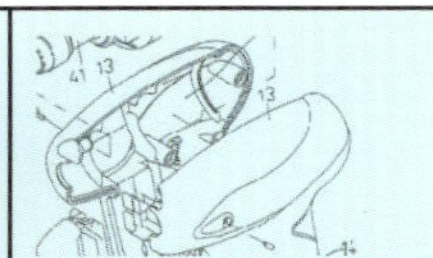
기능	4-10. motor로부터 회전력 수신	4-20. chuck으로 회전력 전달	4-30. 1/ 2단 torque lever로부터 변속 수신	4-40. 15단계 torque 조절 cap 으로부터 조절 수신	3-40. housing 으로부터 고정 됨
요구성능 (useful)	1. 모터 관련 요구성능 참조	1. Center shaft 조립을 wrench 등으로 할 것 2. 전기 brake 기능 있을 것	1.중립 상태 없앨 것	1. Torque 조절 cap을 돌릴 때 touch 감 있을 것	1. 낙하 충격 시 gear 모듈 및 shaft 정상 작동할 것
품질 불량 (harmful)	1. Motor 고정부내 피로성 취약 2. Torque 과부하로 gear 모듈 내부 파손(유성기어파손)	1. Screw로 shaft고정 시 내피로성 취약 2. Shaft 상하좌우 흔들림 없을 것 3. Spindle 휨 발생	1. Lever 부 housing과의 마찰로 전후진sliding 난해 2. 중립 작동 시 gear 모듈 파괴		1. 낙하 충격 시 gear box case 파손
Action	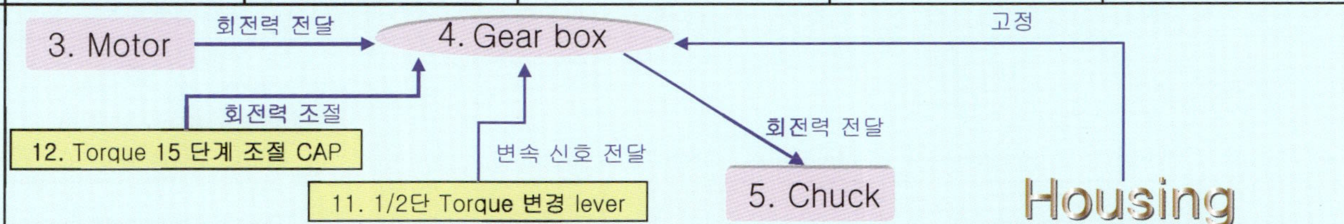				
Bench marking 제품	XXX사 부품 호환				

(5) 모듈분석 5(척-트랜스미션)

구 분	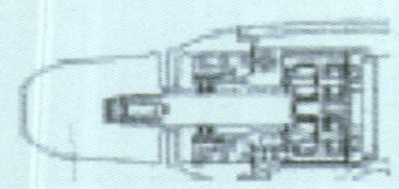		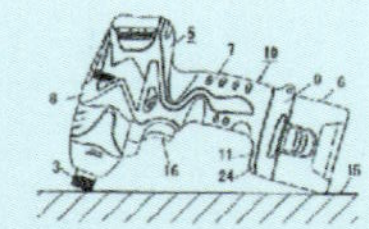
기능	5-10. gear 모듈 shaft로부터 회전력 수신	5-20. bit 고정	5-30. 충전 공구 몸체의 하중 지지
요구성능 (useful)	1. Chuck에 회사명 각인할 것 2. Keyless chuck 사용할 것 3. Chuck 외관을 미끄럽지 않게 할 것 4. Chuck 흔들림 없을 것	1. Quick clamp system chuck으로 할 것	1. 낙하 충격 시 gear 모듈 및 shaft 정상 작동할 것
품질 불량 (harmful)	1. Chuck 흔들림 심함	1. Screw로 shaft고정 시 내피로성 취약 2. Shaft 상하좌우 흔들림 없을 것	1. 낙하 충격 시 gear box case 파손
Action	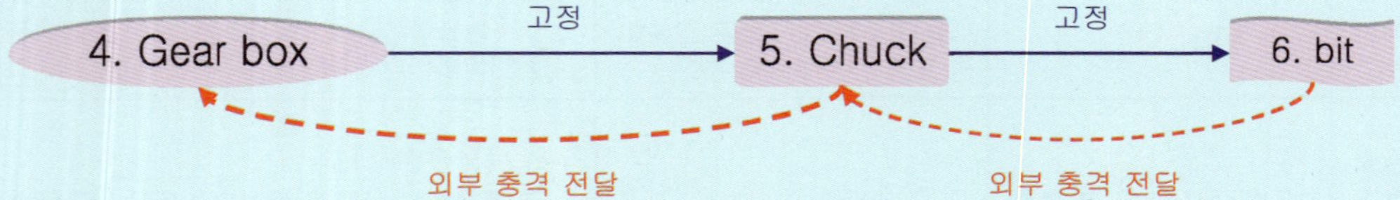		
Bench marking 제품	시사 제품 선호 		

(6) 모듈분석 6(하우징-프레임)

<table>
<tr><td rowspan="4">기능</td><td colspan="2">2-40. battery 고정/ 3-40. motor 고정
4-40. gear box 고정/ 8-40. trigger switch 고정
9-40. 정/ 역 회전 방향 변환 레버 고정
11-40. 1/ 2단 torque 변속 lever 고정
12-40. torque 회전력 변경 cap 고정</td><td colspan="3" rowspan="5">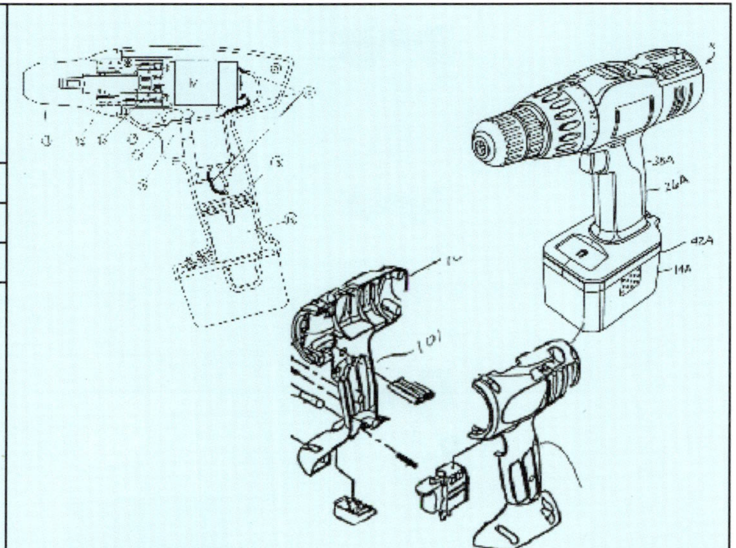</td></tr>
<tr><td colspan="2">100-10. 외관 표시</td></tr>
<tr><td colspan="2">100- 20. 외부 충격 흡수</td></tr>
<tr><td colspan="2">100- 30. 내부열 방출</td></tr>
<tr><td>요구성능
(useful)</td><td colspan="2">1. 회사명 로고 표시할 것(양각, 접착, 조립)
2. 열 방출구 Bosch와 동일하게 할 것
3. 후면 평평하게 할 것
4. grip부 이중사출로 할 것
5. grip 감이 동양인 손에 맞을 것
6. grip 목 부분이 center와 가까워야 함
7. 조립은 insert nut 방식으로 할 것
8. B사와 내부 부품 공용화를 위한 rib, boss 동일하게 할 것</td></tr>
<tr><td>품질 불량</td><td colspan="5">1. 낙하 충격 시 목 부분 파손</td></tr>
<tr><td rowspan="2">Bench marking 제품</td><td>B사와 호환</td><td>grip 감 MA사 참조</td><td>Battery 고정 AIM사 참조</td><td>외관 HITACHI사 참조</td><td></td></tr>
<tr><td></td><td></td><td></td><td></td><td></td></tr>
</table>

5.2.4 특성 도출

위의 기능분석표에서 설명된 요구 성능 이외에 다음의 특성들을 설계팀 등 관계자와의 토의를 통해 충전식 전동공구의 스펙(Spec)으로 결정한다.

이렇게 하여 우리는 Driver Drill의 경우 전압 배터리 용량은 14.4/1.5(V)로 정하고 충전시간은 1시간, 그리고 최대토크는 30(Nm)으로 하며, 벤치마킹 대상은 B사로 최종 결정한다.

구 분	충전 공구 종류							
	Driver drill		Impact drill		Impact wrench		Impact driver	
	level	찬성(인원)	level	찬성(인원)	level	찬성(인원)	level	찬성(인원)
전압(V)/Battery 용량 (Ah)	14.4/1.5	5	14.4/2.4	3	14.4/2.4	3	14.4/2.0	2
	14.4/2.0,2.4,2.6	각1	14.4/2.0,2.6	각1	14.4/2.0,2.6	각1	14.4/2.4	2
	14.4	1	14.4	1	14.4	1	14.4/2.6	1
	12/1.5	1	18/2.4	5	18/2.4	2	18/2.0	각1
	12	1			18/2.6	1	18/2.6	1
					18	1		
충전시간(h)	1시간	2	1시간	2	1시간	2	1시간	2
	20~30분	1	20~30분	1	20~30분	1	20~30분	1
최대토크(N.m)	27	1	50	3	200	2	135	1
	30	1			400	1	200	1
벤치마킹	BOSCH	9	BOSCH	5	MAKITA	2	BOSCH	7
	AIMSAK/ MAKITA	각3	MAKITA	1	AIMSAK	1	MAKITA	2
	AEG	2/1	DEWALT	1	DEWALT	1	HITACHI/AIMSAK /DEWALT	각1

Chapter 06

신제품 사양 확정

6.1 품질기능전개의 완성

6.1.1 요구품질전개표 예시

전동공구의 요구 기능에 대한 스펙 및 수요자의 요구사항을 설계팀원 및 수요자로부터 인터뷰나 앙케트 조사 등을 통해 알아보고, 그것을 다음의 요구품질전개표와 같이 1차, 2차, 3차로 나누어 자세히 기재한다.

1차	2차	3차
스타일	..	
	첫느낌	눈에 확 들어오게 할 것
	외관	단단하고 professional 할 것
	색깔	녹색 계통으로 할 것
	...	...
성능	변속기능	1, 2단 변속 기능을 넣을 것
	토크 조절	조절단은 15단으로 할 것
	...	...
가격	경쟁사의 가격	B사의 70% 수준
		A사 보다 5,000~10,000원 낮을 것
	타입에 따른 가격	~
사용 편의성	보관시	외관 케이스에 집어넣도록 할 것
		~
	사용시	가볍고 장시간 사용할 수 있을 것
		~
	휴식시	M사 공구처럼 넘어지지 않을 것
		~
	충전시	충전 표시가 확실할 것

위와 같이 얻은 결과를 이제 품질의 집(HOQ)에 하나하나 정리해 나간다. 전개표에서 내용이 풍부할수록 HOQ에서의 중요도에 따라 걸러내어 우선순위를 정하는 것이 제일 중요하다. HOQ는 이와 같은 정리를 손쉽고도 이해하기 편하도록 고안된 것이다.

[그림 6-1]의 HOQ에서처럼 좌측에는 위에서 얻은 요구품질을 기재하고 이러한 요구품질에 대응하는 품질특성을 상단에 기재한다. 그 다음으로 요구품질과 품질특성 간의 상관관계를 일례로 ◎(9점), ○(3점), △(1점)로 표시한다.

여기서는 요구품질에 대한 중요도를 품질특성과의 상관관계 정도에 따라 표시된 것과 곱하고 이로 인해 얻는 평점을 요구품질의 항목에 따라 모두 더하여 점수를 구한다. 이 점수에 관리항목에서의 평점을 추가하여 더하면 얻고자 하는 품질특성의 점수가 되고 이 점수의 총합의 순서에 따라 우선순위를 매긴다.

6.1.2 HOQ 예시

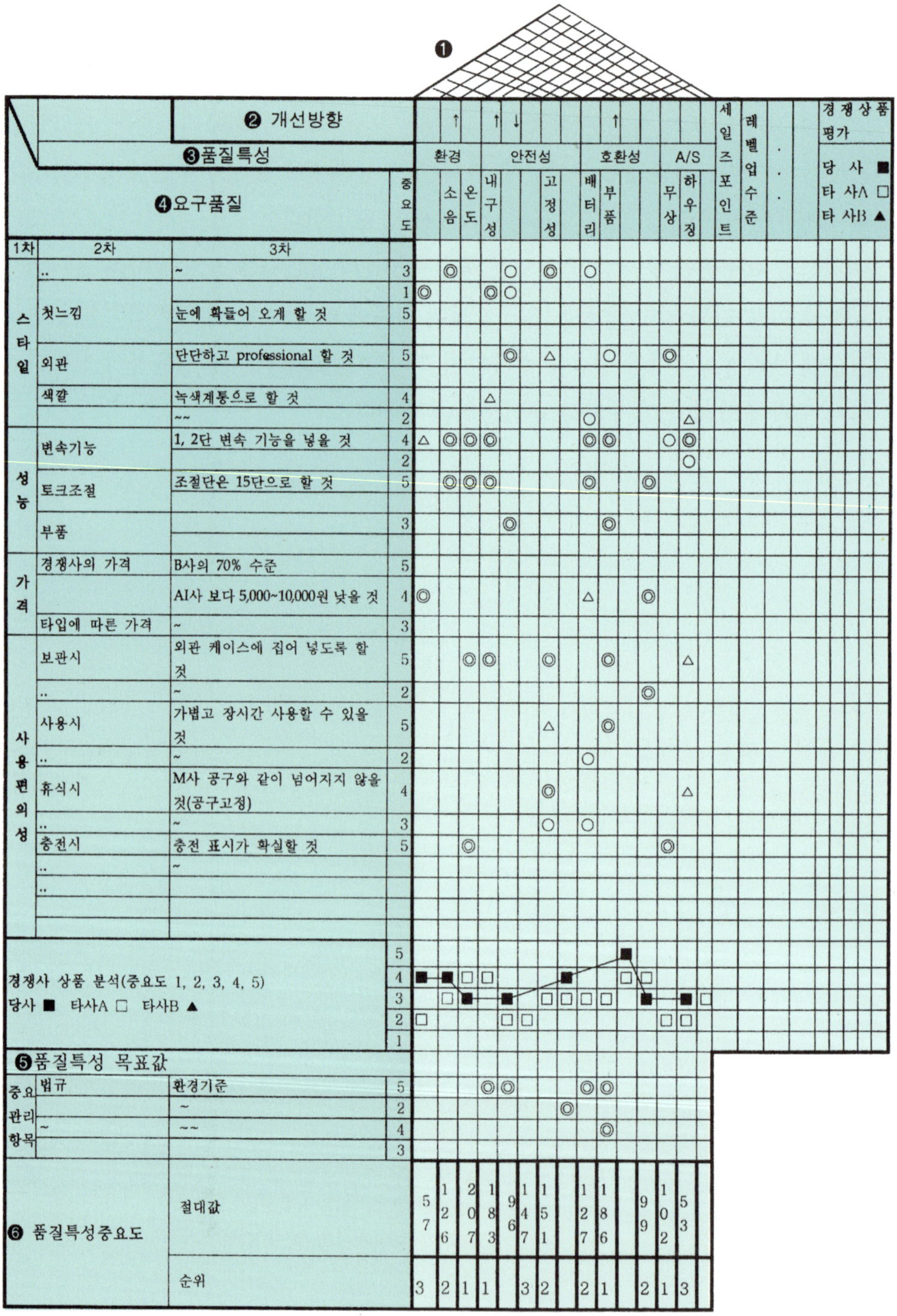

그림 6-1 품질의 집(HOQ)

■ HOQ의 설명

[그림 6-1]의 HOQ를 설명하면, 지붕모양을 한 ❶은 품질특성 간의 상관도를 일례로 ◎(9점), ○(3점), △(1점)로 나타낸다(여기서는 표기를 생략).

❷ 개선방향은 ❺ 품질특성 목표값을 ❹ 요구품질의 중요도와 비교하여 현저히 낮은 것은 필요성을 고려하여 개선 방향으로 설정하고, 불필요하게 과도한 점수를 보인 것은 개선 방향을 다소 낮춰 잡고 이를 화살표로 표기한다.

요구품질의 중요도는 요구품질전개표 1, 2, 3을 잘 살펴보고 그에 따른 중요도를 설정한다.

❻ 품질특성중요도의 절대값을 기재하고 각각 순위를 매긴다.

품질특성에서 각 순위를 살펴보면, 환경에서는 온도가 1위, 안전성에서는 내구성이 1위, 호환성에서는 부품이 1위, A/S에서는 무상이 1위를 차지함으로써 이 부문 개발시 신경을 써야 할 부분이다.

6.2 개발 방향 설정

[그림 6-2]는 MGPP를 보여준다. MGPP는 지속적으로 충전식 전동공구의 품질을 개선하기 위해 향후 3세대에 걸쳐 각 세대별로 차세대 제품계획을 보여주고 있다.

MGPP* 전략

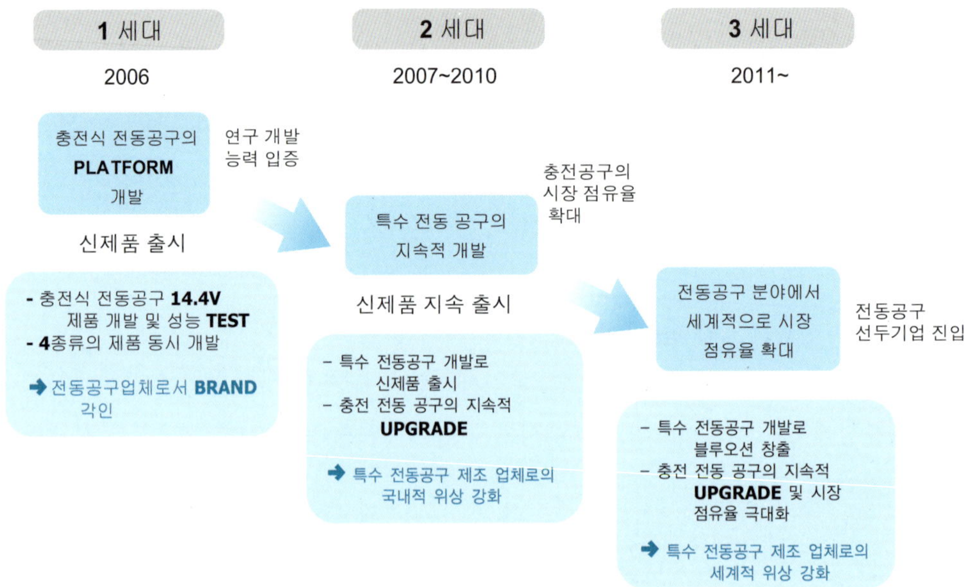

* MGPP(Multi-Generation Production Planning; 차세대 제품 계획)

그림 6-2 MGPP 전략도

Part 3
지식재산 전략

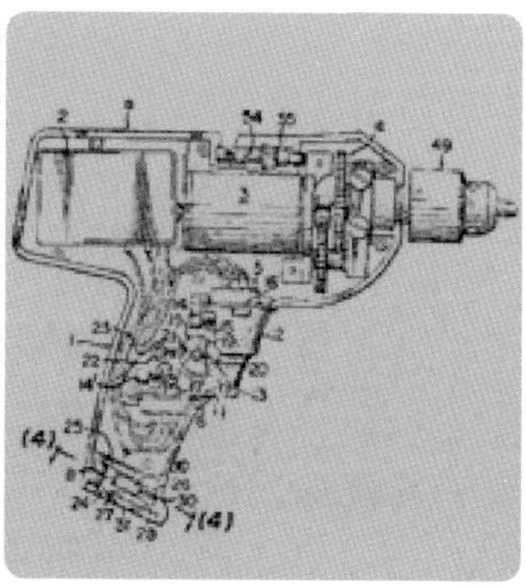

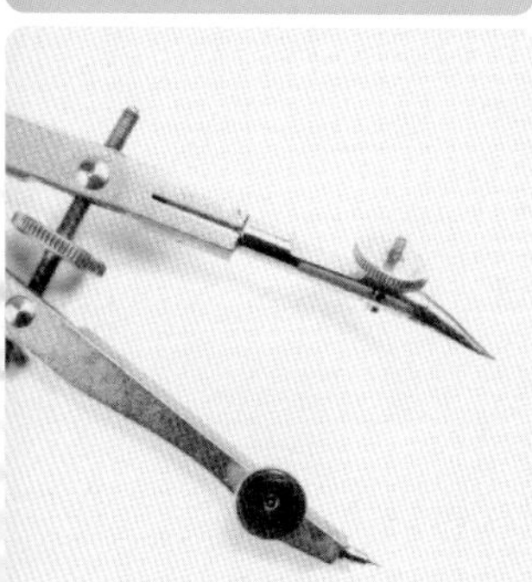

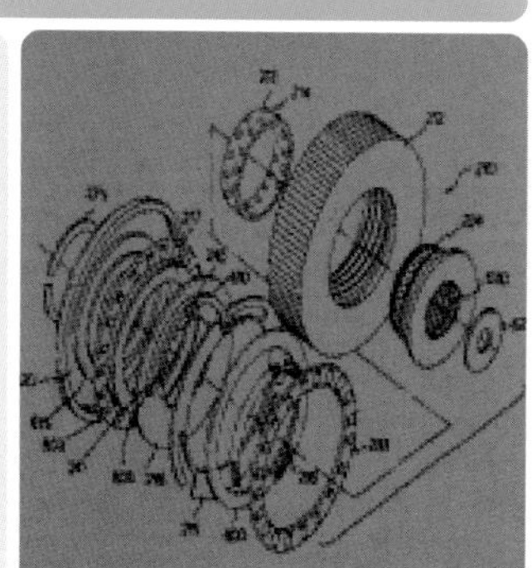

Chapter 01

지식재산의 창출

1.1 기업의 가치와 경쟁력의 원천

기업 경영에 있어서 지식재산에 대한 관심이 높아지고 있다. '지식재산'이란 기업이 보유한 지식과 정보, 기술, 능력 등의 총칭이다. 예를 들어 기술 및 경영 노하우, 소비자 정보, 소비자의 신뢰성, 브랜드 나아가 기업 문화(기업의 사원들이 공유하는 사고방식 및 행동 양식) 등 여러 가지가 포함된다.

다시 말하면, 지식재산은 사람, 물건, 돈 등의 유형자산과는 달리 형태가 없는 무형자산이다. 이는 손에 쥐고 볼 수 없다는 의미이며 보이지 않는 자산이라고도 할 수 있다. 최근에 지식재산에 대한 관심이 높아지는 이유는 눈에 보이지 않는 자산이 기업의 가치를 크게 좌우하며, 기업을 성장시키고 경쟁우위를 차지하는 데 있어서 중요한 결정 요인이 되기 때문이다.

미국의 경제정보 제공회사인 다우존스와 밸류라인의 조사에 의하면 1990년 이후 기업에 있어서 무형자산의 가치가 급격히 증대하여 2000년에는 유형자산(순자산 장부가액)의 5배를 초과할 정도였다. 바야흐로 주식시가 총액 등으로 나타나는 기업의 가치가 눈에 보이는 유형자산이 아니라 무형자산에 의해 결정되는 시대가 도래하고 있다.

한편 기업 경쟁력의 원천도 사람, 물건, 돈 등의 유형자산에서 지식, 정보 등의 무형자산으로 옮겨지고 있다. 일찍이 많은 산업에서 경쟁력의 원천으로 인식되어 오고 유형 자산의 집적에 의한 규모의 경제성이 점차 통용되지 않게 된 대신에 경쟁력을 결정하는 요인으로서 지식과 정보 등의 무형자산이 경영의 관심이 되고 있다. [그림 1-1]은 무형 자산 가치의 추이를 보여준다.

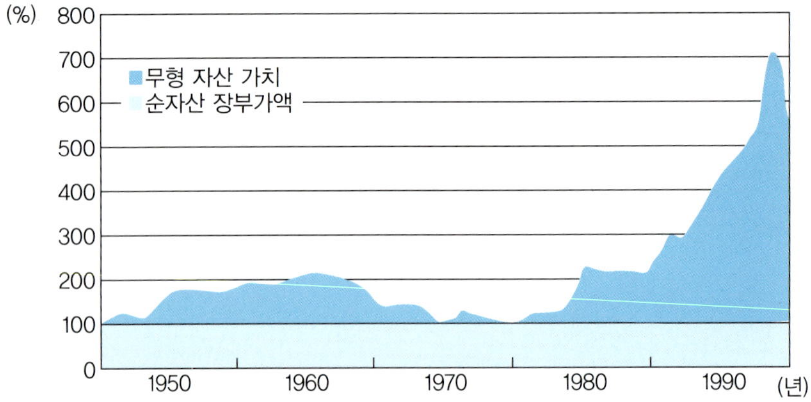

그림 1-1 무형자산 가치의 추이

1.2 넓은 의미의 지식재산과 좁은 의미의 지식재산

오늘날의 기업경영에 있어서 무형자산으로서의 지식재산에는 여러 가지가 있다. 지식 재산의 구체적인 예로서 가장 빈번하게 거론되는 것은 '특허'로 대표되는 기술적인 지식일 것이다. 최근에는 기업의 중요한 지식재산의 하나로 브랜드 및 디자인도 주목을 받고 있다.

그러나 기업이 보유한 지식재산에는 이들 외에도 다양한 것이 포함되어 있다. 예를 들면, 기업의 경영관리의 노하우를 비롯하여 소비자의 니즈에 관한 지식과 정보, 소비자의 신뢰 등도 기업의 지식재산이라고 할 수 있다. 나아가 조직의 활력과 풍토, 문화 등도 지식재산의 일종에 포함될 수 있다. 이러한 지식재산은 기업이 보유한 정보적 경영 자원으로서 넓은 의미의 지식재산을 말한다.

한편 이 책에서 말하는 지식재산이란 좁은 의미의 지식재산을 말하며 특히 기업이 보유한 넓은 의미의 지식재산 중에서 기업의 권리로서 제도적으로 보호되는 지식재산을 의미한다. 예를 들면, 같은 기술지식이라도 특허는 기업의 권리로서 보호되지만 기능공의 기술 등은 권리화되지 않는다. 또한 기업의 브랜드는 종종 상호나 상표로서 권리화되는데, 그 브랜드가 소비자를 끌어들이는 힘 또는 소비자로부터의 신뢰 등은 권리화되지 않는다.

1.3 지식재산권의 종류

기업이 보유한 지식재산은 특허나 상표 등의 형태로 권리화된다. 이와 같이 권리화된 지식재산은 '지식재산권' 이라고 불리며, 이는 '지적 창작물' 과 '영업상의 표시' 로 크게 구분된다. 전자에는 특허, 실용신안, 디자인, 영업상의 비밀 등이 포함되며 후자에는 상호, 상표, 지리적 표시가 포함된다.

이 중에 기업에 가장 영향을 미치는 지식재산권은 특허, 실용신안, 상표, 디자인이다. 예를 들면, 우리 생활과 밀접한 휴대전화의 경우 특허는 '수명이 길고 소형 경량화된 리튬 이온 전지에 대한 발명' 등이 그러하고, 실용신안은 '전화기 속에 들어가는 콤팩트한 안테나 구조에 관한 고안' 등을 들 수 있다. 또 '전화기를 보다 단순하게 한 형상, 모양, 색채 등의 특별한 디자인' 은 디자인으로서, '전화기에 붙여진 상품 로고나 마크' 는 상표로서 각각 중요한 기능을 담당하고 있다.

최근의 특허에는 비즈니스 기법, 진행 방식에 관한 비즈니스 모델 특허도 포함됨으로써 기업 내의 발명자는 연구개발자에만 한정되지 않고 기업 내의 관리, 기획 등에 종사하는 직원도 발명자의 대상이 되고 있다. 이밖에 산업재산권과 저작권의 경계 구분이 모호한 지식재산권을 신지식재산권이라고 하여 통상의 지식재산권과 구별한다.

[그림 1-2]에서 지식재산권의 종류에 관한 체계를 자세히 설명하고 있다.

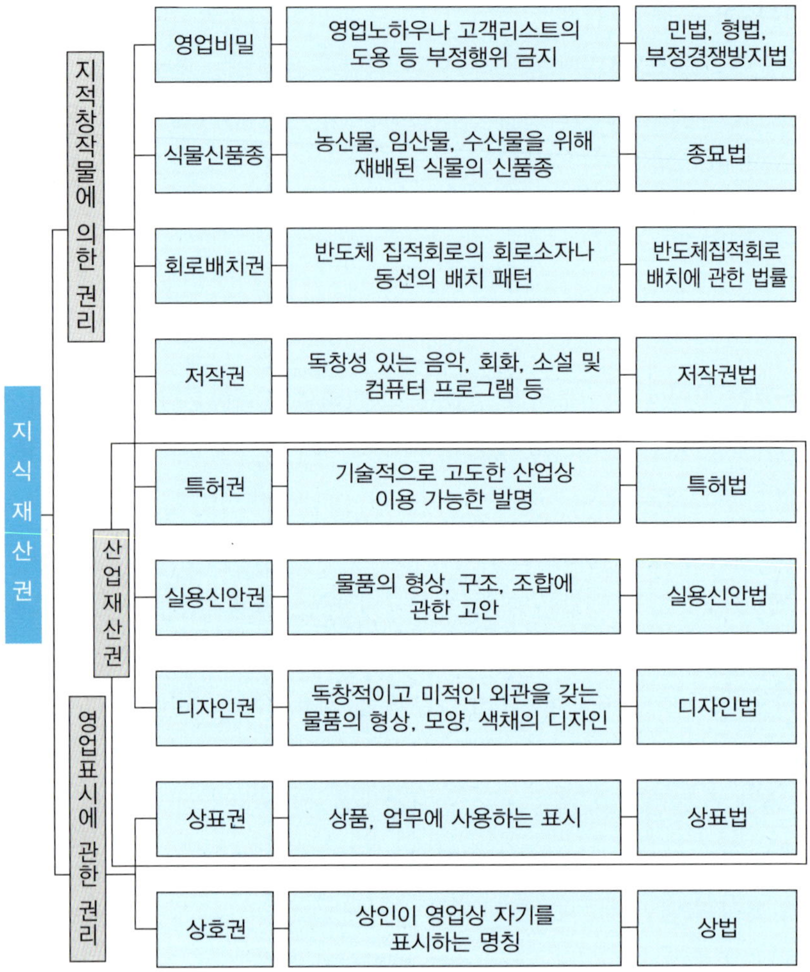

그림 1-2 지식재산권의 체계

[그림 1-3]은 지식재산권이 휴대폰에 적용된 사례를 예시한 것이다.

그림 1-3 휴대폰 중의 지식재산권의 적용 예

1.4 지식재산 창출에 유용한 아이디어 발상 도구들

(1) 브레인스토밍

여러 사람이 모여 아이디어를 만드는 방법으로 자주 거론되는 것이 브레인스토밍이다. 브레인스토밍에는 [그림 1-4]와 같이 4가지 규칙이 있다.

규칙 ❶ 다른 사람의 발언을 비판하지 않는다.

규칙 ❷ 자유분방한 발언을 환영한다. 몽상도 좋다.

규칙 ❸ 질보다 양을 중요하게 여긴다.

규칙 ❹ 다른 사람의 아이디어에 무임승차한다.

IDEO라는 미국의 산업디자인회사에서는 브레인스토밍의 효과를 더욱 높이기 위해 7가지 비결을 덧붙였다.

① 초점을 명확히 한다.

② 놀이하는 기분으로 참가한다.

③ 아이디어의 수를 헤아린다.

④ 힘을 축적하여 도약한다.

⑤ 장소는 기억을 일깨운다.

⑥ 정신의 근육을 긴장시킨다.

⑦ 신체를 사용한다.

그러나 위에서 말한 규칙에도 불구하고 현실적으로 브레인스토밍을 하기는 상당히 어렵다. 그 원인은 규칙 ❶을 지키지 못하는 데 있다. 자신도 모르게 다른 참가자의 발언이나 아이디어를 비판해버리는 사람이 많기 때문이다. 참가자들 사이에 상하관계가 있다거나 하면 특히 그런 경향이 강해진다. 이 문제를 해결하기 위해 규칙 ❸과 규칙 ❹를 의식하면서 브레인스토밍에 임하는 것이 좋다.

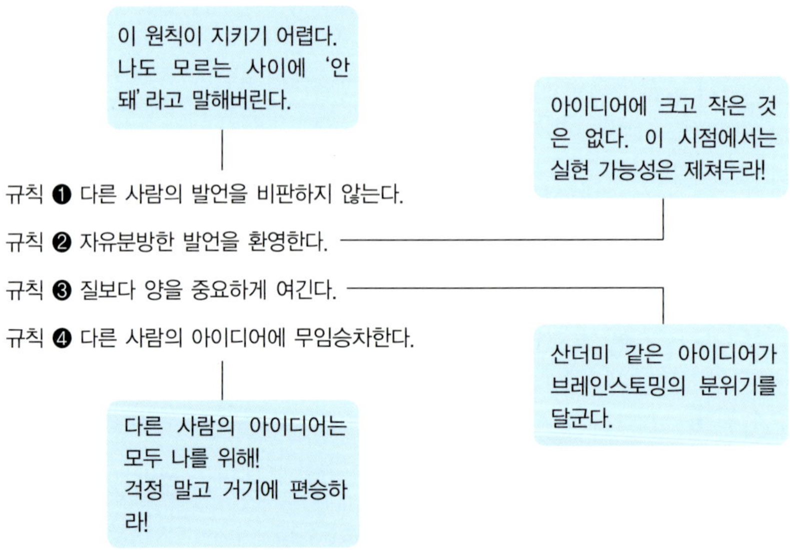

그림 1-4 브레인스토밍의 4가지 규칙

(2) 트리즈

트리즈(TRIZ)는 유대계 러시아인 겐리히 알트슐러(G. Altshuller)가 1946년부터 연구를 시작한 것으로, 200만 건에 달하는 기존의 특허를 분석해 발명의 방향, 원리를 구현한 것이다. 1980년대 후반부터 미국에서 소프트웨어 개발 툴로 상용화가 시작됐으며, 미국, 일본, 유럽 등 서방세계에 1990년대 초반에 도입됐다.

브레인스토밍 기법은 실제로 문제를 해결해주는 것이 아니라 문제 해결을 위한 아이디어만을 제공한다는 점에서 트리즈와 다르다. '트리즈는 무엇을 해결해야 하는가'를 가르쳐주는 것과 함께 '어떻게 해결해야 하는지'를 가르쳐주는 기법이다. 트리즈의 기대 효과는 세품개발시 발생되는 문제점을 40가지 원리 등 특유의 트리즈 기법으로 접근함으로써 단순히 문제를 개선하는 차원을 뛰어넘어 혁신적 문제 해결이 가능하다는 특징을 갖고 있다. 예를 들어 제품 및 부품을 기능 위주로 분석, 다른 부품이 기능을 대신하거나 해당 부품이 필요 기능을 수행하도록 변형하는 등의 재설계를 통해 개발비용 등을 절감할 수 있다는 것이다. 또한 제품의 진화 과정을 예측함으로써 시장을 선점할 제품을 개발할 수 있다는 것도 트리즈 기법의 장점으로 꼽힌다. [그림 1-5]는 문제해결을 위한 트리즈 기법의 체계도이다.

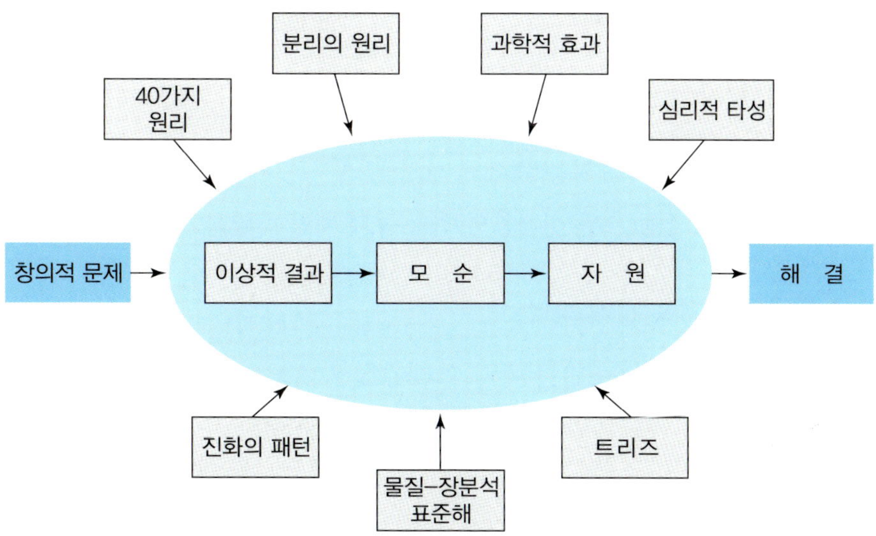

그림 1-5 트리즈 체계도

1.5 지식재산 부서의 설치

연구개발자나 기술자가 만들어낸 발명 등을 효과적으로 권리화하기 위해서는 사내에 지식재산 관리부서를 둘 필요가 있다. 그러나 우리나라 중소기업의 대부분이 지식재산 관리부서를 두고 있지 않은 현실을 감안할 때 중소기업체 내에서 별도의 지식재산 관리부서를 설치하는 것은 다소 어려울 것으로 보인다. 따라서 중소기업체 내에 이미 설치된 총무부서나 기획부서에 지식재산 관리 전담직원을 두어 사내의 지식재산을 관리하게 하는 것도 하나의 방안이 된다.

지식재산 관리부서는 다음의 업무를 통해 연구개발 부서의 지식재산 창출 활동을 지원한다.

(1) 선행기술 조사와 특허맵의 작성

선행기술 조사(타사 특허조사)를 하고 그 결과를 특허맵으로 작성하여 향후 신기술의 트렌드를 예측한다.

(2) 개발된 신기술의 특허출원

연구개발자 및 기술자가 개발한 발명을 변리사 등과의 협의를 통해 신기술의 보호 범위를 넓게 하여 특허출원을 한다.

(3) 공동개발

타사의 기술자와 공동개발을 하는 경우에 노하우 개시를 위한 비밀 유지, 기술개발 분야의 분석, 개발비용, 공동 개발 신제품의 취급 등의 계약 사항을 주도적으로 진행한다.

(4) 타사 특허와의 저촉 관계 파악

자사 기술과 타사 보유 특허권과의 저촉 유무에 대한 검토를 하여 신속히 적절한 대책을 세운다.

(5) 교육

특허 등의 지식재산권 교육을 연구개발자 및 기술자에게 수시로 실시한다.

1.6 지식재산의 전략

(1)지식재산의 현황 파악의 필요성

지식재산의 활용은 사업에서 경쟁우위 확보를 중심으로 하면서 타사 라이센스 허락, 크로스 라이센스 등을 고려하여 결정된다. 지식재산의 활용을 생각함에 있어서도 자사의 경쟁우위성(시장에서 점유 등)이나 사업 및 연구개발에 관한 우수한 기술표준의 형성, 라이센스의 수입 확보 등을 고려하여 자사 실시와 타사 실시의 균형을 취한다는 점을 잊어버려서는 안 된다.

타사로부터 지식재산권을 도입하는 경우 자사의 사업전략에 비추어 그 필요성이나 사업전개에 미치는 영향, 사업 속도, 보완적 지식, 기술의 취득가능성 등을 고려하는 것이 중요하다.

자사보유 지식재산권에 대하여 자사 실시와 타사 실시의 균형을 고려하면서 지식재산전략을 입안 추진하기 위해서는 보유하는 지식재산권을 [그림 1-6]에 있는 것처럼 4개의 층으로 분류 정리하여 관리하는 것이 효과적이다.

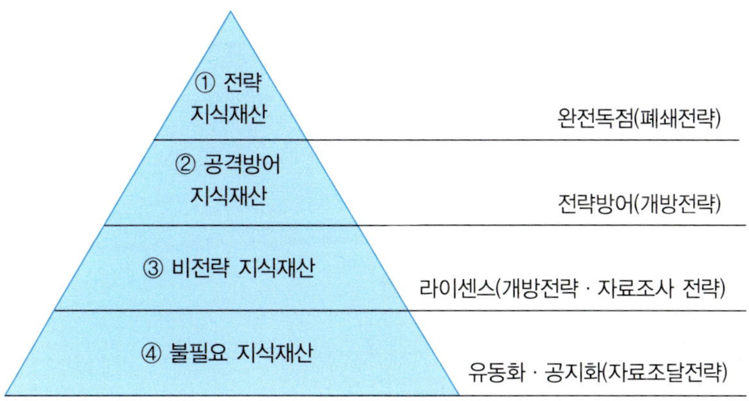

그림 1-6 보유한 지식재산의 기능적 분류

즉, 출원, 취득만의 지식재산권에 대하여

㉠ 자사 사업을 수행하기 위해 불가결한 것(전략 지식재산)

㉡ 타사로의 크로스 라이센스 등에 사용하기 위해 잠재적으로 필요성이 있는 것(공

격방어 지식재산)

㉢ 타사로의 개방(라이센스) 가능한 것(개방 지식재산)

㉣ 사업상 이익이 없는 것(불필요 지식재산권)으로 분류할 수 있다.

㉡ 의 공격방어 지식재산 중에는 여러 가지 포괄 라이센스에 제공되고 있는 것이 포함되지만 종래는 크로스 라이센스도 지식재산의 라이센스의 일종이라고 생각되었다. 그러나 여기서는 크로스 라이센스의 대상이 되는 지식재산은 ㉢에는 포함되지 않는 것에 주의하기 바란다. 왜냐하면 포괄 크로스 라이센스에 있어서는 상대방과의 관계가 중시되기 때문에 그 대상인 지식재산을 제3자에 재라이센스로 제공하거나 또 양도하거나 하는 것은 실제로 불가능하다고 할 수 있을 정도로 곤란하기 때문이다. 여기서는 ㉢에 해당하는 지식재산은 ㉠ 및 ㉡에 해당하지 않는 것으로 제3자에게 라이센스, 양도하거나 담보 등에 제공하여 자금조달할 수 있는 것을 의미한다.

이와 같이 4단계로 나누어서 자사보유 지식재산을 관리함에 있어 불가결한 것이 지식재산의 재고조사이다. 이 조사는 지식재산 부문이 중심이 되어 추진하는 것이지만 그 경우에는 사업부문, 연구개발부문에 더해 영업 마케팅부문 등을 포함한 복합부문의 협력을 얻어 행하는 것이 불가결하고, 영업년도마다 행할 필요가 있다.

또한 사업전략의 변화 등에 의해 사업의 정리, 해산을 결정한 사업부문에 속하는 지식재산권에 대해서는 자사 내의 타부문에서 이용가능성에 대해 충분하게 검토한 다음 타사로 라이센스 허락, 양도권리의 포기 등에 의해 시장으로 전개하고 권리를 유효하게 활용하는 것이 중요하다.

(2) 전략적 지식재산권 현황 파악의 개념

사업전략, 연구개발전략과 일체화한 지식재산전략을 책정하는 전제로 지식재산을 경영지표로 받아들이도록 전략적 현황파악을 행할 필요가 있다. 종래부터 지식재산 현황파악이 행해져 왔다. 그것은 단순히 보유하는 지식재산권 수나 그 출원 건수를 파악하는 정도가 일반적이었다.

그러나 삼위일체의 지식재산전략을 입안하고, 또한 지식재산 회계와 관련하여 수익이 나지 않는 지식재산을 추출하기 위한 재고정리는 단순히 보유하는 지식재산권 수를 파악하는 것만으로 충분하지 않다. 특히 경영전략에 투자하는 목표로서 지식재산을 받아들이기 위해서는 해당하는 지식재산의 수익성 및 그 취득 유지에 필요한 비용을 명확히 하여 이익으로 공헌도를 파악할 수 있도록 하는 것이 중요하다. 이를 위해, 전략적 재고조사에 있어서는 각 지식재산의 하나하나에 대하여 수익 및 취득 유지비용을 산출한다.

각 지식재산의 수익성의 평가에 대해서는 각각 평가 방법을 생각할 수 있지만, 전략적 재고조사에 있어 필요한 수익성 평가는 경영판단의 자료이기 때문에 지난 연도의 평가 기법의 일관성을 유지할 필요가 있다. 여기서는 자사 사업에 실시하고 있는 것에 대해서는 여러 가지 DCF(Discount Cash Flow)법을 중심으로 각 지식재산의 수익성을 산출한다.

수익성을 평가하여 산출된 평가액은 발명자에 지급하는 보상금을 계산하는 기초가 되기 때문에 주의할 필요가 있다. 보상금을 계산하기 위한 계산 방법에 대해서는 당해 지식재산에 의한 수익에 대하여 발명자의 공헌도를 어떻게 산출할 것인가 등을 직무발명 규정 등에 의해 확립한다. 또한 여기서 계산된 보상금은 당해 지식재산의 취득 비용으로 계산할 수 있다.

이와 같은 수익성 평가에 대해서 각 지식재산의 취득 유지비용은 보다 중요하다. 왜냐하면, 전략적 재고조사에 의해 산출된 평가항목 가운데 비용 항목 요소에는 그대로 지식재산회계가 제도화된 경우의 재무제표를 구성하는 항목 요소가 되기 때문이다.

이상과 같은 방법에 의해 각각 지식재산을 가치 순위로 정해두는 경우 각각의 평가를 엄밀히 하는 것은 그다지 중요하지 않다. 중요한 것은 자사 보유 전체 지식재산을 대상으로 하는 재고조사가 영업년도 내에 완결하고 다음 영업년도에도 계속하여 행한다. 왜냐하면 경영판단의 관점에서는 지표화된 지식재산의 경향을 보는 것이 특히 중요하기 때문이다. 그를 위해서는 평가 작업을 가능한 성력화(省力化)하거나 재고조사 작업을 외부 전문업자에게 위탁할 필요가 있다.

(3) 사업전략, 연구개발전략과의 삼위일체의 구체화

기업경영은 사업전략, 연구개발 전략, 지식재산전략의 삼위일체로 구성하는 것이 필요하다. 먼저 자사에서 보유한 지식재산의 각각에 대해서 경영판단을 가능하도록 하기 위해 지표화할 필요가 있다. 각 지식재산을 경영지표로 하는 것은 각각의 수익성 및 비용을 계산하여 그 자산가치를 도출하는 것을 의미한다.

이것에 의해 지식재산과 기업경영을 연결해가는 최소한의 조건이 성립한다. 그리고 자사보유 지식재산을 기술적인 측면뿐만 아니라 자산으로서의 측면도 가미하여 평가하는 작업이 지식재산의 전략적 재고조사이다. 즉, 지식재산의 전략적 재고조사의 성과물은 삼위일체의 기업경영을 행하기 위한 불가결한 전제라고 말할 수 있다.

또한 지식재산의 전략적 재고조사는 그 성과물뿐만 아니라 작업경과도 그것을 행한 기업의 사업전략, 연구개발전략, 지식재산전략과 일체화를 촉진하는 작용을 갖는다. 전략적 재고조사를 행하기 위해서는 그 지식재산을 창출한 연구개발 부원이나 당해 지식재산이 실제로 사용되고 있는 제품을 관리하는 사업과 제휴할 뿐만 아니라 재무정보를 관리하는 경리부 등도 협력하여 각 부가 갖는 데이터를 수집 분석 종합할 필요가 있기 때문이다. [그림 1-7]은 3대 기업경영 전략에 관한 구성도이다.

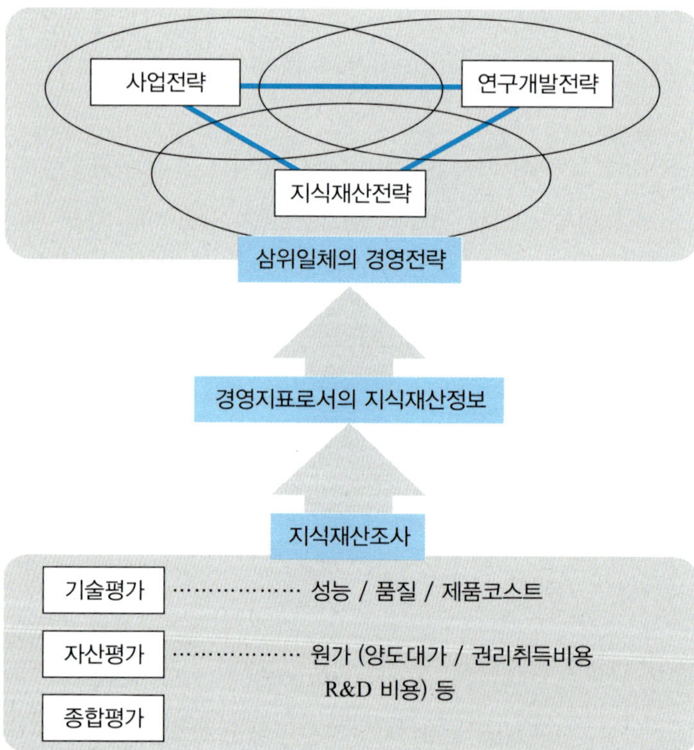

그림 1-7 지식재산의 조사와 삼위일체의 경영전략

(4) 경영계획서와 일체인 지식재산 전략

기업에서 경영계획은 통상 경영계획서로서 서면화되고 기업경영의 지침으로 활용된다. 이것은 경영자에 의해 결정된 경영계획을 중 · 장기적으로 수행해나가기 위해 불가결한 작업이다.

지식재산전략을 경영전략의 하나로 놓고 입안 수행해 나가기 위해서는 경영계획에 맞는 지식재산전략을 입안함과 동시에 이것을 경영계획서와 동격으로 할 필요가 있다.

이와 같이 서면화된 지식재산 전략을 나타내는 것을 지식재산 전략서라고 부른다.

자사의 지식재산 상황을 나타내는 것으로서 여러 가지 지식재산 백서라는 서면을 작성하는 예도 있다. 그러나 이러한 지식재산 백서는 전술한 바와 같이 자사 지식재산을 표면적으로 반영하는 것으로서 지식재산 부문에 의한 과거 활동의 성과를 기재한 것에 불과하다. 물론 이와 같은 정보도 전혀 가치가 없다고는 할 수 없지만 단지 보유 지식재산 수나 출원 수가 기업의 수익성이나 성장성을 판단하기 위한 소재로 되기는 어렵다.

또한 이 지식재산 백서는 공개를 목적으로 하기 때문에 대외비를 전제로한 지식재산 전략서와는 목적이 다르다. 오히려 지식재산 전략서를 작성함으로써 공개 정보와 비공개 정보를 구분하는데에 그 의의가 있다고 본다.

경영계획과의 일체성을 유지하기 위해서는 자사보유의 지식재산과 매출이나 연구개발비 등의 재무 데이터와의 관계를 명확히 한다. 즉 자사 보유 지식재산의 각각에 대하여 수익성과 비용을 계산하고, 각각의 지식재산이 어느 정도 수익에 공헌하고 있는가를 나타내야 한다. 이와 같은 지식재산 정보를 기술한 지식재산 전략서가 경영계획서와 일체로 존재하는 것을 시작으로하여 지식재산 경영을 구현할 수 있다.

[그림 1-8]은 경영의 삼위일체화와 지식재산 조사, 지식재산 전략서, 경영계획서의 관계도이다.

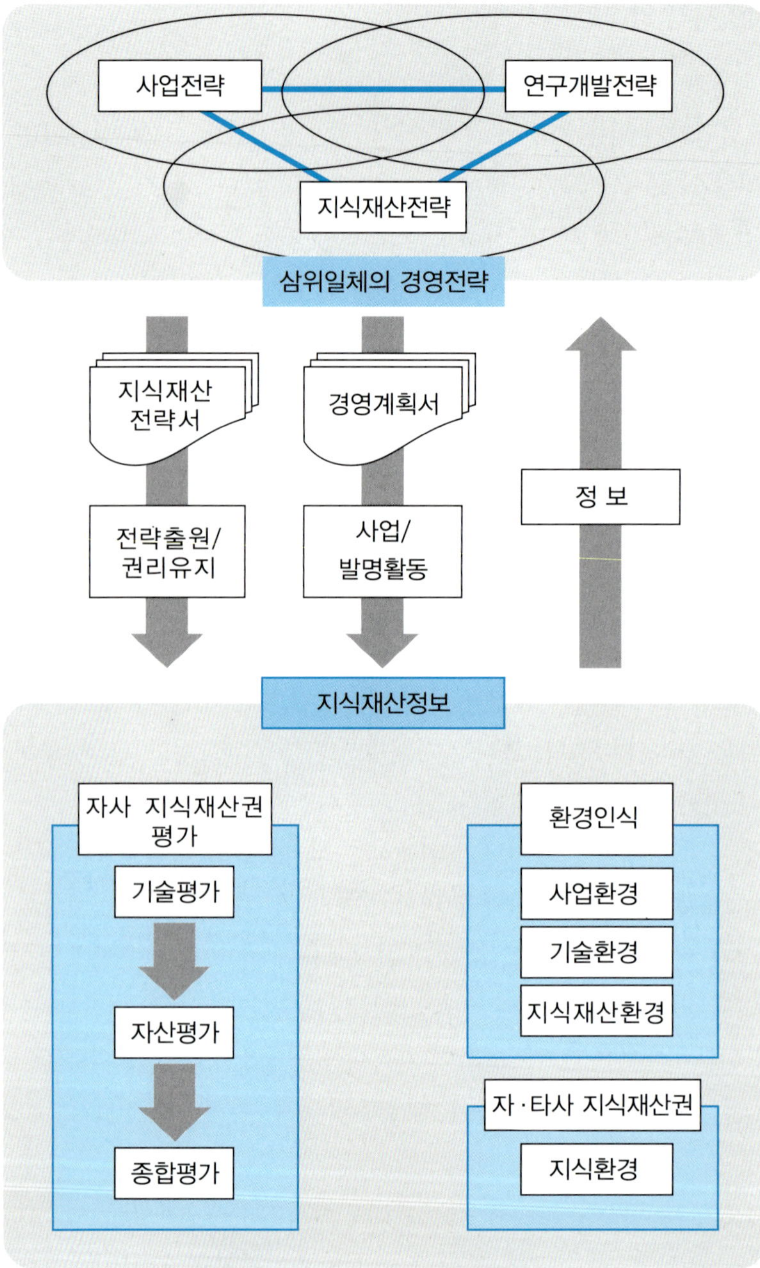

그림 1-8 경영의 삼위일체화 관계도

1.7 직무발명

(1) 직무발명의 필요성

최근 기업의 직무발명 관련 소송이 연달아 발생되면서 기업이 직무발명의 대가로 거액을 발명자에게 주어야 하는가에 대해 논란이 일고 있다. 기업의 입장에서는 직무발명이 회사에 귀속되는 것이 당연하므로 종업원에게 거액의 대가를 보상하는 것이 부당하다고 생각될지 모르지만 종업원의 입장에서는 직무상의 발명이긴 하지만 회사가 그 발명으로 인해 상당한 수익을 가졌을 때에는 적절한 보상에 대해 큰 기대를 가질 수 있다. 이러한 양자의 입장이 첨예하게 부딪칠 때 양자 간의 분쟁은 불가피하다. 기업은 직무발명에 대한 보상에 더욱 관심을 가짐으로써 기업과 종업원 간의 갈등 해소는 물론 직무발명을 기업의 성장 동력원으로 삼을 필요가 있다.

(2) 직무발명의 이해

회사에 근무하는 종업원이 회사 업무로서 연구개발한 결과로서 완성한 발명을 직무발명이라 한다. 직무발명과 관련하여 종업원과 회사의 사이에 발생할 수 있는 분쟁은 대체로 다음 두 가지로 구분할 수 있다.

① 회사 내에서 종업원인 직원이 연구개발한 기술에 대해서 종업원과 연구 환경을 제공한 회사 간에 누가 소유권을 획득할 것이냐에 대해서 분쟁이 발생하는 경우이다.

② 종업원이 연구개발 중에 다른 마음을 먹고 있다가 개발이 완료되기 전에 회사를 퇴사하여 개발을 완료한 다음 이를 직접 사업화하여 본래 근무하던 회사와 경쟁기업이 되는 사례이다.

첫 번째 경우에, 종업원이 자기 직무와 관련하여 연구개발을 한 후에 스스로 특허출원을 하고 특허권을 획득한 경우 특허권 자체는 종업원의 소유가 된다. 그러나 회사는 그 특허권을 실시할 수 있는 통상실시권을 갖는다. 이러한 경우 종업원은 회사를 상대로 특허권 행사를 할 수 없다.

한편, 종업원이 획득한 특허권에 대해서 회사가 통상실시권이 아닌 특허권을 소유할 수 있는 경우가 있다. 즉, 종업원을 채용할 때, 회사 규정에 "회사의 업무로 인한 발명은 회사의 재산으로 한다"라는 계약서를 마련하고 그 계약서에 종업원으로 하여금 서명을 하게 하는 것이다. 이것을 법률상의 표현으로는 예약승계라고 한다. 예약승계는 불법이 아니며 적법한 것이다. 다만 회사는 그 대신에 종업원의 발명 활동에 대해 보상 규정을 두어야 한다. 보상의 내용이 어떠하든지 그것은 법에서 일률적으로 규정하고 있지는 않으므로 회사의 형편에 따라 하면 된다.

두 번째의 경우에, 종업원이 발명을 한 행위가 회사에 재직하는 동안의 업무에 관한 것이었다면, 회사는 통상실시권을 가질 수 있다. 다만 회사는 그 직원이 한 발명이 회사에 재직시 업무와 관련이 있었던 것이라는 증명을 해야 한다.

결국 직무발명은 발명을 한 자와 그 자가 속해 있는 회사 간에 있어서 특허권으로 인한 이득 또는 손해를 적절히 조정하고자 하는 점에 그 취지가 있다. 이에 대해 [그림 1-9]와 같이 직무발명에 있어 사용자와 종업원과의 관계를 나타낸다.

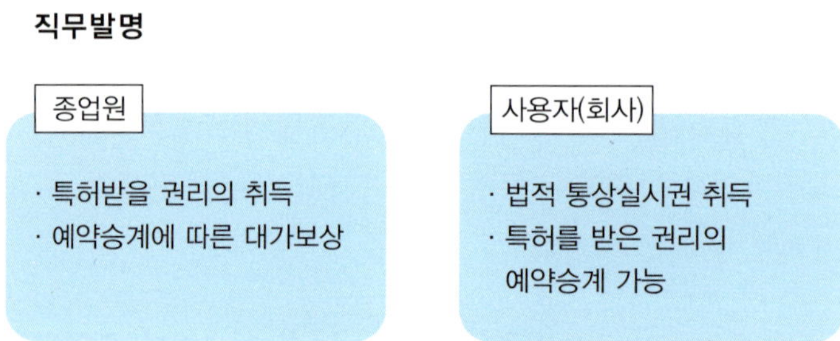

그림 1-9 직무발명에서의 사용자와 종업원의 관계

(3) 직무발명 보상제도

최근 기업 내 직무발명 보상제도의 실시 여부에 대한 설문조사에 따르면, 이 제도를 실시하고 있지 않거나 모른다고 대답한 업체가 전체 조사 대상자(약 400여 업체)에서 약 60% 정도를 차지하는 것으로 밝혀졌다.

직무발명 보상제도 실시업체 중에는 직무발명 제도가 자사의 기술 혁신에 큰 도움을 준다고 밝힌 업체가 50% 이상이 되어 이 제도가 기업체의 성장에 큰 기여를 하고 있음이 입증되었다.

따라서 직무발명 보상제도는 이제 기업 내에 필수적으로 정착되어야 하며, 기업의 경영자는 이 제도에 대한 이해를 높여 기업의 이윤창출을 위한 동력원으로서 정착하도록 노력할 필요가 있다.

이와 관련하여, 직무발명이 이윤 창출과 연계되는 과정을 살펴보자. 직무발명 보상제도를 통한 인센티브를 제공하여 직무발명을 활성화시키고 완성된 발명을 실용화하여 이윤창출을 극대화시키는 연속적 과정이다. [그림 1-10]에서는 이와 같은 직무발명을 통하여 이윤창출을 극대화시키는 과정을 보여준다.

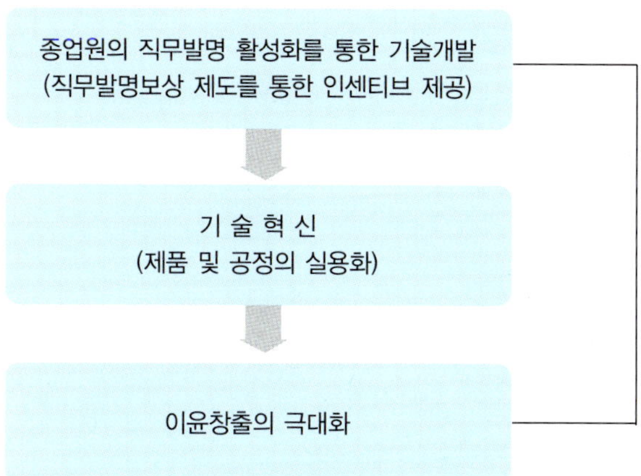

그림 1-10 직무발명을 통한 이윤창출 과정

(4) 직무발명 보상의 종류

직무발명 보상의 종류에는 발명시 보상, 출원시 보상, 등록시 보상 및 실시시 보상이 있다. 최근 조사된 바에 따르면 대부분의 기업이 출원시 보상을 채택하고 있는 것으로 나타났다. [그림 1-11]은 특허실시까지의 과정과 관련된 보상 내용을 나타내고 있다.

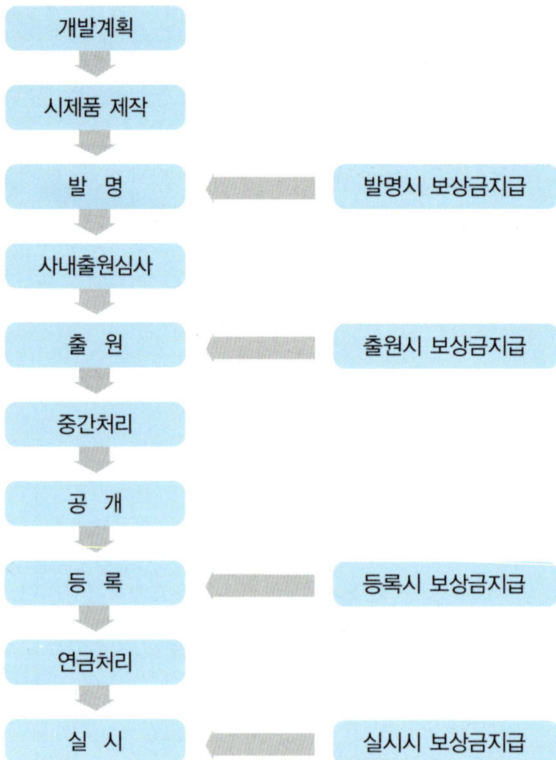

그림 1-11 연구개발부터 특허 실시까지의 흐름과 보상금

1) 발명시 보상금 지급

발명보상은 종업원 등이 고안한 발명을 특허청에 출원하기 전에 받는 보상으로 출원유무에 관계없이 종업원 등의 아이디어와 발명적 노력에 대한 일종의 장려금적 성격을 가진 보상이다.

2) 출원시 보상금 지급

출원보상은 종업원 등이 한 발명을 사용자 등이 특허받을 수 있는 권리를 승계하여 특허청에 출원함으로써 발생하는 보상이다. 미확정권리에 대한 대가이기 때문에 장려금적 성격을 가진다.

3) 등록시 보상금 지급

사용자 등이 승계받은 발명이 등록결정되었거나 특허등록되었을 때 지급하는 보상이다.

4) 실시시 보상금 지급

자사 실시뿐만 아니라 제3자 실시, 크로스 라이센스 등에 의해 해당 발명으로부터 이익이 발생할 경우 종업원 등에게 지급하는 보상이다.

1.8 지식재산권 출원 절차

1.8.1 특허출원 절차

특허출원이란 새로운 발명을 한 사람이 그 발명을 공개하는 대가로 독점권을 갖기 위해 특허를 허락해달라고 국가(특허청)에 일정한 양식 및 절차에 따라 신청하는 행위를 말한다.

특허청은 이러한 신청을 받게 되면 절차와 양식이 맞게 되었는지를 검토하고 제대로 된 출원에 대하여 특허권을 허여하여야 할 일정한 요건을 갖추었는지를 심사하여 특허 여부를 결정한다. 특허출원 절차는 [그림 1-12]와 같다.

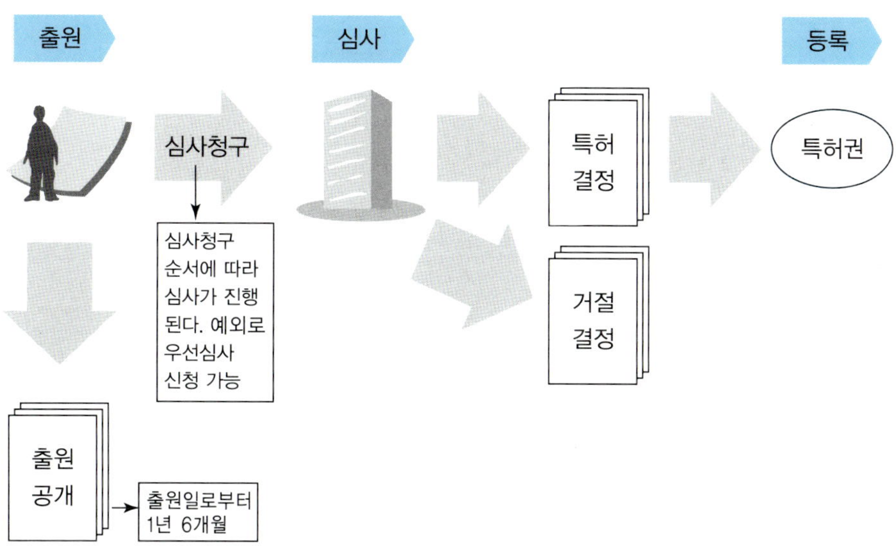

그림 1-12 특허 권리 취득 절차

(1) 출원서류의 제출

특허출원을 할 때는 소정의 사항을 기재한 특허출원서를 특허청에 제출한다. 특허출원서에는 요약서, 명세서, 도면(필요한 경우)이 첨부되어야 한다. 이와 관련하여 [그림 1-13]에서 자세히 보여주고 있다.

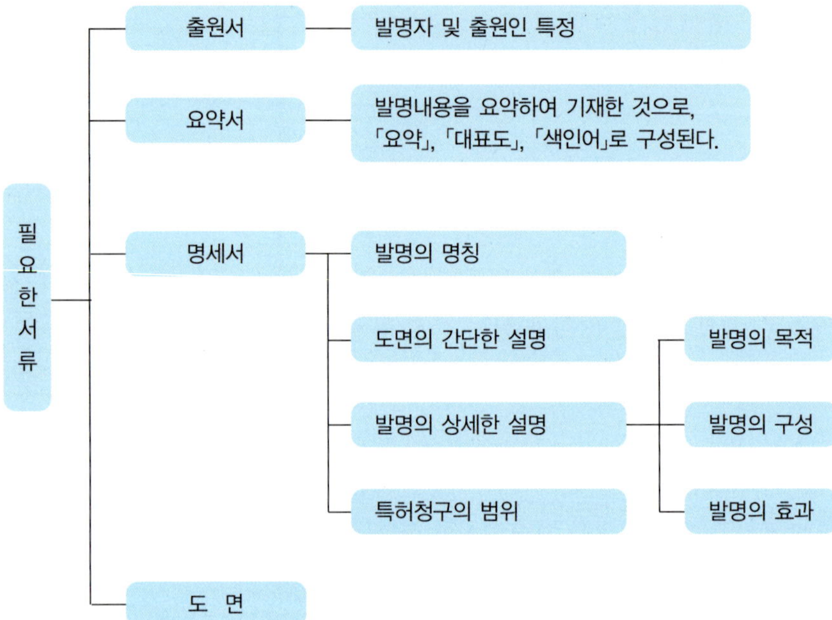

그림 1-13 **특허 출원시 필요한 서류**

출원서류를 작성할 때에는 특허출원서, 요약서, 명세서순으로 작성하되, 그 발명이 속하는 기술 분야에서 통상의 지식을 가진 자가 출원인이 제출한 출원서류에 기재된 내용을 보고 용이하게 실시할 수 있을 정도로 그 발명의 목적 · 구성 · 효과를 구체적으로 기재해야 한다.

(2) 특허출원 서류의 제출 방법

특허출원 서류의 제출 방법은 전자출원과 서면에 의한 출원 방법이 있다.

절차는 [그림 1-14]와 같다.

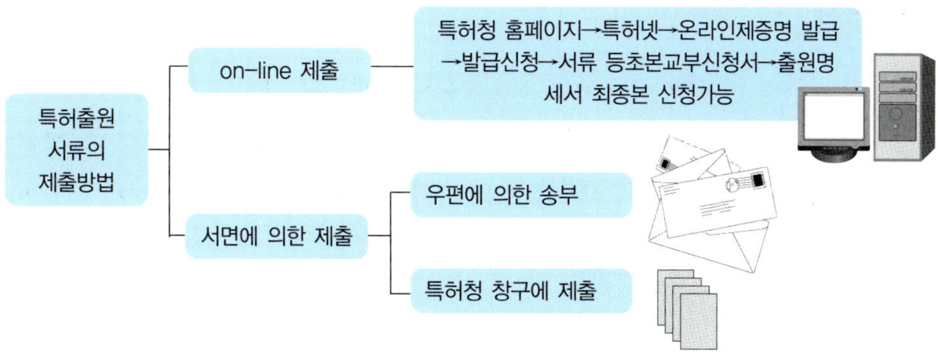

그림 1-14 특허출원서류의 제출 절차

1.8.2 해외 출원 절차

특허는 출원하여, 권리를 취득한 국가에서만 보호되기 때문에 해외에서도 사업을 전개(수출)하고 있거나, 해외에 진출하고자 하는 기업은 진출국인 각국에서 특허출원을 하여 권리를 취득하여야 한다. 외국으로의 출원에는 외국의 특허청에 직접 출원하는 경우(외국출원)와 특허협력조약에 근거한 국제출원(PCT출원)을 이용하는 두 가지 방법이 있다.

(1) 외국의 특허청에 직접 출원하는 경우

각국별로 특허를 출원한다. 이때 명세서의 언어는 현지어가 원칙이다. 단, 한국어 명세서로 출원한 후에 해당 국가 언어로 기재된 명세서를 제출해도 되는 국가도 있다. 한국에서 특허출원 후 12개월 이내라면 공업소유권의 국제보호를 목적으로 한 파리조약에 근거하여 타 국가에 출원할 때에도 한국에서의 출원일이 적용된다(우선권 주장). ([그림 1-15] 참조).

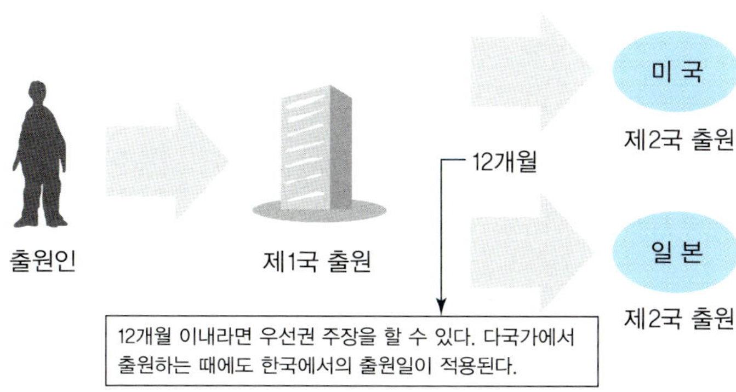

그림 1-15 특허의 외국출원과 우선권 주장

(2) PCT출원

PCT에 가맹되어 있는 세계 120개 이상의 나라에 동시에 출원하는 효과가 있다. 한국 특허청에 국어 혹은 영어로 PCT출원 전용서식을 사용하여 출원하면 된다. 단, 권리를 취득하는 데에는 우선일로부터 30개월 이내에 권리를 취득하고자 하는 나라에서 요구하는 언어로 번역문을 제출하고 소정의 수수료를 지불해야 한다([그림 1-16] 참조).

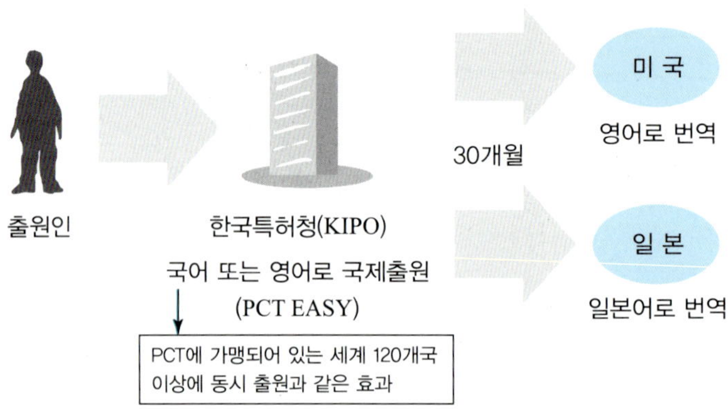

그림 1-16 PCT출원의 구조

1.8.3 실용신안 출원 절차

실용신안등록 출원 절차는 특허출원 절차와 동일하다. 실용신안의 존속기간은 출원일로부터 10년이다.

1.8.4 디자인 출원 절차

디자인 보호법 제2조 제1호에는 "디자인이라 함은 물품(물품의 부분 및 글자체 포함)의 형상, 모양이나 색채 또는 이들을 결합한 것으로서 시각을 통하여 미감을 일으키게 하는 것을 말한다"고 규정하고 있으며, 독립거래의 대상이 되는 유형 동산인 물품(또는 동 물품의 부분)의 외관에 관한 창작을 디자인이라고 할 수 있다.

(1) 등록절차

디자인의 등록 절차는 다음 [그림 1-17]과 같다.

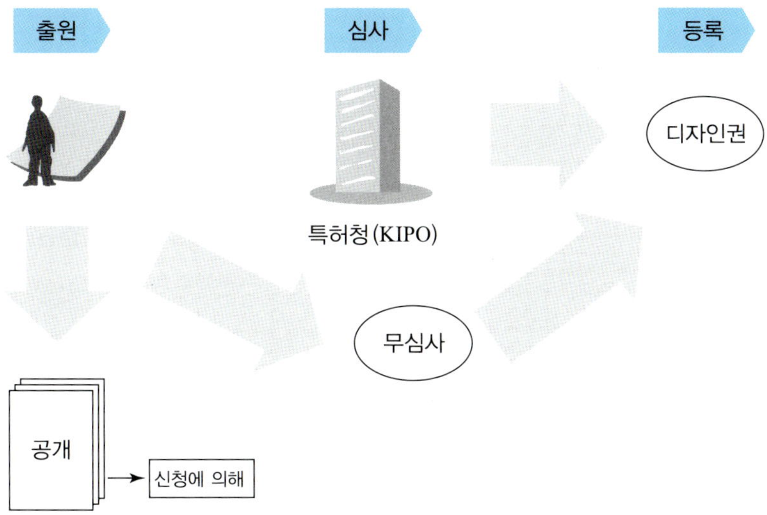

그림 1-17 디자인 등록까지의 과정

(2) 유사디자인 제도

자기의 등록 디자인이나 디자인 등록출원한 디자인(기본 디자인)에 물품의 형상, 모양, 색채 등을 변경한 디자인을 등록함으로써 의장권의 모방, 도용을 사전에 방지할 수 있는 제도이다.

(3) 한 벌 물품 디자인제도

통상적으로 한 벌로 판매되고 한 벌로 사용되는 물품으로서, 전체적인 통일성이 있는 경우에는 하나의 출원으로 등록할 수 있도록 한 제도이다(예: 한 벌의 차세트, 한 벌의 끽연용구세트 등)

(4) 비밀디자인 제도

출원시 출원인의 신청이 있는 경우에는 디자인권 설정등록일로부터 3년 이내의 기간 동안 디자인공보 등에 공고하지 아니하고 비밀 상태로 둘 수 있도록 한 제도이다.

(5) 디자인 무심사등록 제도

직물지, 벽지, 합성수지지 및 등록률이 높은 일부 품목에 대하여는 기본 요건만을 심사하여 등록함으로써 현행의 신규성, 창작성 등 실체적 요건 심사에 소요되는 기간을 대폭 줄일 수 있는 효과가 있는 제도이다.

(6) 복수디자인 등록출원 제도

의장 무심사 등록출원에 한하여 20개 이내의 의장을 1출원서로 출원할 수 있게 하여 출원절차를 대폭 간소화함으로써 출원료 등 비용 부담을 경감하여 주는 제도이다.

(7) 부분디자인 제도

물품의 부분(예: 커피잔의 손잡이, 안경테의 귀걸이 등)에 관한 디자인도 등록을 받을 수 있도록 한 제도이다.

1.8.5 상표출원 절차

상표란 기호, 문자, 도형 혹은 입체적 형상으로 구성된 것으로서, 이들을 단독 또는 둘 이상 결합하거나 색채와 결합한 표장으로 타인의 상품 또는 업무와 식별시키기 위해 당업자가 상품 또는 업무(서비스업)에 사용하고자 하는 것을 말한다. [그림 1-18]은 상표등록 절차를 나타낸다.

(1) 절차흐름도

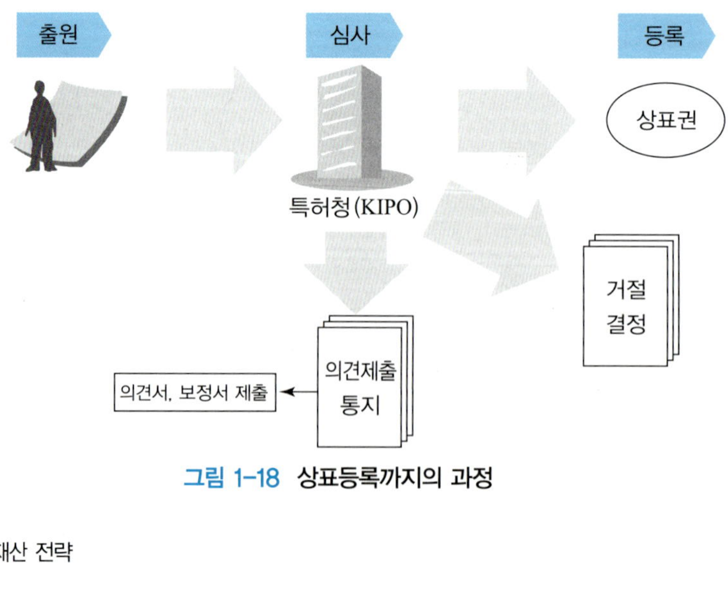

그림 1-18 상표등록까지의 과정

(2) 입체상표 제도

현재 상거래에 많이 사용되고 있는 3차원적인 입체상표(예: 코카콜라 병 모양)를 평면으로 구성된 상표와 마찬가지로 상표등록이 가능하도록 한 제도이다.

(3) 다류1출원 제도

상표등록을 받고자 하는 상품이 1개류 이상에 해당할 경우에도 1출원서로 출원이 가능하도록 한 제도이다. 1출원서로 여러 류를 지정할 수 있으므로 출원절차가 단순해진다. 다만, 다류의 상품을 하나의 출원으로 할지, 별개의 출원으로 할지 여부는 선택 사항으로, 출원인의 출원전략에 따라 결정하는 것이 바람직하다.

1.8.6 프로그램 저작물의 등록 절차

컴퓨터 프로그램도 일반 저작물과 마찬가지로 저작권의 일종으로서 등록하지 않아도 권리는 발생한다. 그러나 권리의 귀속에 대하여 분쟁이 발생하는 경우 재판 과정에서 자사가 사용하고 있는 프로그램을 특정하거나 창작된 일시 등을 입증하는 것이 중요한 포인트가 되기 때문에 등록제도를 활용하는 것이 일반저작물 이상으로 의미가 크다. 프로그램 저작물 등록 신청절차는 인터넷 사이트(www.sors.or.kr)에 접속하여 소정의 절차에 따라 진행하면 된다. [그림 1-19]는 온라인 신청절차를 보여준다.

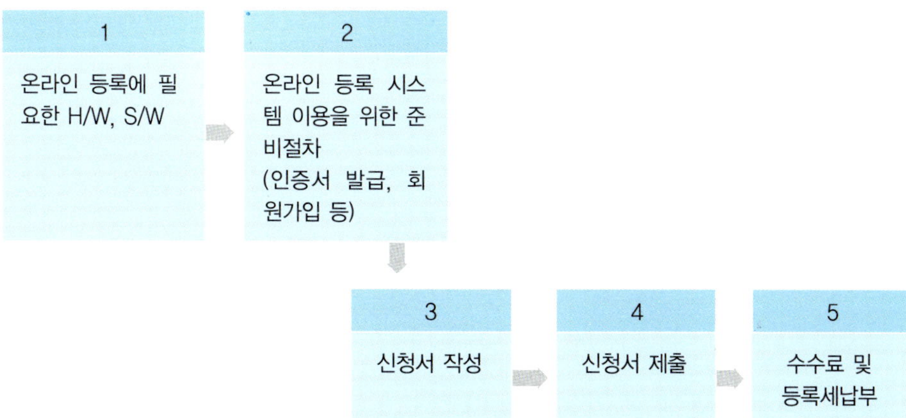

그림 1-19 온라인 신청절차

Chapter 02

지식재산의 보호

2.1 지식재산 보호의 필요성

지식재산의 창출 및 권리화를 통해서 취득한 지식재산권은 기업의 무형자산으로서 인식되어 기업 자산의 일부분으로 위치한다.

이러한 지식재산권을 타사(주로 경쟁사)에서 침해하는 경우는 기업의 경영에 큰 영향을 미친다. 즉, 침해 대응을 위해 많은 비용과 시간이 소요되고 심지어 본업을 중단해야 되는 등 경영 전반에 제약이 따른다. 자사에서 타사의 지식재산권을 의식적 또는 무의식적으로 침해하는 경우도 마찬가지이다.

따라서 기업은 출원을 통한 지식재산권의 소극적 보호보다는 지식재산권의 등록 후에 발생하는 각종 분쟁과 관련된 적극적인 보호에 대해 더 역점을 둘 필요가 있다.

2.2 타사의 권리침해가 의심되는 경우

A사는 B 제품 시장에서 제법 자리잡은 회사로서 제품 출시 전부터 자체적인 기술개발을 통해 제품에 대하여 원천특허권 및 디자인권을 다수 가지고 있다. B 제품 시장은 A

사와 비슷한 규모의 많은 수의 업체들이 치열한 경쟁을 벌이며 사업을 영위하고 있는 바, A사는 후발 경쟁업체들이 자사의 특허권 및 디자인권을 침해하고 있는 것으로 의심하기 시작하였다. 이에 A사는 자사의 특허권 및 디자인권을 침해한 업체들에 대한 대응 방안에 고심하고 있다.

이와 같이, 경쟁사나 제3자가 자사의 지식재산권을 침해한다고 의심되는 경우에는 실시품(침해가 의심되는 물건, 방법, 브랜드, 디자인 등)을 분해, 분석하고 자사 특허와의 관계를 조사하여 침해 증거를 잡는 것이 선행되어야 한다.

증거를 잡은 후에는 경고장에 의해 제조나 판매 등을 중지하도록 요구한다. 경고장을 송부하였음에도 불구하고 계속 침해품을 제조나 판매하는 경우에는 소송을 제기할 필요가 있다. 타사의 권리침해가 의심될 경우 구체적 대응을 위한 절차는 다음과 같다.

(1) 침해 사실을 발견한다

침해 사실의 발견은 자사의 영업부가 거래시장에서 타사의 침해품을 발견하거나, 제3자로부터의 문의나 통지를 통한 지적, 원 권리자(라이센서)로부터의 지적 등을 통해서 이루어진다.

(2) 침해의 증거수집과 침해자 조사를 한다

침해 사실이 발견된 경우, 먼저 침해 행위를 뒷받침할 수 있는 증거자료(침해품, 카탈로그, 기술자료)를 수집한 다음에, 침해자에 대한 조사(침해품의 생산, 판매량, 판매 루트, 실시개시의 시기, 생산 방법 등의 실시 상황과 회사 규모, 자금력, 기술력, 영업력, 자사와의 이해관계, 대리인 등 기업력의 조사)를 한다.

(3) 침해사실을 확인한다

수집한 증거 조사에 의해 특정된 대상물(방법)을 자사의 특허발명과 대비하여 기술적 범위에 속하는지의 여부, 즉 자사의 특허발명을 침해하고 있는지 여부를 검토한다.

(4) 침해의 입증방법을 확인한다

상대방의 실시가 자사의 특허를 침해하였다고 판단될 경우에는 신중을 기해 침해의 입증 방법을 모색하여야 한다. 실패할 경우에 상대방으로부터 무고죄로 공격당할 수도 있다.

(5) 방침을 세운다

이상의 수순에 의거한 조사와 판단에서 침해자에 대해서 경고할지의 여부, 그리고 경고할 경우 앞으로의 대응에 대한 방침을 세우는 것도 중요하다.

(6) 상대방에게 경고한다

경고는 통상 서면으로 행하고 경고장에서는 권리자 권리의 특정(특허번호, 공고번호, 발명의 명칭 등), 상대방 실시 양태의 특정(침해품, 방법 등) 및 회답 기한 등을 명시하여 통상 내용증명 우편으로 상대방에게 발송한다.

상대방이 복수인 경우, 상대방을 특정하지 않고, 신문에 게재 경고하는 경우도 있으나 많은 경우에는 직접 상대방에게 내용증명 우편으로 경고하는 방법이 가장 바람직하다. 경고장 서식은 부록을 참조하기 바란다.

2.3 타사로부터 권리 침해 경고를 받은 경우

선행기술조사를 행한 경우라 하더라도 타사로부터 특허 침해 경고를 받을 수 있다. 기업체에서 처음 경고장을 받은 경우 큰 문제가 발생한 것으로 생각하여 당황할 수 있으나 경고장의 내용을 충분히 숙지하여 상대방의 요구에 따라 적절히 대응할 필요가 있다.

2.3.1 일반적 대응 방안

(1) 경고장 내용의 사실관계를 확인한다

경고장을 받았을 경우에는 경고장 내용의 사실관계를 검토하고 동시에 상대방의 의향을 파악할 필요가 있다.

(2) 경고장을 잘 읽고 상대방의 주장을 이해한다

- 체크 사항
  - 보낸 주체가 회사의 책임자인가 또는 대리인(변리사, 변호사)인가
  - 상대 특허권은 특정되어 있는가
  - 자사 제품 기술은 특정되어 있는가
  - 침해라고 판단하는 증거와 이유가 명기되어 있는가
  - 상대 요구가 특정(제조 판매의 중지, 손해배상청구, 라이센스 청구 등)되어 있는가
  - 회답기한은 언제까지인가
  - 보낸 주체가 대리인인 경우 상대의 강경 자세를 살피고, 당사자도 전문가 대리인을 세울 것인가

한편, 상대방이 보낸 경고장에 침해 주장 이유나 근거가 명확하게 제시되지 않은 경우에 상대방에게 보다 명확한 근거 자료를 요구하여 합당한 범위 내에서 심리적 부담을 준다.

(3) 침해 여부 및 무효 사유를 판단한다

만일 해당 권리가 경고자의 주장 그대로인 경우, 자사의 현재 실시품(또는 실시방법)이 기술적 범위에 속하는지의 여부, 즉 침해 여부를 판단해야 한다. 또한 상대방 특허에 대해 무효 항변을 하는 경우 효과적으로 대응할 수 있다.

(4) 경고장에 대해 조치를 취한다

경고장에 대해서는 될 수 있는 한 마찰을 피하기 위해 기간 내에 성의 있는 회답을 한다.

2.3.2 침해 여부 및 무효사유에 대한 검토

침해경고를 받은 경우 자사 실시기술의 상대방 특허 침해 여부 및 상대방 특허의 유효 여부를 판단해야 한다.

(1) 상대방 특허 침해 여부 검토

자사의 실시기술이 상대방 특허를 침해하였는지 여부는 다음과 같이 판단한다.

① 특허침해의 개념 및 유형
특허권의 침해란 제3자가 정당한 권한 없이 타인의 권리(특허권 또는 전용실시권)로 되어 있는 발명을 업(業)으로서 실시하는 경우를 말한다.

- 특허침해의 요건
  - 유효한 권리: 특허침해가 성립되기 위해서는 특허권의 권리가 유효해야 한다.
  - 발명의 동일: 특허침해의 성립은 실시발명과 특허발명(특허청구범위에 기재된 발명)의 동일이 전제된다. 동일 여부는 발명의 구성 · 목적 · 효과를 대비하여 판단하되, 여기서의 동일이라 함은 자명한 정도의 상이를 포함하는 개념이다.
  - 업으로서 실시: 타인의 특허발명의 실시는 업으로서의 실시여야 한다. 즉, 사업적으로 실시되이야 하고, 실시의 의미는 특허법 제2조의 규성에 의한다.
  - 실시의 위법성: 타인의 실시는 실시권 등의 정당한 권한 없이 하는 실시여야 한다.

② 특허침해의 검토
자사가 입수한 자료와 상대가 제시한 증거의 신뢰성이나 가치를 종합적으로 조사하여 침해 여부를 판단한다. 침해 여부에 대해서는 전문가인 변리사 또는 변호사에게 감정을 받는 것이 좋다.

(2) 특허 무효항변의 검토

상대방 특허를 침해하고 있다고 판단되더라도 상대방 특허가 무효 사유를 가지고 있어 무효항변을 제기할 수 있다면 소송에 유리하다.

① 무효항변의 근거 조문
등록된 특허에 대한 일반적인 무효 사유에는 신규성과 진보성의 결여가 대표적이다. 통상 활용되는 근거 조문은 다음과 같다.

가. 특허법 제29조 발명의 정의, 신규성, 진보성

나. 특허법 제42조 제3항 명세서 기재요건

② 기타 무효항변 사유

기타 무효항변의 사유는 [표 2-1]과 같다.

표 2-1 기타 무효항변의 사유

종 류	내 용
금반언	권리자의 권리 불행사 언동을 믿은 실시자를 보호하는 원칙
선발명의 항변	등록된 특허와 동일한 발명이 이미 타인에 의해 이루어졌다는 항변
부제소 특약의 활용	상대방으로부터 제소하지 않겠다는 특약을 받음으로써 분쟁을 미연에 방지

2.3.3 경고장에 대한 검토

(1) 경고장 요건의 검토

문제 특허의 특허번호, 특허침해 제품의 특정 여부를 검토한다. 불특정시에는 무시해도 무방하다.

(2) 경고장 내용의 검토

특허권자의 의도(라이센스 계약을 체결하고자 하는 것인지 아니면 애초 시장진입 방해나 퇴출을 기도하는 것인지), 심각성(협상과 소 제기 중 어느 쪽에 더 기울어 있는지), 요구 사항의 수용 가능성 및 협상 가능성 등을 종합적으로 철저히 검토한다.

(3) 대리인 선임 필요 검토

- 특허분쟁을 둘러싼 경고장 처리에 관하여 회사 내 처리 능력, 경험이 충분하지 못한 경우
- 대상 제품이 기업에게 높은 이익을 주는 주요 제품이고, 위험이 많은 경우
- 권리자 또는 대리인이 제품 비즈니스는 없이 특허 비즈니스만을 하는 특허 마피아 등의 악덕업체로 알려진 경우

(4) 전문가의 감정서 확보

고의 침해에 대한 중벌 적용을 회피할 수 있는 효과적인 방어책이다.

(5) 경고장에 대한 회신

대리인을 선정하지 않거나 선정하는 중에 스스로 경고장에 대한 회신을 작성하는 경우의 유의사항은 다음의 [표 2-2]와 같다.

표 2-2 경고장 회신 시 유의사항

항 목	유 의 사 항
회신기간	- 경고장에 대해 응답하지 않으면 추후 소송에서 불성실한 태도로 비춰질 수 있으므로 적당한 시기를 봐서 잠정적으로 회신하고 시간을 확보.
회신 서명자 선택	- 사장이 직접 회신에 서명할 필요 없으며 담당자가 서명하여도 무방. - 사장이 직접 회신한 경우 추후 소송에서의 증언녹취, 재판 절차에 있어 상대방이 증인심문을 청구해 올 때 이를 거부하기가 곤란하기 때문이다.
회신은 간략하게	- 성실하게 대응한 기록을 남기기 위해 필요한 사항만을 냉정하고 간결하게 서술 한정한다. - 불필요한 언행이나 스스로의 자인은 절대 금물.
장래 의무 부담행위 서술금지	- 일시적인 도피를 위한 장래의무 부담행위를 서술하는 것은 절대 금기사항이다. (예: 기간을 스스로 한정하여 검토서 작성하는 것, 제품샘플의 공여 등)
침해관계의 설명과 근거자료의 제시요구	- 권리자의 공격을 제어하기 위해서는 부담을 주는 일이 가장 효과적이다. - 특히 외국 선진기업들이 우리 기업의 대응능력의 미숙한 점을 이용하여 쉬운 방법으로 이득을 얻으려는 의도로 행해지는 무분별한 경고장 남발을 미연에 방지하는 효과적 수단이다
회신 내용	- 잠정적 회신 (경고장 수령 확인, 성실한 검토 약속, 검토시 자료 입수에 상당 기간 소요 통보, 호의적 해결 희망 암시) - 실질적인 회신 (문제 회피 확신할 때 또는 문제 해결 가능성이 없을 때)
관련서류 복사본 송부	- 추후의 소송 증거 자료 제출 및 권리자에게 우수한 대리인이 배후에 있다는 사실을 주지시킬 필요가 있다.

출처: 〈국제특허분쟁대응 표준 매뉴얼〉, 한국전자산업진흥회, 2004.

Chapter 03

지식재산의 활용

앞에서 예로 든 사업의 아이템인 충전식 전동공구를 개발 및 양산하는 과정에서 다양한 특허기술이 창출된다. 이러한 특허기술은 완제품에 고스란히 담긴 상태에서 시장에 출시되어 판매된다. 최근에는 완제품의 판매 전략과 함께 기업 수익 창출의 포트폴리오 다양화 추세에 따라 완제품과 함께 그 속에 내장된 특허기술만을 따로 추출하여 상품화하는 전략이 대두되고 있다.

특허 등의 지식재산은 활용될 때 의미가 있는 재산이다. 기업의 존재 목적이 이윤 창출인 점을 고려할 때, 기업이 보유한 지식재산을 활용하여 이윤 창출로 연결할 필요가 있다. 지식재산을 이윤 창출로 전환하기 위한 전략으로서 자사가 보유한 지식재산을 제품 생산 단계에서 자기 실시하거나 타인으로 하여금 실시하게 할 수 있다. 타인 실시는 자사가 보유한 지식재산을 타사에게 라이센싱하거나 매각하는 방법이 있다. 또한 자사의 지식재산에 대해 공동으로 개발 생산할 업체와 제휴하는 방법도 있다.

한편, 기업에 있어서 자금의 흐름은 기업의 생존과도 직결되기 때문에 기업의 재무구조를 튼튼히 할 필요가 있다. 기업의 재무구조는 크게 자산과 부채 및 자본으로 구분된다. 여기에서, 기업이 보유한 지식재산은 재무적인 관점에서 무형자산으로 나타난다. 그러나 무형자산은 회계기준에 따라 취득원가로 실현되므로 무형자산의 가치를 충분히 반영하지 못한 문제점이 있다. 따라서 무형자산을 이용해 재무적인 구조를 튼튼히 하는 방법으로는 타인자본 구조를 강화하는 것도 하나의 방안으로 고려할 수 있다. 타인자본 조달의 방법으로 자사의 무형재산, 즉 지식재산을 활용할 수 있다면 크게 도움이 될 것이다. 예를 들어, 지식재산을 담보로 하여 자금을 융자받을 수 있다.

지식재산을 활용하여 기업의 이윤을 창출하는 다른 전략으로는 기업의 가치를 제고하여 투자자를 모을 수 있는 방안을 고려할 수 있다. 즉, 핵심 기술을 권리화하여 안정된 지식재산을 외부로 홍보하여 투자자로 하여금 더욱 많은 투자 자금을 모을 수 있다. 이제 지식재산을 활용하여 기업의 이윤을 창출하는 방안을 구체적으로 살펴보자.

3.1 지식재산을 활용한 이윤 창출

기업의 존재 목적이 이윤 창출인 점을 고려할 때, 기업이 보유한 지식재산을 적극적으로 활용하여 이윤 창출로 연결할 필요가 있다. 지식재산을 이용하여 이윤을 창출하기 위한 전략으로서 [그림 3-1]과 같이 지식재산의 자사 실시와 라이센싱, 매각, 양도 등과 같은 타사 실시가 있다.

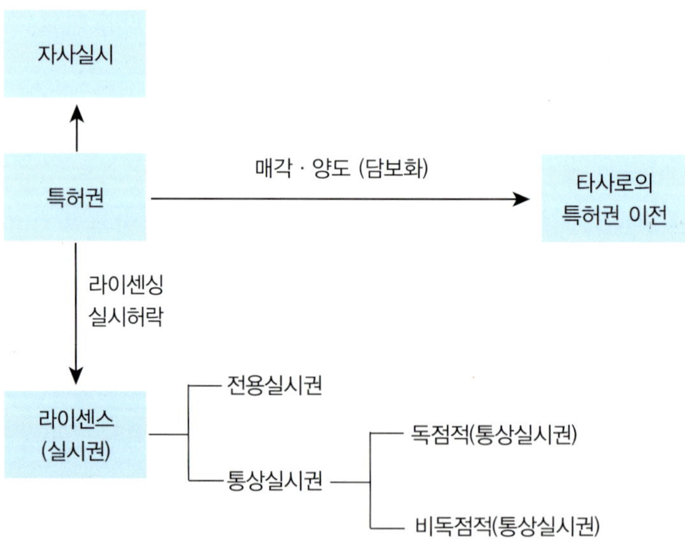

그림 3-1 지식재산을 활용한 자사실시와 타사실시의 관계

3.1.1 지식재산의 자사 실시

자사의 특허발명이 판매 중인 히트 상품에 관한 것이라면, 자사의 특허권에 속하는 타사의 모방 제품과 유사 제품을 저지하여 그 상품에 대한 제조와 판매 등의 사업을 독점할 수 있도록 특허를 활용하는 것도 바람직하다. 특허권의 효력에 따르면, 특허권자인 자사만이 사업으로서 그 특허발명을 실시할 수 있다. 이러한 경우에 특허권 자체가 금전에 결부되는 것은 아니지만 특허권의 존재에 의해 사업의 독점배타성을 확보할 수 있으면, 이 특허권은 이윤 창출에 확실하게 기여한다. 다만 특허권은 사업의 도구일 뿐 직접 수익을 가져다주는 것은 아니므로 적절한 수익을 올리기 위해서는 마케팅력이 겸비되어야 한다.

3.1.2 지식재산의 타사 실시

지식재산의 실시에는 자사에서 실시하는 것 이외에도 타사에 대하여 실시하는 것도 있다. 예를 들어, 타사를 대상으로 실시권 등을 설정함으로써 실시권을 실행하거나(즉, 라이센싱을 하거나) 회사에서 이용하지 않는 미이용 지식재산권(즉, 휴면 특허)을 타사에 양도하여 타사에서 이를 실시하게끔 하는 것이다.

(1) 지식재산권의 라이센스

국내의 한 바이오 벤처기업 B사는 별도의 제조라인을 갖추지 않고 연구개발만을 하는 기업이다. 이 기업은 자체 개발하여 얻은 결과물을 특허권 등으로 권리화시킨 후 이를 관련 업체에 라이센싱하여 로열티 등을 주수입원으로 하는 수익 모델을 취하고 있다. 이와 같이 최근에는 특허권 등의 지식재산권 확보에 주력한 후에 이 지식재산권을 라이센싱하여 실시료를 회사의 수익으로 하고, 이 수익으로 회사를 운영하는 모델을 취하는 업체가 점점 증가하고 있다.

라이센싱을 하기 위해 먼저 알아야 할 사항은 실시권에 대한 사전 지식이 필요하다. 실시권 등의 형태로는 여러 가지가 있으며, 대상으로 된 지식재산에 의해서도 그 내용이 상이하다.

1) 지식재산권 라이센스의 유형과 효력

가. 특허권

특허법에 있어서는 타인에 대한 특허권의 실시 허락 유형으로서 실시권이 있다. 실시권이란 특허를 실시할 수 있는 권리를 말하며 전용실시권과 통상실시권으로 구분한다. 간단하게 말하면 [그림 3-2]에서와 같이 전용실시권은 하나의 회사가 독점하여 실시할 수 있는 권리인 반면, 통상실시권은 여러 회사가 실시할 수 있는 권리이다.

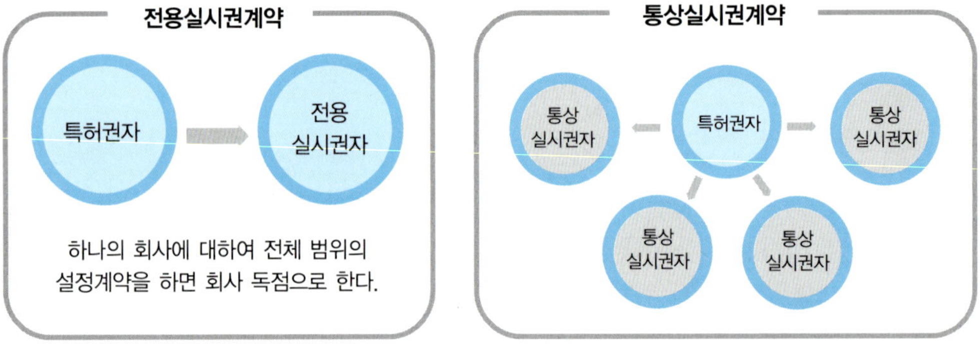

그림 3-2 실시권 계약의 유형

전용실시권 계약을 체결한 기업은 계약에서 설정된 범위(예를 들어, 일정 지역 및 기간) 내에서 특허권을 독점적으로 실시할 수 있다. 이때 전용실시권 계약에서 설정된 지역과 기간은 특허권자라도 실시할 수 없음에 유의하여야 한다.

이에 반해 통상실시권을 체결한 기업은 특허권을 실시할 수 있는 것은 변함이 없지만 하나의 기업만이 그 권리를 독점적으로 실시하는 것은 아니다. 즉, 통상실시권 계약에서는 여러 기업이 동일한 특허권을 실시할 수 있다. 또한 특허권자도 그 권리를 실행할 수 있다. 즉, 기업에서 특허권을 이용한 상품을 판매하는 동시에 그 권리를 다른 여러 기업에 대하여 라이센싱 사업을 할 수 있다.

나. 실용신안권, 디자인권, 상표권

실용신안권에 있어서도 특허권과 같이 전용실시권 및 통상실시권이 인정된다. 그 내용은 거의 특허권에 의한 전용실시권 및 통상실시권과 동일하다. 디자인권에 있어서도 전용실시권 및 통상실시권과 동일하다. 상표권에 있어서는 전용사용권, 통상사용권이라는 용어가 사용되고 있지만 그 내용은 거의 특허권의 전용실시권과 통상실시권에 대응된다.

다. 저작권

저작권자는 타인에 대해 저작물의 이용을 허락할 수 있고, 허락을 받은 자는 허락된 이용 방법 및 조건의 범위 내에서 저작물을 이용할 수 있다.

2) 라이센스 계약서의 작성

특허권 등의 지식재산에 대하여 라이센스할 경우에는 반드시 라이센스 계약서를 작성해야 한다. 라이센스 내용을 명확히 하여 후일의 분쟁을 회피하기 위해서 계약서의 작성이 필수적인 것이다.

특히 라이센스의 내용에 대해서는 가능한 한 상세한 내용으로 하는 것이 바람직하다. 또한 라이센스 계약의 내용이 독점금지법상 규제에 저촉하지 않도록 유의할 필요가 있다. 특허권은 존속기간이 있는 유한권리로서 존속기간 만료일 이후에는 누구든지 실시할 수 있다. 따라서 라이센스 계약시에는 존속기간 만료일 및 특허기술의 가치평가액을 점검할 필요가 있다. 부록에 특허기술 통상실시권 허락계약서가 예시되어 있다.

3) 라이센스 계약서의 관리

라이센스 계약을 체결한 경우에는 계약서를 적정 부서에서 관리하는 것으로 되어 있지만, 당해 계약에 설정 기간을 정한 경우에는 물론 설정 기간이 정해져 있지 않은 계약에 있어서도 일정 기간마다 내용을 체크하여야 한다.

즉, 설정계약에 정해져 있는 계약자의 권리 의무(예를 들면, 라이센스료의 지불 등)가 적절하게 이행되고 있는지 등 라이센스 계약에 기재된 사항의 준수 여부 이외에, 내용 그 자체에 대해서 실정에 맞지 않는 것이 있는지를 확인한다. 필요하면 상대방과 교섭한 후에 내용의 변경을 하여야 될 경우도 고려해야 한다.

그밖에 정기적으로 확인해야 할 중요한 사항으로, 상대방 기업의 신용 상태의 확인이 있다. 파산 등의 법적 수속에 상대방이 진입한 경우에는 라이센스 당사자의 지위가 심각하게 불안정해지기 때문에 충분히 주의를 기울이고, 상대방의 신용 상태에 불안정이 발생한 경우에는 조속히 사후적인 조치를 검토해두어야 한다.

4) 라이센스에 관한 회계 처리

지식재산권의 라이센스에 의해 지불하는 대가와 수취하는 대가의 회계 처리에 대해 살펴보자. 먼저, 지식재산의 라이센스에 의해 지불한 대가에 관해서는, 라이센스 기업은 비용으로서 손실 처리하는 것으로 된다. 한편 지식재산권의 라이센스에 의해 수취하는 대가는 지식재산권의 라이센스가 사업 목적의 범위에 있으면, 영업 매상에 계상(자산 계상된 지식재산권의 감가상각비용 등의 필요경비를 공제하면 영업이익이 됨)된다.

(2) 지식재산권의 양도

지식재산권은 기본적으로 자사 실시를 목적으로 확보된 것이다. 그러나 기업 내에 미이용 지식재산권이 늘어남에 따라 이를 위한 관리비용도 큰 부담이 된다. 따라서 이러한 미이용 지식재산권의 처분이라는 측면에서 지식재산권의 양도 방식을 채택할 수 있다.

1) 양도계약서의 작성

지식재산권의 양도를 실행한 경우에는 다른 양도 계약과 같이 양도계약서를 작성하는 것이 바람직하다. 양도계약서의 작성이 양도 계약의 효력 발생 요건이 아닌 것은 동산 등의 양도 계약과 동일하지만, 계약 내용을 명확히 하고 후일의 문제 발생을 회피하기 위해 실무상 계약서를 작성하는 것이 일반적이다. 대상이 지식재산인 경우에는 통상의 동산 양도 등과 비교하여 특수한 약정이 필요한 경우가 많고, 서면으로 작성해야 할 경우가 많다.

지식재산의 양도 계약의 경우에는 소위 하자담보의 문제에 대해서 당사자 간에 충분히 협의하여 명확하게 규정할 필요가 있다. 왜냐하면 특허권을 중심으로 무효를 다투는 위험성이 매우 높고, 무효 주장된 경우의 대응(양도인의 상당 정도의 협력이 필수적이다)과 무효로 된 경우의 대처(상품의 회수 및 설비의 폐기 등을 전제로 하여 특허권이 무효로 된 경우의 영향은 심각하다)에 대하여 명확히 규정해두는 것은, 특히 특허권의 양도를 받는 측에서는 필수적으로 고려하여야 한다.

특허기술을 양도할 때 참조할 계약서의 서식은 부록에 예시되어 있다.

2) 양도계약서의 관리

양도계약서 관리의 필요에 대해서는 다른 양도계약서와 동일한 관리를 적절하게 해야 한다. 더욱이 동산 등의 양도의 경우에는 양도 후 결제를 행한 후에는 어떠한 문제점이 발생한 경우를 제외하고 정기적으로 그 내용 등에 대해 확인할 기회는 드물지만, 양도 대상이 지식재산인 경우에는 정기적으로 조사 등이 필요한 경우도 있다. 그러므로 계약의 내용 여부에 따라 통상의 양도계약서와 동일한 관리를 하는 것보다는 임대차계약 등의 계속적인 거래에 관한 계약 서류와 동일한 관리를 요한다.

3) 지식재산 양도에 관한 회계처리와 세무

지식재산의 양도에 관련한 회계처리와 세무에 대해서는, 지식재산 중에서도 특히 중요한 특허권과 노하우와 함께 소프트웨어를 양도한 경우의 회계처리를 한다. 어느 쪽의 양도에 있어서도 취득시에 자산 계상하고 있는 경우에는, 자산의 양도로 되기 때문에 취득시의 금액보다 높은 금액으로 양도할 수 있으면 양도 이익을 계상하는 것으로 한다. 취득시의 금액보다 적은 금액으로 양도할 경우에는 양도 손실로 계상하는 것으로 한다.

(3) 지식재산의 이전 절차

라이센싱이나 양도를 통해 지식재산을 제3자에게 이전하는 과정은 복잡하고 상당한 기간을 요한다. 기업체에서 자사의 지식재산, 특히 기술을 제3자에게 이전할 때 요구되는 주요 절차와 각 단계에서 고려하여 할 사항들을 간단히 소개한다.

1) 기술이전 목적 검토

기술공급자나 기술도입자의 입장에서 해당 기술을 어떤 목적으로 이전하거나 이전받으려고 하는지에 대한 검토가 있어야 한다. 기술도입자의 입장에서는 기업의 경쟁력 제고를 위해 신기술을 도입하거나 부족한 기술을 보완하기 위해 외부로부터 필요한 기술을 이전받는 것이 보통이다. 이와는 달리 기술공급자는 해당 기술을 자체적으로 사용하여 제품을 생산, 판매하는 것보다는 기술을 외부에 이전하고 실시료를 받는 것이 훨씬 안전하고 이익을 극대화하는 경우로 판단되거나, 유휴 시설, 부품 판매를 위해서 또는 하청업체와의 협력관계 유지를 목적으로 기술 이전을 추진하기도 한다. 기술 이전 절차는 [그림 3-3]과 같다.

[절차]	[기술공급자]	[기술도입자]
기술이전 목적 검토	• 기술판매 필요서 분석 • 판매기술의 우선순위/후순위	• 기술도입 필요성 분석 • 시급한 도입기술의 목록
기술이전 전략 수립	• 이전 상대방 • 기술의 가치, 요구조건	• 경쟁력 있는 기술은? • 기술도입 조건
기술이전 마케팅	• 유관기관, 인터넷 • 기술전시회, 기술설명회	• 기술보유자 탐색
기술이전 조건 협상	• 비밀유지 • 기술의 장점 부각	• 기술의 지적재산권 여부 • 즉시 상품화 가능성
기술이전 계약 체결	• 기술도입자의 권리능력 • 기술도입자의 행위능력	• 기술공급자의 권리능력 • 기술공급자의 행위능력
기술이전 조건 이행	• 기술관련자료 제공 • 기술권리이전 서류 교부	• 실시료 지급 • 기타 조건 이행
기술이전 사후 관리	• 실시료 관리 • 매출액 확인	• 실시료 지급 • 기타 보고사항 의무 이행

그림 3-3 기술이전 절차도

2) 기술 이전 전략 수립

기술을 이전하고자 하는 의사결정이 되었다면 해당 기술을 어떻게 잘 포장하고, 어떤 형태로 기술 이전을 추진할 것인가에 대한 전략을 수립하는 단계이다. 기술 이전 상대방의 어느 곳에 초점을 맞추는가 하는 문제도 전략 수립 단계에서 정리하여야 한다. 기술의 사업화를 위해서 최소한으로 요구되는 기술도입자의 기술력, 사업화 능력은 어느 정도인지에 대한 파악도 필요하다. 기술도입자의 입장에서는 찾고 있는 기술을 누가 보유하고 있고 그중에서 어느 기술이 가장 경쟁력이 있는지, 어느 기술이 가장 좋은 이전 조건 제시가 가능한지를 파악하는 단계이다.

3) 기술 이전 마케팅

이전 대상 기술이 선정되고 기술 이전 상대방에 대한 개략적인 요구 조건이 결정되면 상대방을 선정하기 위한 판매 활동, 즉 기술도입자 탐색 과정에 착수한다. 최근 수년 전까지만 하더라도 주로 인맥을 통한 기술 이전이 대부분이었으나 2000년 이후 정부 부처별로 기술 이전에 대한 관심이 제고되면서 지역별로 대학, 연구기관을 중심으로 기술 이전 거점이 속속 생겨나고 있어 이들을 통한 기술 이전을 추진할 수 있게 되었다.

4) 기술 이전 조건 협상

기술 이전 상대방이 결정되면 계약서에서 다루어야 할 중요한 조건과 부수적인 조건에 대해서 기술공급자와 기술도입자는 서로 협상에 착수한다. 협상 과정에서 기술공급자와 기술도입자는 통상적으로 완전히 상반되는 입장에 서게 된다. 기술공급자인 대학, 연구기관, 기업, 개인 등의 입장에서는 기술의 가치, 즉 상대방이 기술 도입으로 인해 어떤 혜택이 있을지를 부각시키고 보다 좋은 조건을 수락하도록 할 것이다. 또한 계약 결렬에 대비하여 쌍방간의 비밀유지의 필요성을 위해 비밀유지 계약서를 작성할 필요가 있다.

기술도입자는 해당 기술에 대한 지식재산의 권리가 확보되어 있는지, 상품화가 바로 가능한지 등에 대해 조사하고 그 결과를 기술 이전 조건 협상에 반영하려 할 것이다. 가능하면 기술공급자가 제시하는 조건에 하자가 있음을 부각시킴으로써 자기에게 유리한 조건으로 계약 체결을 유도할 것이다.

5) 기술 이전 계약 체결

이전 조건에 대한 협상이 완료되면 이를 총체적으로 정리한 기술 이전 계약서를 작성하여 기술공급자와 기술도입자가 서명 날인함으로써 계약이 성사된다. 이때 계약 체결에 있어서 계약 당사자가 법적인 행위능력, 권리능력이 있는지를 파악해야 한다. 서명날인 또는 기명날인의 당사자가 계약서의 당사자가 아니라면 대리행위를 하게 하거나 여타 방법으로 유효한 계약이 될 수 있도록 조치하여야 한다.

6) 기술 이전 조건 이행

계약서 작성 및 날인으로 계약이 성립되면 상호 합의한 계약서의 조건을 순차적으로 이행하게 된다. 기술공급자는 기술을 이전하기 위한 서류 제공, 권리이전 절차 협조, 기술지도 의무를 이행하고 그 반대급부로서 금전적인 수입을 얻는다. 이와는 반대로 기술도입자는 금전을 제공하고 반대급부로서 기술을 이전받는다.

7) 기술 이전 사후 관리

기술 이전 계약에서 정한 바대로 계약 조건이 성실하게 이행되는지를 사후 관리하는 단계이다. 이 단계에서는 정상적으로 계약이 이행되는 경우와 정상적으로 이행되지 않는 경우를 상정할 수 있다. 계약이 정상적으로 이행되는 경우에만 원만한 계약 종결이 될 수 있도록 하는 차원의 사후관리가 대부분이다. 그러나 계약이 정상적으로 이행되지 않는 경우에는 계약이행 촉구, 채무 변제, 계약 해지 등 일련의 법적 수단이 동원되는 사후관리 절차에 착수한다.

(4) 실시료(로열티)의 산정

로열티율 산정은 동종업계에서 종래에 지급된 금액을 기준으로 하지만 이외에도 기술의 중요성 및 로열티 지급방식에 따라 가감될 수 있다.

1) 기술의 중요도에 따른 구분

가. 혁신기술: 오랫동안 느껴온 필요를 충족시키거나 완전히 새로운 산업을 창조하는 것.

나. 주요 개량기술: 현존하는 제품, 공정 또는 서비스에 제품의 우위성을 상당한 수준으로 높이는 것.

다. 보통 개량기술: 현존하는 제품, 서비스에 점진적인 향상을 가져오는 것.

2) 로열티 지급조건에 따른 구분

가. 경상실시료: 기술의 실시 성과에 따라 지불되는 실시료로서 그 금액은 실시권자에 의한 사업 성과에 의해 결정된다. 통상적으로 매출액 기준으로 정한다.

나. 정액실시료: 성과에 관계없이 지불되는 고정액의 실시료를 말한다. 계약 전에 기간의 실시료 금액을 일시불로 지불하는 방식으로 정하거나 또는 매월, 매분기 당 분납하는 방식으로 정한다.

다. 기타 지급조건: 금전 이외의 현물(주식 포함) 등으로 지급되는 실시료를 말한다.

표 3-1 국내 산업 업종별 로열티율 분석자료

산 업 분 야	표준 산업 분류	로열티율				해당 건수	순위
		평균	중앙값	최고	최저		
음 · 식료품 제조업	15	3.31	3	10	1	16	7
코크스, 석유정제품 및 핵연료 제조업	23	3	2.75	5.5	1	4	10
화합물 및 화학제품 제조업	24	3.44	2.5	15	0.01	219	6
고무 및 플라스틱제품 제조업	25	2.74	3	5	1	11	14
비금속광물제품 제조업	26	2.57	2.5	5.25	0.5	18	15
제1차 금속산업	27	3.56	3	10	1	9	4
조립금속제품 제조업; 기계 및 가구 제외	28	3.51	3	8	1	12	5
기타 기계 및 장비 제조업	29	2.83	3	10	0.2	100	13
컴퓨터 및 사무용 기기 제조업	30	2.28	1.5	5	0.9	5	16
기타 전기기계 및 전기변환장치 제조업	31	2.88	3	8	1	48	11
전자부품, 영상, 음향 및 통신장비 제조업	32	3.11	3	12.5	0.1	127	8
의료, 정밀, 광학기기 및 시계 제조업	33	4.02	3	10	1.5	73	2
자동차 및 트레일러 제조업	34	3.01	3	10	1.5	64	9
기타 운송장비 제조업	35	3.73	2.7	10	1.5	13	3
정보처리 및 기타 컴퓨터 운영 관련업	72	5.91	2.92	30	0.5	84	1
전문, 과학 및 기술 서비스업	74	2.84	3	5	0.2	5	12

출처: 〈기술거래 사례 구축을 통한 시장접근법 연구〉, 한국기술거래소, 2005.

위 [표 3-1]의 분석자료는 민간기업-민간기업간 및 공공기관-민간기업간 특허기술 실시에 대한 로열티율을 합산한 통계 자료이다. 우리나라의 로열티율 분포는 적은 개체수를 대상으로 조사한 것이므로, 일반적인 기준은 될 수 없고 참고사항에 불과할 뿐임을 유념해야 한다.

3.2 기술 가치 평가

지식재산 또는 기술의 가치를 평가한다는 것은 지식재산의 경제적 가치를 화폐금액으로 측정하는 것이다. 지식재산의 평가가 필요한 이유는 기업에서 보유하고 있는 지식재산의 가치를 표시하기 위한 보고 목적과 지식재산의 라이센스, 매매 등에 도움을 주기 위한 거래 목적으로 나눌 수 있다.

보고 목적이란 기업에서 재무제표 또는 관련보고서에 지식재산의 가치를 평가하여 보고하는 것을 말한다. 이는 순수하게 회계상, 기록상 또는 정보적인 이유들로 수행된다.

거래 목적이란 지식재산에 대한 실제 상업적인 거래들을 협상하고, 구성하고, 체결하기 위하여 지식재산의 가치를 평가하는 것을 말한다. 우리나라에서도 기술거래기관이 설립되어 기술을 사고파는 일이 상당히 빈번해지고 있다.

기술 가치 평가의 목적을 기업의 내부 사용과 외부 사용의 측면에서 구분하여 다시 살펴보자.

(1) 기업 내부 사용

기업 내부에서 보고 및 관리 목적의 지식재산 평가에는 다음과 같은 용도가 있다.

1) 재무회계 목적의 지식재산 평가

기업에서는 재무회계 목적으로 특허권 등 지식재산의 가치를 평가하여 이 지식재산이 효익을 제공하리라 추정되는 기간에 체계적으로 상각을 한다. 이 경우 20년을 초과해서는 안 된다. 이러한 방식은 세무회계에서도 동일한데, 지식재산의 상각은 비용으로 인정되어 납세금액이 줄어든다.

2) 기업의 계획 수립과 관리

기업에서 사업부 관리자들은 사업부 단위의 재무성과 개선에 책임을 지고 있다. 그런데 사업부 이익의 주요한 원천이 지식재산이다. 따라서 기업가치에 영향을 미치는 지식재산을 식별하여 그 가치를 측정하고, 지식재산의 개발에 기여하는 요인을 파악하는 것이 중요하다. 즉, 지식재산의 분석은 계획된 이익능력, 현금흐름 창출능력, 지식재산과 관련된 기능적 · 기술적 · 경제적 잔존연수를 이해하는 도구로 사용될 수 있다.

3) 공정한 대체가격 결정

여러 개의 사업부로 구성되어 있는 대기업들은 사업부간 거래가 발생할 때 내부 대체가격을 적용하여 회계 처리한다. 사업부간 유형의 자산에 대한 거래뿐만 아니라 지식재산의 매매 및 대여에 대해서도 동일한 원칙을 적용할 수 있다. 따라서 사업부간 지식재산 거래에 대한 공정한 대체가격 및 로열티율을 결정하는 것은 사업부의 업적 평가에 필수적이다. 특히 다국적기업들은 과세소득을 소득세율이 낮은 국가로 이동시키기 위해 지식재산 로열티율을 이용할 수도 있다. 따라서 공정한 과세를 위하여 모기업의 자기업 사이에서 지식재산의 대여나 대체에 대한 공정한 내부 대체가격을 설정하는 것이 필요하다.

4) 제조직과 파산결정

기업의 제조직에서나 파산심판에서 지식재산에 대한 평가는 매우 중요한 역할을 한다. 즉, 정리할 사업부를 식별하기 위하여 이익의 중요한 원천인 각 사업부의 지식재산에 대한 평가가 중요한 판단 요소가 된다. 또한 법원에서 파산결정을 함에 있어서도 채무자 소유의 지식재산 평가는 제안된 재편성 계획에 대한 심사에서 매우 중요한 요소이다. 기업이 해산될 때 청산가치는 기업 실체로부터 지분 소유자에게로 이전되는 유형의 자산이나 무형의 지식재산의 가치와 관련된다.

5) 자금 조달-기술담보대출

현재 우리나라에서는 기술을 담보로 한 대출이 이루어지고 있다. 이 기술담보제도에서는 지식재산이 창출하는 현금흐름을 평가한다. 이 경우 금융기관들은 지식재산으로부터 예상 현금흐름을 할인한 지식재산의 가치를 근거로 담보를 설정한다. 일반적인 대출에서도 금융기관에서는 대출신청 기업들이 소유하고 있는 지식재산의 가치에 대하여 특별한 주의를 기울이는 것이 보통이다. 즉, 대출신청 기업의 총자산이 부채금액을 초과하는지 여부를 분석함에 있어서 지식재산의 산입 여부가 중요한 차이로 작용하는 것이다.

(2) 기업 외부 사용

기업이 외부와의 거래에서 사용되는 거래 목적의 지식재산의 평가에는 다음과 같은 용도가 있다.

1) 지식재산의 매매

오늘날 특허권, 상표 등 여러 가지 지식재산들이 거래되고 있다. 지식재산의 가치를 결정하는 것이 용이한 일은 아니지만 지식재산 거래에서 필수적인 것이 지식재산에 대한 가치평가이다. 이 경우 지식재산의 가치평가는 지식재산 구매에 포함된 기대 시너지나 다른 경제적 효익들을 수치화하기 위한 경제적인 도구로서 유용하다.

2) 지식재산 라이센스에 대한 적절한 로열티율 산정

특허권, 상표권, 저작권 등의 라이센스와 관련된 로열티 비율을 협상할 때 지식재산 분석은 프로젝트의 이익능력, 현금흐름 창출능력 그리고 대상 지식재산과 관련된 기능적, 기술적, 경제적 잔존 내용연수를 이해하는데 도움이 된다.

3) 기업의 인수 및 합병

기업을 인수하고 합병할 경우, 기업 인수 여부에 대한 결정이 이루어진 후 "얼마를 지불해야 하는지", "거래를 어떻게 구성해야 하는지"라는 질문들이 인수 및 합병 계획과 실행에서 주요한 문제가 된다.

기업의 가치는 그 기업의 유형자산 가치와 무형자산, 즉 지식재산의 가치로 구성된다. 유형자산에 대한 가치는 일반적으로 결정하기가 용이하기 때문에 기업에 대한 가치는 궁극적으로 지식재산에 대한 가치평가 결과에 좌우된다. 기업이 합병될 때 소유자들에 대한 지분할당은 새롭게 형성된 사업체에 대한 지식재산과 유형자산에 대한 기여 정도가 중요한 요소로 작용한다.

기업의 지식재산에 대한 가치평가 결과는 기업매매 거래에 대한 승인을 얻기 위해 구매자나 판매자에 의해 사용될 수 있다. 또한 기업을 매수할 때 여러 금융지원을 획득하고 거래가격과 다른 거래 구성 조항들을 협상하기 위해 사용될 수 있다.

4) 소송 및 논쟁의 해결

간혹 기업간에 지식재산의 침해에 대한 소송이 이루어지는 경우가 있다. 이때 변호사나 소송 당사자들은 계약위반 등과 관련된 경제적 손실을 인식하고, 그 가치를 평가해야 한다. 이와 관련된 경제적 분석은 지식재산의 가치 추정, 지식재산의 가치감소 추정, 지식재산 소유자의 이익 손실액 또는 다른 형태의 손실 추정을 포함한다.

5) 자본가와의 연결을 위한 지식재산 평가

발명가 등 지식재산 연구개발자들은 그들이 개발한 지식재산들을 기업이나 조합에 출자하여 주식 등 기업의 지분을 소유하기도 한다. 이 거래에서 두 가지 평가 과제가 발생한다. 첫 번째 과제는 기업에 대한 지분이 지식재산과 얼마나 공정하게 교환되었는가이다. 여기에는 세 가지 가치평가 문제가 있다. 지식재산이 평가되어야 하고, 기업의 주식이 평가되어야 하고, 합리적인 가치교환 비율이 결정되어야 한다. 두 번째 문제는 지식재산을 기업에 출자함으로써 발생하는 소득세 문제이다. 즉, 지식재산 개발자들이 지분을 받을 때 수혜한 수익을 평가하고, 이의 개발에 소요된 개발비용을 평가하여 개발자들이 얼마의 이익을 벌어들였는지를 평가하는 것이 필요하다.

특히 지식재산 평가는 발명가 등 지식재산 개발자와 자본가를 만나게 하는 중요한 역할을 한다. 즉, 지식재산 개발자들은 기술적 노하우를 다른 사람에게 판매하고자 하며, 자본가들은 자본을 유망한 기술에 투자하여 이익을 올리고자 한다. 따라서 지식재산 평가는 당해 기술이 어느 정도의 경제적 가치를 가지고 있는가를 평가함으로써 이 둘을 연결시켜주는 고리의 역할을 하는 것이다.

3.2.1 기술가치 평가기법

기술가치 평가기법에는 크게 비용접근법(Cost Approach), 시장접근법(Market Approach), 수익접근법(Income Approach)과 함께 최근의 실물옵션접근법(Real-Option Approach)이 있으나 개별 기술이 가지고 있는 특성에 따라 평가 방법(모델)이 다르다. 실물옵션법은 비교적 최근에 소개된 방법으로 아직 현장에서 널리 쓰이고 있지 않다. 평가 결과는 평가기관 및 최종 용도에 따라 등급, 금액, 소견 등으로 표시된다.

(1) 비용접근법

비용접근법은 일정 평가시점에서 기술을 개발 내지 획득하는데 소요되는 모든 적정 비용을 합하고, 이에 감가상각하여 기술의 현재가치를 산정하는 방법이다. 적정비용 계산시 동일한 자산을 만들 것이냐 아니면 동일한 효용을 창출하는 개량된 방식으로 생산된 것이냐에 따라 재생산비용과 대체비용으로 구분하여 구한다.

감가상각은 다음과 같이 크게 세 가지로 나눈다. 물리적 감가상각은 주로 설비, 기계 등 유형자산의 경우 시간의 경과에 따라 노후화, 마모, 손상 및 재해 등에 따라 가치하락이 발생하는 것을 말한다. 기술 등 무형자산의 경우 물리적 감가상각의 가능성은 적다고 할 수 있다. 기능적 감가상각은 대상의 효용이 시대적 흐름과 걸맞지 않게 됨으로써 원래의 기능을 충분히 발휘하지 못하게 되어 발생하는 가치의 하락을 의미한다. 경제적 감가상각은 평가대상 자체와는 상관없이 환경적 요인 등 외부적인 힘에 의하여 초래되는 가치하락을 의미한다.

비용접근법은 평가 대상 기술을 개발하기까지 소요된 물적, 인적 자원의 가치를 합산한 후 이를 현재가치화하는 방법이기 때문에 측정이 비교적 용이하다는 장점이 있다. 반면 대상 기술의 수익성에 근거를 두고 있지 않기 때문에 향후 기대 수익에 대한 고려가 불가능하고 미래의 수익 창출 능력이 고려되지 않는다는 단점이 있다. 따라서 비용접근법은 기술가치 평가시에는 수익접근법의 보완방법으로 사용된다([그림 3-4] 참조).

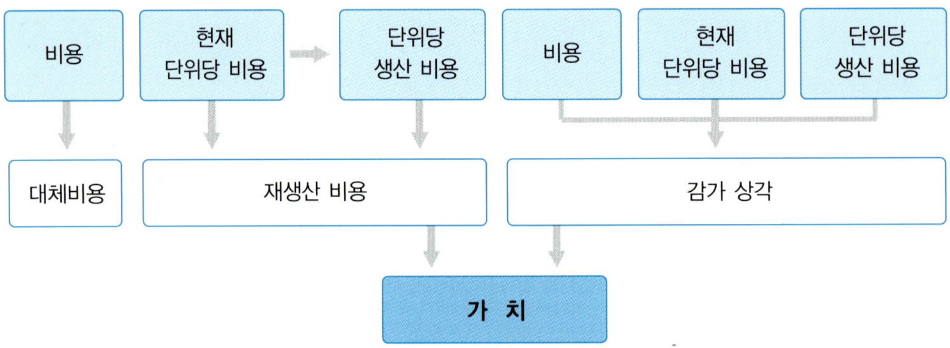

그림 3-4 비용접근법

(2) 시장접근법

가치평가에 있어서 가장 먼저 시도될 수 있는 방법은 거래하려는 대상과 유사한 사례를 찾아 비교함으로써 시장가치를 추정하는 것이다. 이와 같이 시장에서 사람들이 그 기술에 대해 어떻게 평가하는가에 대한 의견일치에 의하여 미래 효용의 현재가치를 측정한다. 이를 위해서는 활발하고 공개적인 시장 및 비교할 만한 기술들의 교환이 필요하다.

따라서 평가대상 기술에 관한 필요한 정보와 충분한 시장자료를 얻기가 용이하지 않을 경우, 특히 신기술인 경우 매매 사례가 없거나 비교 가능성이 없는 경우가 대부분이기 때문에 이 방법을 사용할 수 없다는 단점이 있다. 특수 기계류 및 특수 설비, 영업권, 산업재산권, 권리의 제약이 있는 자산 등은 적용이 어려운 분야이다([그림 3-5] 참조).

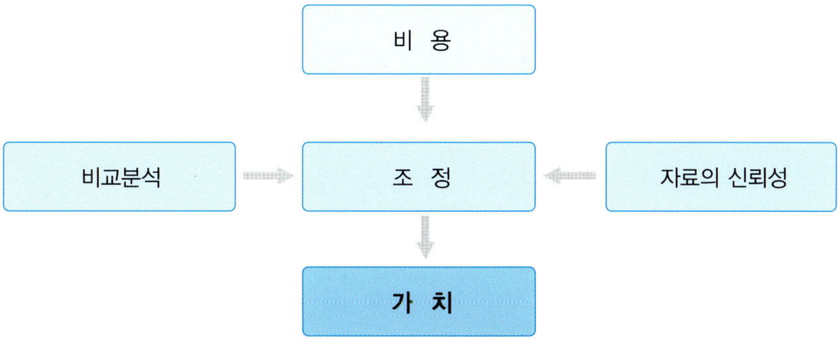

그림 3-5 시장접근법

(3) 수익접근법

수익접근법은 기술을 활용하여 미래에 예상되는 기대수익을 예측하고 이를 현재가치화하는 방법이다. 이 방법의 장점으로는 기업의 이윤추구의 원리에 입각하여 기술의 가치를 평가하기 때문에 가장 현실적인 방법이라 할 수 있다. 반면에 미래 가치의 예측 및 기업의 총산출물 중 기술의 기여도를 산정하는 과정에서 투입되는 변수들이 모두 예측변수이기 때문에 이 변수의 추정 폭이 커질 경우 추정 자체가 무의미하게 될 가능성이 있다는 단점도 있다. 따라서 기술가치 평가시에 보통은 수익접근법을 기본으로 비용접근법과 시장접근법을 보완적 방법으로 활용한다. 국내의 기술가치 평가기관에서는 이 방법을 가장 많이 사용하고 있다([그림 3-6] 참조).

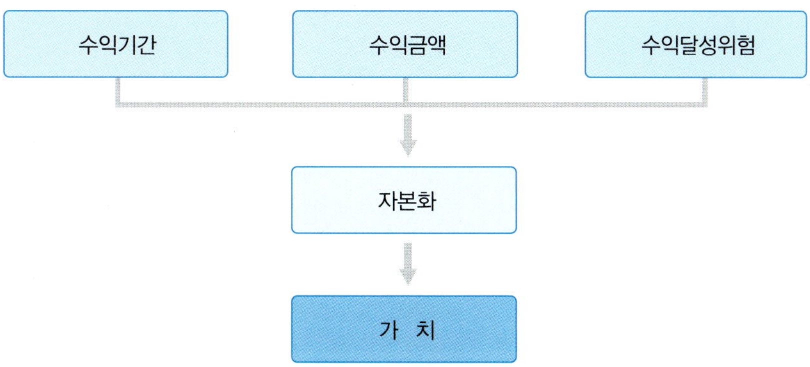

그림 3-6 수익접근법

3.2.2 기술가치 평가기관

기술가치 평가는 해당 기술의 기술성, 시장성, 경제적 타당성 등을 모두 고려한 후에 각 요소들을 통합하여 총체적인 결정을 내려야 하므로 상당한 비용과 시간을 요한다. 따라서 자금과 인력이 부족한 중소기업이 기술가치 평가를 자체에서 수행하기에는 상당한 무리가 따르므로 기술가치 평가 전문기관의 도움을 받는다. 현재 국내에서 기술가치 평가를 수행하는 평가기관들을 [표 3-2]에 소개한다. 각 기관에서는 중소기업의 기술가치 평가를 지원하기 위한 사업을 실시하고 있으므로 해당 기관의 사이트를 방문하면 매우 유용한 정보를 얻을 수 있다.

표 3-2 국내 기술 평가기관 현황

평가 제도	근거 법령	평가 기관		비 고
기술평가 (벤처기업 지정)	벤처기업육성에 관한 특별조치법시행령(제2조의2)	기술신용보증기금 중소기업진흥공단 한국과학기술기획평가원 한국산업기술평가원 한국과학기술연구원 한국관광연구원 한국문화콘텐츠진흥원 한국전자거래진흥원	정보통신연구진흥원 한국과학기술원 한국디자인진흥원 한국보건산업진흥원 한국과학기술정보원 한국게임산업개발원 한국식품개발연구원 국방품질관리소	
기술가치평가 (현물 출자)	벤처기업육성에 관한특별조치법(제6조) 및 외국인투자촉진법(제30조)	기술신용보증기금 한국산업기술평가원 한국기술거래소 기술표준원 한국과학기술연구원	정보통신연구진흥원 기술신용보증기금 환경관리공단 한국과학기술정보연구원	
기술평가 (발명의 사업화)	발명진흥법 (제21조)	기술신용보증기금 산업기술시험원 자동차부품연구원 한국과학기술정보연구원 한국건자재연구원 한국기술거래소 한국산업기술평가원 한국생산기술연구원 한국식품개발연구원 한국원사직물시험연구원 한국전기연구원 한국지질자원연구소 한국화학시험연구원	기술표준원 요업기술원 한국과학기술연구원 한국건설기술연구원 한국기기유화시험연구원 한국담배인삼공사 한국산업은행 한국생활용품시험연구원 한국에너지기술연구원 한국원자력연구소 한국전자전기시험연구원 한국해양연구원 한국화학연구원	

평가 제도	근거 법령	평가 기관	비 고
기술가치평가 (기술이전 거래)	기술이전촉진법 (제8조)	기술신용보증기금 전자부품연구원 한국과학기술정보연구원 한국발명진흥회 한국보건산업진흥원 한국산업은행 한국에너지기술연구원 한국전자통신연구원	
기술담보가치 평가	산업기술기반조성에 관한법률 (제14조)	산업기술평가원	한시적 으로 시행
기술평가 (여신,담보 심사용)	기술개발촉진법 시행령(제2조)	기술신용보증기금 한국과학기술기획평가원 한국과학기술원 한국산업기술진흥협회 한국산업은행 KTB네트워크(주) 산은캐피탈(주)	
기술영향 및 기술평가	과학기술기본법 시행령 (제23,24조)	한국과학기술기획평가원	

Chapter 04

특허정보 조사

특허는 발명의 내용에 대한 정보를 일반에 공개하는 대가로 발명자에게 부여되는 독점적 권리이다. 특허정보는 특허 제도에서 특정 발명에 대해 이러한 권리를 부여하는 과정에서 나타나는 모든 관련 정보들을 뜻하며, 일반적으로 출원인이 특허권을 인정받기 위해서 해당 국가기관에 특허출원서를 제출하는 출원 행위에서부터 발생되는 모든 문서상, 행정상 정보들을 포괄한다.

최근 각국의 특허청은 과거에 문서나 이를 가공한 마이크로필름의 체제에서 벗어나 보관 및 검색의 효율성 등을 고려한 디지털화가 상당 부분 이루어졌다. 이러한 특허정보의 디지털화로 인해 각국의 특허청이나 데이터베이스 공급기관들이 특허 정보 데이터베이스를 구축하는데 보다 용이한 여건을 가지게 되었다. 구축된 데이터베이스는 전문 텍스트 검색 및 도면 검색에도 편리함을 제공해 특허 정보를 활용하는 데 많은 도움을 주고 있다.

특허정보를 조사하는 데에 필요한 여러 가지 사항을 구체적으로 알아보자.

4.1 특허정보 조사의 종류

(1) 서지사항 조사 (Bibliographic Search)

조사자는 이미 특허번호 또는 발명자의 이름을 알고 있기 때문에 조사는 매우 간단하며 빠르게 행할 수 있다. 이 조사의 포인트는 특정한 특허번호에 의해 어떤 것이 보호되는지, 특정한 발명자가 소유하고 있는 특허가 어떤 것인지를 알아내는 것이다. 서지사항 조사는 이력 조사, 연혁 조사, 연대 조사 등으로 행해진다.

(2) 특허성 조사 (Patentability Search)

특허성 조사는 가장 일반적인 것이다. 이 조사는 특정 발명이 특허를 받을 수 있는 주제인지, 유용한지, 신규성이 있는지, 자명하지 않은지를 판단하는 것이다. 그러므로 특허성 조사를 발명의 개발 이전에 하면 더 좋다. 이 조사의 목적은 발명자가 이전의 특허(선행기술)가 존재하는지 조사하는 것이다. 발명자는 특허출원을 준비하는데 유용한 선행자료를 조사할 수 있다.

발명 아이디어 또는 출원된 특허에 대한 선행기술 조사를 통하여 권리취득 가능성을 미리 확인 후 출원 여부를 결정하거나 청구 범위를 변경할 수 있도록 하여 최대한 넓고 강한 권리를 취득할 수 있도록 지원할 수 있는 가장 기본적인 활용방법이라 할 수 있다.

(3) 특정기술 분야 조사 (State of the Art Search)

특정한 분야의 선행기술에 대한 개괄적인 조사를 가리켜 특정기술 분야조사라 말한다. 이 조사는 기본적으로 정보를 수집하는 것으로 필요한 만큼 광범위하게 할 수도 있고 또 좁아질 수도 있다. 특정 문제를 풀기 위해 라이센싱할 수 있는 기술을 찾는 등 다른 유사한 목적을 위한 조사이다. 이러한 특정기술 분야 조사는 보다 효과적이고 전략적인 연구개발의 추진을 위하여 연구개발 테마와 관련된 특허정보를 폭 넓게 조사 및 분석할 수 있는 활용방법이다. 다음과 같이 세부적인 조사분석 방법으로 구분할 수 있다.

① 기초정보 조사: 관련 자료를 수집, 추출

② 분류정보 조사: 기술 분류

③ 분석정보 조사 : 기술 분류 및 분석

(4) 계속 조사 (Continuing Search)

계속 조사는 감시 조사라는 표현을 쓰기도 하며 관심 분야의 특허 동향을 파악하거나 경쟁사의 동향을 파악하는 것이 주를 이룬다. 특정 건에 대한 법적 상태 등을 감시 조사하는 것도 포함된다.

(5) 양수도 조사 (Assignment Search)

특허가 다른 사람이나 회사에 양도되었을 때 이것은 법적 용어가 틀리더라도 매매된 것이나 다름없다. 예를 들어, 회사이건 개인이건 살 사람(Buyer)은 양수인(Assignee)이라 부르고 발명자 같은 팔 사람(Seller)은 양도인(Assignor)이라 부른다. 이 조사의 목적은 특허의 법적 소유주가 누구인지를 결정하는 것이다.

(6) 침해 조사 (Infringement Search)

침해 조사는 소멸되지 않은 특허에 의해서 커버되거나 침해하는 행위를 판단하기 위해서 행한다. 이런 조사는 소멸되지 않은 특허의 청구항과 깊은 관련이 있다.

(7) 유효성 조사 (Validity Search)

회사나 개인이 수행하는 유효성 조사는 다른 사람의 특허를 무효로 할 수 있는지를 판단하는 것이다. 조사자는 또한 특허가 무효로 선언될 수 있는 발명에 사용된 공공연한 지식이나 기술적 결합 등도 찾는다. 결론적으로 유효성조사는 소멸되지 않은 특허가 유효한지를 판단하는 것이다.

즉, 자사 제품의 판매에 장애가 되는 특허를 무효화시키기 위해 정보제공, 이의신청 및 무효심판 청구를 위한 자료조사시 활용할 수 있는 정보조사 방법으로서 한국 및 미국, 일본 등 세계 주요 국가의 특허 공보 외에 기술논문을 조사하여 특허성(신규성, 진보성)에 대한 관련도로 표시한다. 권리의 유효성 또는 무효성을 조사할 수 있는 특허정보 조사의 활용방법에 있어서 고도의 분석기술을 필요로 하는 활용방법 중의 하나이다.

(8) 권리소멸 조사

이 조사는 소멸되지 않은 특허에 집중되는 침해 조사와는 다르게 소멸된 특허에 집중된다. 이 조사는 다른 회사의 공정, 제품, 디자인과 관련된 독점배타적 권리가 소멸되어 법적인 영향 없이 복제할 수 있는지를 조사한다.

4.2 기초정보의 수집

기초정보의 수집은 인터넷을 통한 정보수집과 고전적 정보조사 방법인 기술서적 및 전문가 집단을 통한 수집 등이 있다. 인터넷을 이용한 정보수집에 관하여 살펴보자.

인터넷을 통해 기본적인 사항에 관한 검색을 마친 후 구체적이고 확실한 기술에 대한 기초정보를 수집하고자 할 경우 관련 기술학회나 논문을 검색하는 것이 좋다. 이를 위한 검색사이트는 많이 있으며 대표적인 검색 사이트는 다음의 [표 4-1]과 같다.

표 4-1 기초정보 수집용 검색 사이트

이 름	주 소
LG상남도서관	http://www.lg.or.kr
한국 교육학술정보원	http://www.riss4u.net
아카데미 인프라	http://www.acain.co.kr
국가 전자도서관	http://www.dlibrary.go.kr
대한 전자공학회	http://www.ieek.or.kr
한국 전자통신연구원	http://www.etri.re.kr
한국과학기술 정보연구원	http://www.kisti.re.kr
IEEE	http://www.ieee.org
전력전자학회	http://www.kipe.or.kr
국회도서관	http://www.nanet.go.kr
과학기술 생활 사전 모음	http://www.control.co.kr
한국과학재단	http://www.kosef.re.kr
WoPEc	http://netec.mcc.ac.uk/wopec.html

이 름	주 소
과학기술 학회마을	http://society.kordic.re.kr/~society/search/kics
일본논문	http://www.ieice.or.jp
연구개발 정보센터	http://www.kordic.re.kr
산업정보망	http://www.iin.co.kr
한국산업데이터베이스	http://www.kidb.co.kr

4.3 특허분류

각 나라에서는 모든 특허문헌을 국제특허분류(IPC)에 맞추어 분류하고 있으며 또한 미국이나 일본처럼 국제특허분류 외에 자국 내에서 만든 특허분류에 맞추어 또다시 특허문헌을 재분류한다.

우리나라는 모든 특허문헌(실용신안포함)을 국제특허분류에 맞추어 분류하고 있어서 국제특허분류나 각국의 특허분류를 잘 알고 있으면 효과적으로 특허문헌을 찾을 수 있는 장점이 있다. 따라서 국제특허분류 및 각국의 특허분류를 간략히 소개하면 다음과 같다.

(1) 국제특허분류(IPC : International Patent Classification)

전세계적으로 통용되고 있는 국제특허분류(IPC)는 특허문헌에 대해 국제적으로 통일된 분류를 하고 검색을 할 수 있도록 하기 위해 1954년 국제특허분류에 관한 유럽조약의 규정에 의해 만들어졌다. 이후 1971년 Strasbourg조약(IPC 조약)이 체결되어 IPC를 이용하여 국가간의 기술을 교류하고 외국 특허문헌의 원활한 이용과 검색이 가능하게 되었다.

자국의 형편에 따라 보조적인 분류체계를 혼용하기도 하지만 유럽은 물론 미국, 일본에서도 IPC에 의한 분류체계를 표기하고 있다. IPC의 구성은 기술 전체를 8개의 섹션으로 나누어 알파벳 A~H로 표시하며, 각각의 섹션에 대하여 클래스, 서브클래스, 그룹, 서브그룹으로 기술을 세분화한다.

〈 섹션 〉

A: 생활필수품

B: 처리조작, 운수

C: 화학, 야금

D: 섬유, 종이

E: 고정구조물

F: 기계공학, 조명, 가열, 무기, 폭파

G: 물리학

H: 전기

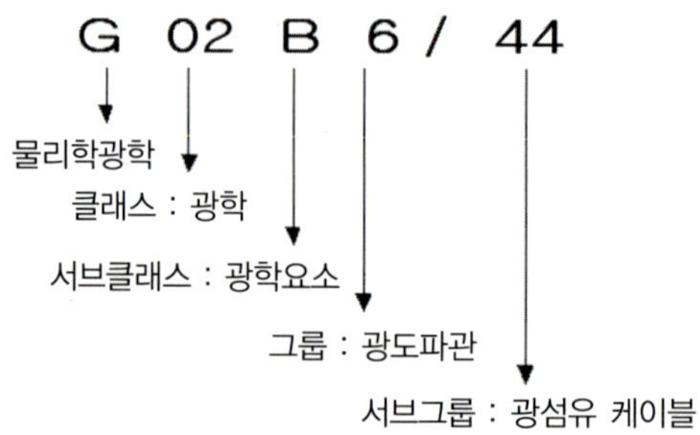

(2) 미국특허분류 (UPC, US Patent Classes)

미국 특허의 경우 IPC뿐 아니라 1831년부터 자체적으로 만든 미국특허분류(UPC)를 이용하고 있다. 이 분류는 클래스와 서브클래스로 이루어져 있다. UPC는 Class/Subclass: 427/2.31 or 427.3A의 형태를 가지며 서브클래스는 소수점이나 알파벳을 이용하여 표기한다.

다음은 UPC의 클래스의 예를 보여주는 것으로서,

클래스가 002이면 APPAREL에 관련된 분류이고, 서브클래스는 다음과 같이 표현된다.

Class Title

002 APPAREL

004 BATHS, CLOSETS, SINKS, AND SPITTOONS

Class Title ===〉 APPAREL

Subclass Title

1 MISCELLANEOUS

455 GUARD OR PROTECTOR

456 . Body cover

457 . . Hazardous material body cover

458 . . Thermal body cover

2.11 . . Astronaut`s body cover

2.12 . . . Having relatively rotatable coaxial coupling component

2.13 . . . Having convoluted component

2.14 . . Aviator`s body cover

2.15 . . Underwater diver`s body cover

클래스 002에 추가하여 서브클래스 2.11를 표시할 때는 2/2.11 이 된다.

(3) 일본 특허분류(FI : File Index, F-Term : File Forming Term)

일본에서는 1885년부터 JPC를 만들어 사용하다가 1978년에 IPC를 채택하여 특허문헌을 분류하였다. 그러나 특정 분야의 특허문헌이 다량 집중되는 등의 문제점을 해결하고 균등 분산하기 위해 부가적으로 FI 분류와 F-Term 분류를 만들어 특허문헌을 별도로 분류하여 사용하고 있다.

① FI 분류

FI(File Index) 분류는 IPC의 '완전한 기호+전개기호+분책식별기호'로 구성되어 있으며 전개기호는 101부터 시작하는 세 자리 숫자를 이용하고 도트(dot)로 계층을 표시한다. 파세트(FACET) 분류기호는 세 자리의 영문자를 이용하고 도트로 계층을 표시한다. 분책 식별기호는 IPC 또는 전개기호를 세분화하며 영문자 I, O를 제외한 영문 대문자를 1개 사용하여 표시한다.

예) G02B 6/44

• ファイバに引張强度及び外部保護を與えるための機械的構造，例，光傳送ケ-ブル(導電体と光ファイバを複合したケ-ブルＨ０１Ｂ１１／２２)

301 ・・ファイバ心線のためのもの

306　　迷光防止
311　　識別
316　　被覆構造
321　　プラスチックの１層被覆
331　　 ２層被覆
336　　 ３層以上の被覆
341　　パイプ被覆
346　　補强線を有する被覆
351　　光ファイバケ-ブル
356　　通信用

② F-Term

첨단 분야의 경우 단순한 기술 관점에서 포괄적으로 나누어진 IPC로는 정보검색에 한계가 있어서 특허문헌의 기술 내용의 복잡화 및 제품의 다양화에 부응하며 특허문헌검색의 편의를 위해 만들어졌다. 첨단기술 분야 등의 특정 분야에 목적, 기능, 구조, 재료, 제법, 처리조작 방법, 제어수단 등의 기술적 관점에 따라 세분화하여 재분류하였다.

4.4 검색어

(1) 키워드

키워드(Key Word)란 문장이나 문단에서 핵심이 되는 단어 혹은 어구를 말한다. 즉 그 문단이나 문장을 가장 잘 대표하는 말로 몇 개의 키워드로 글의 내용 전체를 표현할 수 있어야 한다.

특히 유사어로 대표되는 단어들은 한 가지를 의미하지만 여러 단어가 사용되고 있음을 알 수 있다. 따라서 특허문헌의 키워드를 추출할 때 동의어를 다양하게 생각해서 키워드로 표현하는 기술을 습득하는 것이 중요하다.

(2) 키워드 검색

특허문헌을 검색할 때 대표 키워드로 그 글의 내용 전체를 표현해야 하기 때문에 키워드는 매우 중요한 역할을 한다. 특허문헌의 경우 핵심 키워드 몇 가지로 대강의 내용을 유추할 수 있어야 함으로 키워드를 추출하는 작업은 매우 중요하다.

따라서 키워드는 극히 객관적이면서도 주관적인 단어로 구성이 되는데 다양한 키워드의 조합에 의한 특허문헌의 검색이 필수적이다. 예를 들면 '벽걸이형 컬러 텔레비전' 이라는 특허문헌이 있다고 하면 이 출원에 대한 키워드가 텔레비전이라는 것 정도는 모두가 알 수 있다. 하지만 이와 유사한 단어인 텔레비젼, 테레비젼, 텔레비전, 테레비전, 테레비, TV, Television, 티비, 화상표시장치 등은 텔레비전과 TV를 제외하고는 국어사전에 나오지 않은 단어지만 모두가 특허문헌에서는 동의어로 검색이 가능한 키워드들이다. 따라서 이러한 유사어 및 동의어의 개념까지 고려해 특허문헌을 검색해야 한다.

(3) DB별 키워드 예시

① 절단자

먼저 키워드를 넣기 전에 절단자에 대해 살펴보자.

절단자는 키워드를 넣을 때 필요로 하는 기호로 여러 가지 의미를 갖는다. 절단자의 의미는 DB를 구성하는 프로그램의 특성과 특징에 따라 정의될 수 있는데 가장 일반적으로 사용되는 절단자는 *, ?, $ 등이다.

그 의미로는 *는 컴퓨터에서 사용되는 '모든 문자' 의 의미이며, ?는 '특정한 문자 1개' , $는 특허DB마다 따로 규정을 두며 *와 비슷한 용도로 사용된다.

a. 절단자를 키워드 뒤에 사용하는 경우
   검색 예) '에버?' (국내 Kipris 검색사이트의 경우)
   검색 결과: DB에 수록된 특허문헌 중 '에버' 로 시작되는 단어가 있는 모든 특허문헌이 검색된다.
b. 절단자를 키워드 중간에 사용하는 경우
   검색 예) '에버?그린'
   검색 결과: DB에 수록된 특허문헌 중 '에버' 로 시작하고 '그린' 으로 끝나는 모든 특허문헌이 검색된다.

② 연산자

키워드 혹은 키워드와 혼합된 절단자를 갖는 단어가 확정이 되면 더 정확하고 세부적인 내용에 대한 검색을 필요로 하고, 다수의 키워드 조합에 의한 정확한 특허문헌을 검색하고자 한다면 연산자에 의한 조합이 필수적이다.

이에 필요한 요소는 and, or, not, andnot, near, adj, +, *, ! 등으로 이 역시 검색DB의 특성별로 여러 가지 표현을 갖고 있기 때문에 각 검색DB에서 별도로 도움말을 두어 예로 설명하고 있다.

특히 and, or는 가장 많이 사용되는 연산자로서 범위를 한정할 경우 and에 의해, 유사한 기술범위나 동의어는 or에 의해 표현한다.

a. or 연산자를 사용하는 경우
   검색 예) '에버' + '그린'
   검색 결과: DB에 수록된 특허문헌 중 '에버' 또는 '그린' 이 존재하는 모든 특허문헌이 검색된다

b. and 연산자를 사용하는 경우
   검색 예) '에버' * '그린'
   검색 결과: DB에 수록된 특허문헌 중 '에버' 와 '그린' 이 공통으로 존재하는 모든 특허문헌이 검색된다

c. andnot 연산자를 사용하는 경우
   검색 예) ! '에버'
   검색 결과: DB에 수록된 특허문헌 중 '에버' 의 단어가 없는 모든 특허문헌이 검색된다.

d. near 연산자를 사용하는 경우
   검색 예) '에버' near '그린'
   검색 결과: DB에 수록된 특허문헌 중 '에버' 와 '그린' 이 순서에 상관없이 둘 다 존재하는 모든 특허문헌이 검색된다

e. adj 연산자를 사용하는 경우
   검색 예) '에버' adj '그린'
   검색 결과 : DB에 수록된 특허문헌 중 '에버' 다음에 바로 '그린' 이 존재하는 모

든 특허문헌이 검색된다.

[표 4-2]는 각 검색 사이트에서 주로 사용되는 연산자를 보여주는 표이다.

표 4-2 검색 사이트에서 사용되는 연산자

연산자	검색DB	사용되는 연산자
or	KIPRIS 검색사이트	+ 또는 or 또는 space
	일본특허청 검색사이트(PAJ 검색)	space
	일본특허청 검색사이트(IPC 검색)	+
	USPTO 검색사이트	or
	IPN 검색사이트	or
	EPO 검색사이트	or
and	KIPRIS 검색사이트	* 또는 and
	일본특허청 검색사이트(IPC 검색)	*
	USPTO 검색사이트	and
	IPN 검색사이트	and
	EPO 검색사이트	and
andnot	KIPRIS 검색사이트	! 또는 not
	일본특허청 검색사이트(IPC 검색)	–
	USPTO 검색사이트	andnot
	IPN 검색사이트	and not
	EPO 검색사이트	not
절단자	KIPRIS 검색사이트	?
	일본특허청 검색사이트(IPC 검색)	없음
	USPTO 검색사이트	$
	IPN 검색사이트	*
	EPO 검색사이트	없음

(4) 기술 분야별 키워드

특허문헌의 기술 분야는 크게 기계, 화학, 전기전자 분야로 나눌 수 있으며 각 분야별로 검색방법 및 사용하는 검색 DB도 조금씩 다르다.

① 기계 관련 키워드

기계 분야의 특허문헌은 주로 장치 또는 구조개념 위주의 출원이 주를 이루고 있으므로 특허검색시 주로 도면에 의해 원하는 자료를 찾는 경우가 많다. 따라서 탑재된 특허문헌에서 도면을 볼 수 있는 검색DB를 우선 선정 대상으로 고려해야 한다. 그 다음으로 검색DB에서 특허문헌의 데이터가 어느 연도까지 검색할 수 있는지를 파악하면 된다.

검색DB에서 특허문헌의 요약 또는 초록 부분에서 키워드 검색이 가능하고 도면이 제공되는 검색DB이면 기계분야의 특허문헌을 찾는데 별 어려움이 없다.

② 화학 관련 키워드

화학 분야는 앞에서 언급한 장치나 구조개념의 기술보다는 주로 조성물이나 물질의 제조방법에 관한 출원이 상대적으로 많다. 따라서 기계 분야처럼 특허문헌의 도면에 의해서 찾는 것이 아니고 특허문헌의 전체 내용(명세서) 중에서 찾아야 한다.

특히 실험치나 제조방법(공정)에서 원하는 자료를 찾는 경우가 많으므로 특허문헌 전체에 대하여 검색이 가능한 검색DB를 선정하는 것이 바람직하다. 화학 분야의 출원 내용을 유심히 읽어봐서 그 방법이 타당한 것인지 아닌지를 분석하는 능력도 필요하다. 따라서 키워드 검색시 그 발명을 대변하는 핵심적인 키워드 선정은 더 중요하다는 것을 알 수 있다.

③ 전기전자 관련 키워드

전기전자 분야는 기계 및 화학분야와는 또 다르다. 전기전자 분야의 특허문헌에서는 특허문헌의 명칭이 주로 어떤 장치나 제조방법이지만 내용은 주로 알고리즘(Algorithm) 개념의 회로 또는 시스템에 관한 특허가 많이 출원되고 있다.

특허문헌에서 알고리즘 개념의 회로 또는 시스템에 관한 기술의 표현은 주로 기술구성(블럭화된 기술구성)과 기술흐름도(순서도)에 의한 방법 위주로 많이 표현되고 있으므로 특허문헌을 검색할 경우 기술구성 부분을 중점적으로 보아야 한다.

따라서 수록된 특허문헌에서 기술의 구성을 볼 수 있는 검색DB를 우선 선정대상으로 고려해야 한다. 전기전자 분야의 특허문헌을 검색하기 위한 키워드 선정 방법은 찾고자 하는 기술의 블럭화된 각각의 필수 구성 부분이 어떤 역할이나 작용을 하기 위해 구성부재로 사용되었는지 잘 파악하고 그 역할이나 작용에 합당한 키워드를 모두 선정하여야 한다.

(5) 기타

KIPRIS, IBM, USPTO, JPO, EPO 등의 온라인 검색엔진 이외에 유료로 사용되는 상용DB가 여러 가지가 있다. 예를 들면 국내의 대우 PATROM, 일본의 그린넷, 미국의 Q-Pat, 유럽의 Dialog 등이 있고 또한 온라인 검색 이외에 오프라인 검색을 위한 CD-ROM 검색의 경우 KIPRIS의 KPA CD-ROM 혹은 Mimosa 프로그램을 이용한 PAJ 등을 들 수 있다. 이들 유료의 경우 키워드 검색시 약간씩 다른 절단자와 복잡한 연산식을 갖기도 하는데 이는 더욱더 정확한 데이터를 검색할 수 있는 장점을 갖는다.

Key word는 데이터 자료의 추출을 얼마나 정확히 하는가를 결정하는 중요한 요소이다. 국가별로 각각 Key word를 설정하고 Key word에 대한 동의어나 유사어는 물론 축약어까지 고려해야 한다. 또한 검색DB에 따라 Key word의 입력 방식이 약간씩 다르며, 검색범위, 즉 초록(Abstracts) 또는 전문(Full text)에서 검색하는 것에 따라서 검색결과가 다르게 나오므로 검색 범위에 따라 Key word를 달리할 필요가 있다.

4.5 DB 선정

(1) 국내특허 검색사이트

한국특허정보원에서 제공하는 특허전문 검색DB로 1947년 이후의 산업재산권(특허, 실용신안, 디자인, 상표) 정보를 무료로 검색할 수 있는 [그림 4-1]과 같은 국내 최대의 검색사이트(www.kipris.or.kr)이다.

KIPRIS 검색DB는 국내 산업재산권 정보(약 350만건)를 서지사항, 초록(대표도면 포함), 전문명세서 전체를 수록한 DB이며, 검색 방법도 키워드검색, 각종 번호(출원, 공개, 공고, 등록, 우선권번호) 검색, IPC 검색, 출원인 및 발명자 검색, 디자인 및 상표 검색 등 다양한 검색이 가능하다.

그림 4-1 KIPRIS 검색사이트

■ KIPRIS 검색 DB의 특징

a. 한국특허문헌의 검색 및 자료입수가 가능하다.

b. 제목, 초록, 전문검색 필드가 별도로 구성되어 필요로 하는 검색필드에서 검색이 가능하다.

c. 책갈피 기능이 있어 필요한 자료를 편리하게 추출할 수 있다([표 4-3] 참조).

표 4-3 수록기간 및 키워드 검색 가능 범위

구 분		항 목	수록 형태	수록 기간	키워드검색 가능 범위
국내	특허 · 실용신안	서지, 초록, 대표도면	text/image	1947년~	1947년~
		전문명세서	image	1947년~1996년	이미지 제공
			text/sgml	1997년~	1997년~
	디자인	서지사항	text	1947년~	1947년~
		디자인공보전문	text	1986년~	1986년~
	상표	서지사항	text	1950년~	1950년~
		문자 및 도형	text/image	1950년~	1950년~
	심판	서지사항	text	1947년~	1947년~
		심 · 판결전문	image	1947년~	이미지 제공
해외	미국, 일본, 유럽특허청 검색사이트 링크 서비스 2005.12부터 미국, 일본, 유럽, PCT의 전문(Full Text)이미지 제공				

(2) 일본 특허 검색사이트

① 일본특허청 특허검색사이트(www.ipdl.ncipi.go.jp)

일본특허청에서 제공하는 특허검색DB로 일본특허청에서 보유하고 있는 산업재산권(특허, 실용신안, 디자인, 상표) 정보를 다양한 검색 방법을 통하여 무료로 검색할 수 있는 검색사이트이다.

[그림 4-2]와 같은 이 사이트는 초보용 검색 항목이 별도로 있으며, 특허검색에 있어서 IPC검색 및 F-term 검색 등 다양한 검색이 가능하나 주로 번호검색 위주로 구성되어 있고 키워드 검색은 1993년 이후부터 일본어로만 검색할 수 있어 사용하기 불편한 점도 있다.

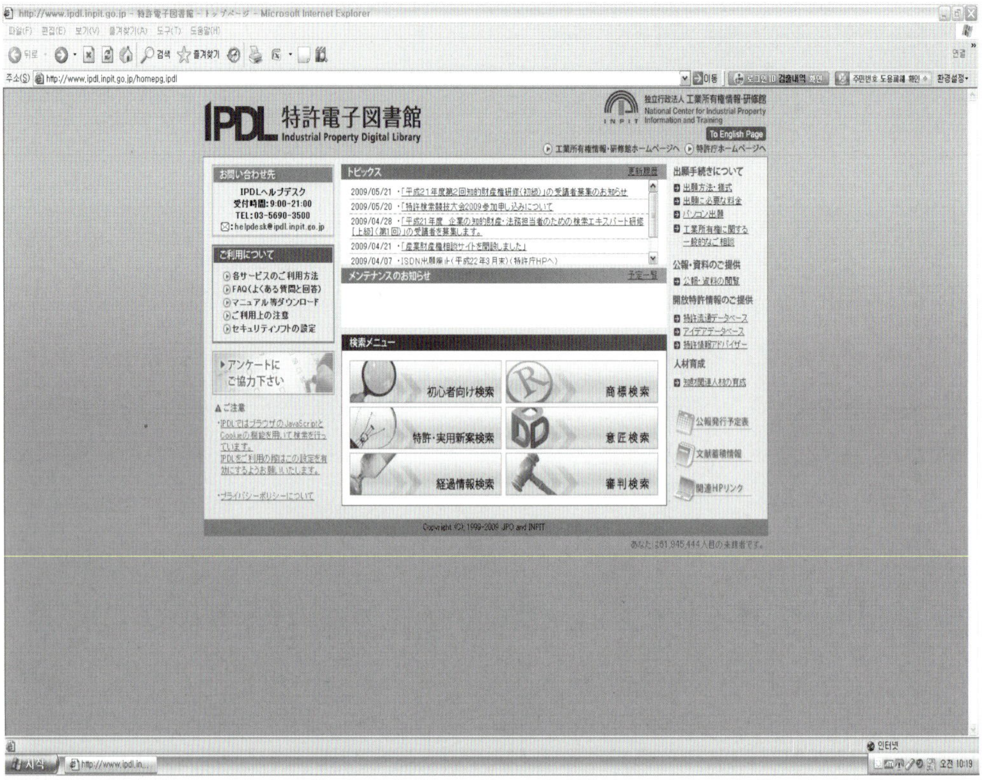

그림 4-2 일본 특허청 검색사이트

그러나 일본 특허에 대한 초록 부분을 영문으로 번역하여 만든 일본공개특허영문초록(PAJ)에 대하여 영문 키워드로 검색할 수 있다.

PAJ는 1976년부터 일본에 공개된 특허에 대해 초록 부분을 영문으로 번역한 다음 대표도면을 추가하여 키워드로 검색이 가능하도록 하였기 때문에 이용자가 검색하기 편리하다. 그러나 온라인의 PAJ 검색에서는 1993년 이후의 데이터만 수록되어 있고 명칭과 초록에서만 키워드 검색이 가능하고 특허로만 구성되어 있어 실용신안은 검색할 수 없는 단점도 있다.

② PATOLIS 검색사이트(www.patolis.co.jp)

일본특허정보기구(JAPIO)에서 분리된 (주)PATOLIS 회사가 제공하는 사이트로서 1971년 이후의 일본 특허 및 실용신안에 대하여 서지정보 및 초록에서 번호 및 키워드(일본어), IPC, 출원인, 출원일 등 다양한 방법으로 검색할 수 있는 유료 사이트이다. 이 사이

그림 4-3 PATOLIS 검색사이트

트는 [그림 4-3]과 같다.

(3) 미국 특허 검색사이트

① USPTO 검색사이트(www.uspto.gov)

미국특허청에서 제공하는 특허검색 사이트로 1976년 이후부터 현재까지의 특허등록 공보자료에 대해서 서지적 검색 및 전문 검색이 무료로 가능하다.

[그림 4-4]에서 보여주는 USPTO는 Quick Search(Two-term Boolean Searching)와 Advanced Boolean Searching로 구분되어 있고 Quick Search는 초록을 포함한 서지사항에서 검색함으로 신속하게 검색이 가능하다. Advanced Boolean Searching에서는 명세서 전체에 대하여 검색이 가능하다.

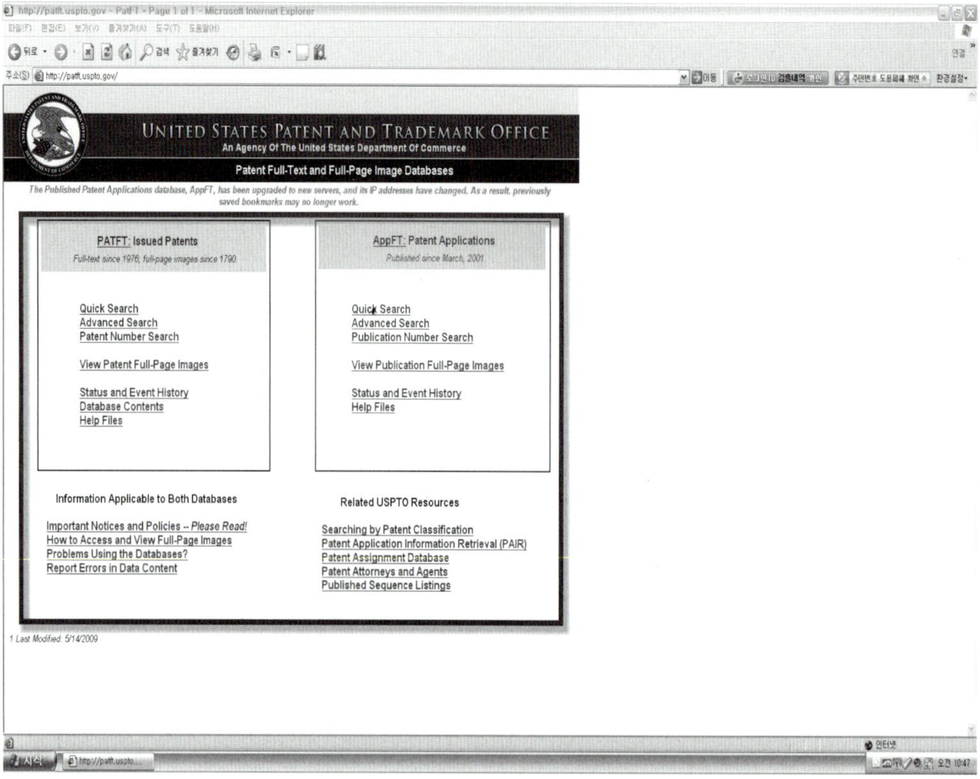

그림 4-4 미국 특허청 검색사이트

1971년에서 1976년 사이에 발행된 자료는 유료 서비스를 통해 해당 자료에 대한 접근이 가능하고, 1971년 이전의 특허자료는 Patent and Trademark Depository Library(PTDL)을 방문해야 접근이 가능하다. USPTO 검색사이트는 다양한 연산자를 이용하여 검색이 가능하며 특허공보의 전문 이미지를 무료로 다운로드 받아 출력이 가능하다.

② Delphion 검색사이트(www.delphion.com)

Delphion사에서 제공하는 유료 특허검색사이트로 미국, 유럽, INPADOC 및 일본 특허를 검색할 수 있다. 1971년 이후의 미국특허를 advanced search, boolean search 및 patent number로 구분하여 서지사항, 초록 및 전문 전체에 대하여 검색할 수 있으며 boolean search는 1개 내지 4개 필드의 검색항목에 검색하고자 하는 사항을 입력하여 검색할 수 있다. advanced search는 검색하고자 하는 키워드를 입력하여 검색할 수 있다.

Patent number는 특허번호로 검색할 수 있다. Delphion의 또 하나의 특징은 PAJ가 수록되어 있어 영문 키워드로 1976년부터의 일본특허를 손쉽게 검색할 수 있다.

(4) 유럽특허 검색사이트

유럽특허청(European Patent Office)에서 제공하는 무료 특허검색사이트로서 [그림 4-5]와 같으며 esp@cenet를 이용하여 유럽특허 및 국제특허(PCT)를 검색할 수 있다. PAJ가 수록되어 영문키워드로 일본특허를 검색할 수 있다.

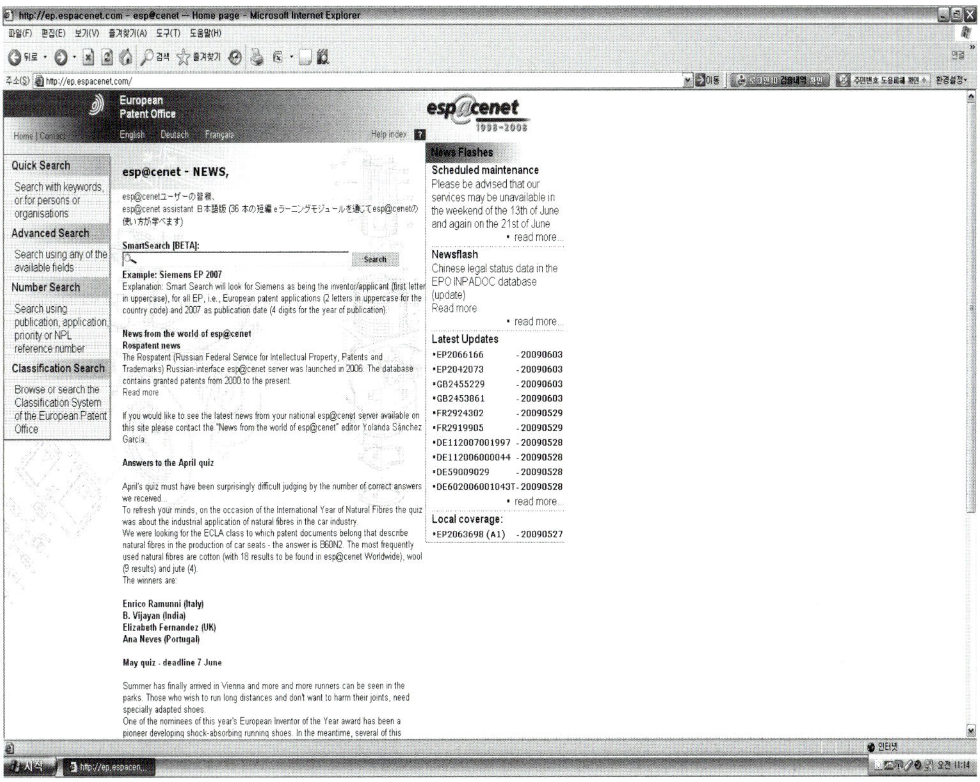

그림 4-5 유럽 특허청 검색사이트

Part 4
기술 창업

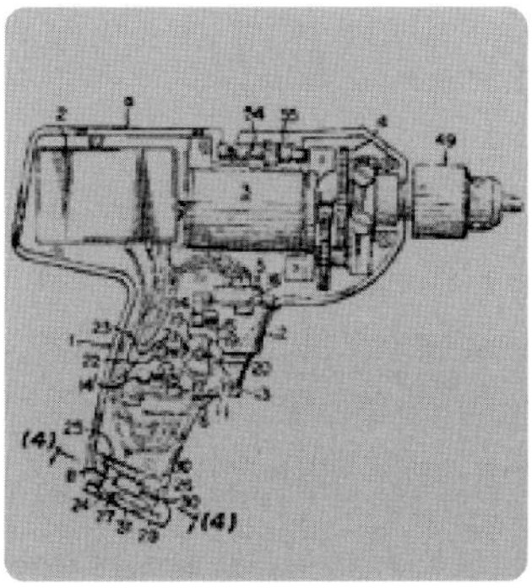

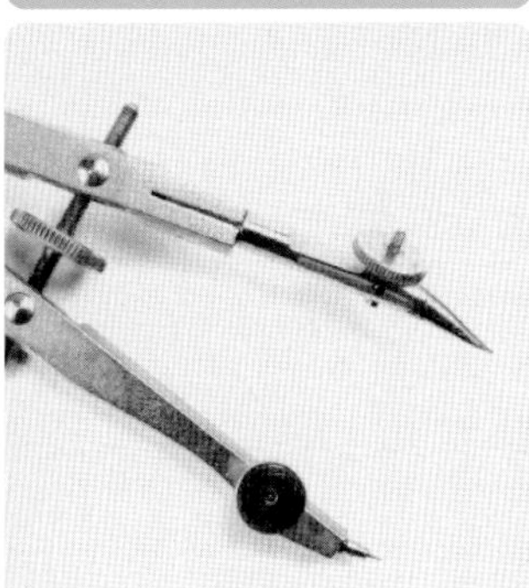

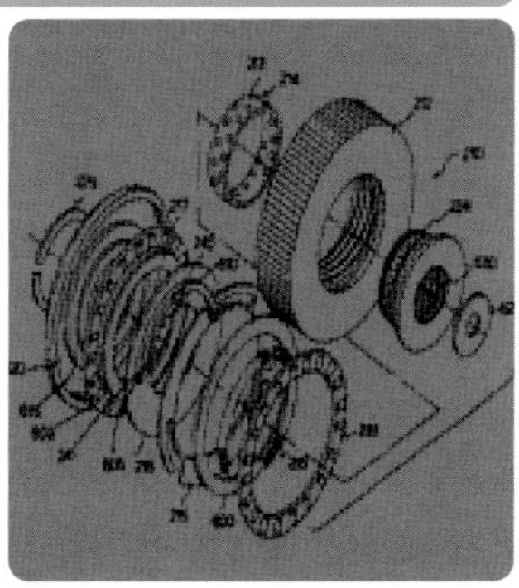

Chapter 01

기술창업의 이해

1.1 기술창업의 단계별 절차

창업에 대한 일반적인 절차와 내용에 대해서 다음 [표 1-1]에 간단히 나타냈으며, 이에 대한 설명도 간단히 약술하였다.

표 1-1 벤처 창업단계별 활동들

단 계	활동 내용	
1. 창업 준비	① 사업 아이디어 구상 ③ 회사 설립인력의 규합 ⑤ 사업계획서 작성	② 사업성 검증 ④ 기존 업무의 정리
2. 창업	⑥ 창업팀 구성 ⑧ 자금 확보 및 기업 설립 ⑩ 사업 시작	⑦ 초기자금 조달 ⑨ 사업장 확보 : 업무 공간 및 생산시설
3. 초기 성장	⑪ 2단계 자금조달 ⑬ 운전자금 조달	⑫ 첫 생산품 출하
4. 성장 및 회수	⑭ 기업공개(IPO)	

① 1단계 : 사업아이디어 구상

기업의 비전은 아이디어와 함께 생성되어야 한다. 기업의 비전에 대한 확신이 없다면 새로운 아이디어는 실현되지 못하고 꿈으로 끝나기 쉽다. 아무리 좋은 아이디어라도 사업계획으로 구체화되는 확률은 1/100에 불과하다. 아이디어를 찾는 일에도 적지 않은 시간이 걸린다. 최소 1년, 보통 그 이상의 기간에 걸쳐 서서히 진행된다. 물론 신속하게 형성된 아이디어도 성공할 수 있다.

창업자는 아이디어를 포기하거나 또는 신뢰할 수 있는 친구들과 비밀리에 논의할 만큼 구체적인 형태로 만들 때까지 독자적으로 여러 가지 대안을 숙고해야 한다.

② 2단계 : 사업성 검증

2단계에서 중점을 두고 해야 할 일은 꿈을 구체화시키고 견고하게 만드는 것이다.

기술창업 예비자는 진정으로 믿을 만한 친구들과 자신의 비전을 공개적으로, 또 자유롭게 의논하고 공유할 수 있어야 한다. 그런 가운데 창업 후보생의 아이디어는 최초로 검증받게 된다.

③ 3단계 : 회사설립 인력의 규합

3단계는 회사를 설립할 사람들을 규합하는 시기이다.

기술창업 예비자와 아이디어를 교환한 사람들 중 일부가 공동 창업자가 되는 것이 보통이다. 이 시기부터 몽상가(dreamer)와 행동가(doer)가 분리되기 시작한다. 몽상가는 주의하는 게 좋다. 그들은 결정적인 순간에 발을 뺀다.

④ 4단계 : 기존 업무의 정리

4단계는 '현 고용주로부터의 독립', 즉 퇴사이다. 공동 창업자들의 참여 약속을 얻어내기 위해 기존 업무를 정리하기 위한 조치이다.

⑤ 5단계 : 사업계획서 작성

5단계는 창업자의 비전이 사업계획서라는 형태의 문서로 구체화되는 시기이다. 사업계획서는 동료들과 함께 작성하는 것이 혼자 작성하는 것보다 당연히 좋다.

⑥ 6단계 : 창업팀 구성

창업 6단계는 창업팀을 구성하는 것이다. 신설 기술창업기업이 활동에 들어가기 위해 필요한 사람들을 채우는 단계이다. 기업화를 위해서는 아이템만이 아니라 비즈니스 모델이 있어야 한다. 비즈니스 모델은 아이템(기술)과 재무, 관리 등이 포함되는 것이다. 어디에서 가치가 창출되고, 창출된 가치가 다른 가치를 창출하기 위해 어디로 흘러가야 하는지를 포함하는 것이다. 그런 만큼 많은 사람들의 도움이 필요하다. 벤처캐피탈리스트, 회계, 법률, 경영자문, 홍보(PR), 투자자 관리(IR), 광고 등의 전문가들이 필요하다.

⑦ 7단계 : 초기자금 조달

7단계는 종자돈 조달단계이다.

⑧ 8단계 : 자금확보 및 기업설립

8단계는 '회사설립과 현금의 은행예금'으로 넘어가는 단계이다. 이 단계는 7단계의 약속을 실행하는 시기이다. 즉 벤처캐피탈리스트와의 자금조달 계약을 마무리 짓고 회사를 설립하는 시기를 말한다. 투자자금을 예치할 은행도 결정해야 한다. 이때부터는 자금 사용이 가능하다. 지금까지 하나의 비전으로 머물러 있던 아이디어가 마침내 현실화될 수 있다.

⑨ 9단계 : 사업장 확보

9단계는 '사업장 마련하기' 단계이다. 창업자의 통장에는 벤처캐피탈리스트로부터 돈이 들어와 있다. 이 중 일부를 사용할 때가 된 것이다. 이제는 사업장을 얻어야 한다. 〈벤처창업 A to Z〉의 저자 존 네샤임 미 코넬대 교수는 사업장을 마련하는 과정에서 겪을 수 있는 위험요소를 다섯 가지로 정리했다.

첫째, 나쁜 장소이다. 입지가 좋지 않으면 직원 채용이 어렵다. 대중교통이 불편한 점도 실패의 한 요인이다.

둘째, 이미지의 실추이다. 사업의 본거지가 너무 값싼 이미지를 풍기면 좋은 직원을 채용할 수 없다. 또한 고객들에게 싸구려 이미지를 주게 된다면 사업 진행에 어려움을 겪게 될 수밖에 없다.

셋째, 잘못된 크기이다. 너무 장소가 좁은 것도 너무 큰 것만큼이나 나쁘다.

넷째, 너무 비싼 임대료이다. 말할 것도 없이 귀중한 현금을 허비하게 만든다.

다섯째, 너무 긴 임대기간이다.

⑩ 10단계 : 사업시작

10단계는 '창업' 단계이다. 이때의 창업은 좁은 의미로 회사 모양을 갖추기 위해 추가적으로 인력을 확보하고 첫 제품을 시장에 내놓은 일을 의미한다. 이 10단계부터 신설 벤처기업 대표이사는 돈을 '쓰는' 걱정을 해야 한다. 특히 월별 현금 소진율(burn rate)에 신경을 집중해야 한다. 대표이사는 특히 계획된 시간 내에 첫 번째 제품을 내놓을 수 있도록 노력해야 한다. 첫 번째 자금조달을 끝내고 법인 등록을 마친 후 창업자는 무엇과도 비교할 수 없는 기쁨에 젖어든다. "이제 내 회사가 생겼다"고 기뻐하지만, 얼마 지나지 않아 기술창업자는 은행에 남아 있는 현금만으로는 첫 제품개발을 완료하고 영업매출을 올릴 방법이 전혀 없다는 사실을 알게 된다.

⑪ 11단계 : 2단계 자금조달

11단계는 2차 자금조달이다. 충분한 자금을 조달하는 한편 소중한 자본 활용의 효과를 최대한으로 높이는 것이다.

⑫ 12단계 : 첫 생산품 출하

12단계는 첫 제품 출시단계이다. 12단계에서 가장 중요한 일은 한 가지 일에 초점을 맞추는 것이다. 존 네샤임 교수는 "다른 제품이나 다른 기술, 또는 다른 대상고객으로 분야를 확대시키는 것은 큰 실수"라고 지적한다. 기회를 제대로 이용하고 시장을 제대로 공략하기 위해서는 당초 사업계획을 고수하는 게 좋다는 얘기이다. 한 가지 일에 초점을 맞추는 것만큼 중요한 일은 고객을 찾고 확보하는 것이다. 고객의 존재는 매출을, 또 현금유입을 의미한다. 현금 유입 없는 기업은 오래가지 못한다.

⑬ 13단계 : 운전자금 조달

13단계는 운전자금 조달이다. 시장에 첫 제품을 내놓으면서 창업자는 이제 자금조달은 끝났다고 생각할지 모른다. 하지만 자금조달은 그렇게 쉽게 끝나는 게 아니다. 자금조달은 일회성 이벤트가 아니라 연속되는 과정이기 때문이다. 기업활동이 지속되는 한 창업자는 자금조달에서 해방될 수 없다.

⑭ 14단계 : 기업공개(IPO)

14단계는 기업공개이다. 기업공개 시기를 결정하는 일은 매우 중요하다. 너무 빠르거나 너무 늦어서는 안 된다. 공모가격도 문제이다. 주가(발행가)가 너무 높게 책정되거나 너무 낮게 책정되어서는 안 된다.

창업자는 자기지분을 아껴야 한다. 돈을 벌기 위해 사업을 하는 것이 아니라 사업을 함으로써 돈을 벌 수 있다는 창사 초기의 마음가짐을 지켜야 한다. 투자자관리 업무는 기업공개 이후 더욱 어려워진다. 끝이 아니다. 기업이 살아 있는 한 기업가는 끊임없이 고민하고, 행동해야 한다.

Chapter 02

특허기술 사업화전략

2.1 기술사업화 방법론

2.1.1 기술사업화 순서도

기술사업화 순서를 아이디어 착상단계부터 생각한다면 대체로 다음 [그림 2-1]과 같다.

아이디어 착상 ↓	• 평소 불편했던 점 또는 희망, 개선, 요구 사항에서 착상
유사 특허 조사 분석 ↓	• 관련 유사 특허 조사 및 분석을 통해 개선 사항 구체화
아이디어 발굴 ↓	• 벤치마킹을 통해 최종적인 아이디어 구체화
개량(수요자 니즈) ↓	• 트리즈 기법 등을 통해 연구 및 개발
아이템 확정 ↓	• 신규 사업의 아이템으로 확정
특허출원 ↓	• 실시예 가능한 특허로 출원 / 특허기술가치 평가 실시
사업계획서 작성 ↓	• 사업타당성 분석, 아이템 개발비용 및 창업에 따르는 관리 비용 등 계산

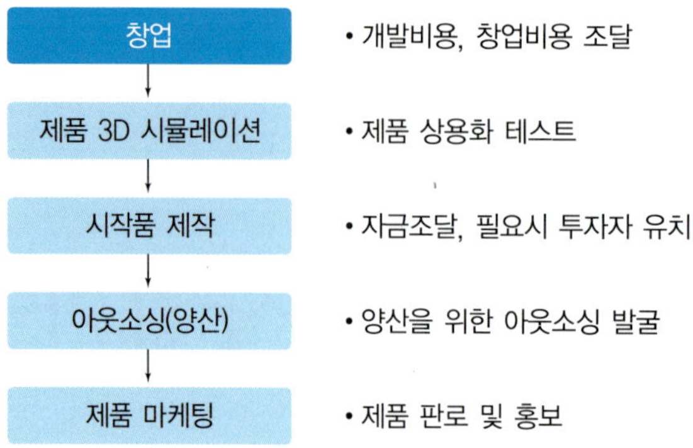

그림 2-1 기술사업화 순서

2.1.2 아이디어 구상

아이디어 구상은 앞서 설명한 발상법에서 생각해 볼 수 있지만, 기본적으로는 평소 어떤 대상물에 대해 불편하게 여겼던 점이나 개선 사항에 대해, 다시 말해 수요자 니즈의 조사분석을 통해 구체화시키는 것이 바람직하다. 또한 아이디어 차원에서의 생각이 과연 이미 선행하고 있는 것인지에 대해서도 국내외 관련 특허를 조사해서 유사한 것이 있으면 면밀히 분석해서 아이디어를 발굴해야 한다. 이때, 개선 요구사항의 해법 전개를 위해서 이미 기술한 QFD나 아이디어 발상법을 통해 해결하거나 트리즈 기법을 활용하여 해결한다.

2.1.3 특허출원

(1) 실시가능한 특허출원

일반 기업연구소의 자사 제품에 대한 연구개발 이외에 개인발명가 또는 대학이나, 연구원의 연구 결과물을 사업화하려는 경향이 점점 늘고 있다. 매우 고무적인 일이 아니라고 할 수 없다. 자원 하나 미천한 우리나라로서는 물건을 만들어서 팔아야(수출)하는 숙명적인 나라임에는 틀림없다. 그러기에 연구개발과 사업화 시도는 어쩌면 당연한 일인지도 모른다. 하지만 보통 아이디어의 수준에서 생각했던 것을 특허 출원이라는 지식재산으로 권리화를 시도하려 하지만 그 내용이 실시하기 난감한 너무 단순화된 것들이 많다. 이러한 특허는 여러 가지로 취약함에도 불구하고 이를 사업화하려고 애쓰곤 한다. 물론 이런 특허는 청구항도 3~4개 이내로 권리범위 자체도 매우 넓게 잡는 경우가 많다. 구체적인 실시예가 없으므로 당연한 결과일 것이다. 따라서 무엇보다도 아이디어 수준의 생각을 실시 가능한 형상 및 기능을 먼저 생각하고 그에 대한 시작품의 구상과 제작이 뒤따라야 한다.

(2) 청구범위의 회피설계

유사한 특허에서는 새로이 정할 신규 아이템에 적용 가능한 것인지, 또 변형 가능한 것인지도 벤치마킹해야 한다. 이렇게 연구해서 특허청구범위를 설정하면 상당한 정도의 회피 설계가 가능하리라 본다. 이러한 유사 특허나 선행기술을 조사 분석함으로써 경쟁자가 누구인지를 미리 파악해두는 것은 앞으로의 사업 전개에도 매우 유리한 점을 가져다 줄 것이다.

(3) 투자를 염두에 둔 특허출원

구체적인 실시예를 갖고 있는 특허라 하더라도 특허 하나 달랑 내놓고 사업화 자금을 구하러 다니는 행동은 너무나 어처구니없는 시간 소모적인 일이라는 것을 잘 인식하지 못하는 경우가 많다. 모든 특허가 사업화되는 것도 아니지만 특허가 사업화되는 비율에서 성공하는 비율을 또 따지자면 10%도 채 되지 못한다. 이런 상황을 잘 알고 있는 투자자가 쉽사리 투자하기란 좀처럼 기대하기 어려운 현실이다.

그렇다면 투자자에게 어떤 투자 메리트를 제시하여 투자자로부터 투자심리를 자극시킬 것인가? 결국 사업자 입장에서는 이루고자하는 사업을 어떻게 성공적으로 성취해 나갈 것인가가 매우 중요할 것이다.

2.1.4 특허기술 가치평가 및 시장성

아직 시작품도 나오지 않았고 겨우 특허출원만 진행된 상태이다. 그래도 기술가치평가를 실시할 만한 가치는 있다. 투자를 받기 위해서라기보다는 이런 특허를 갖고 과연 제품화가 이루어졌을 때 경제적 부가가치를 어느 정도 가져올 수 있을지를 미리 예측해 보자는 것이다. 그래야 사업을 할 것인지 말 것인지를 결정할 수 있다. 그냥 기술이 좋아서, 또는 없는 새로운 제품인 것 같아서라는 막연한 생각으로는 사업에 내재된 리스크가 너무 많기 때문에 헛된 망상은 처음부터 갖지 않는 것이 좋다. 그렇다면 어떤 방식으로 특허기술 가치평가를 할 것인가? 다양한 방법이 있지만 수익접근법으로 특허기술을 평가하고, 그밖에 특허가치에 대한 기준 이슈를 기본으로 하여 추가적인 평가를 실시하여 종합적으로 살펴보아야 할 것이다. 예를 들어, 특허가치에 영향을 주는 요소들, 다시 말해 국제출원 여부, 우선권주장 여부, 특허잔존기간, 복수 출원인 여부, 선행특허 존속 여부, 특허침해가능성 여부, 청구항수 등이다. 궁극적으로는 정량적인 산출에 의해 매출액 규모 추정 및 시장성에 대한 평가를 제품화 시도 전에 수행하여야 한다.

2.1.5 사업계획서 작성

(1) 필요성

이제 제품화에 대한 가능성과 시장성에 대한 자신이 확고해졌다면 먼저 사업타당성 분석을 실시하고 그 다음으로 사업계획서 작성을 해야 할 것이다. 사업계획서는 물론 제품개발에 대한 내용을 담고 있되 창업을 전제로 하여 계획서를 작성해야 한다. 개발비와 창업에 따른 관리 비용 등 적어도 1년 정도의 소요 비용을 추정하고 이에 따라 자금조달 방식을 결정해야 한다.

(2) 사업타당성 분석

1) 사업타당성 분석의 필요성

첫째, 창업자 자신의 주관적인 사업구상이 아닌, 객관적이고 체계적인 사업타당성 분석은 계획사업 자체의 성공률을 높일 수 있다.

둘째, 창업자들이 사업타당성 검토를 통하여 구상하고 있는 기업의 제 구성요소를 정확하게 파악하여 창업기간을 단축할 수 있고 효율적인 창업업무를 수행할 수 있다.

셋째, 창업자가 독자적으로 점검해 볼 수 없는 계획제품의 기술성, 시장성, 수익성, 자금수지계획 등 세부 항목을 분석 · 제시함으로써 해당 업종에 대해 미처 깨닫지 못한 부분들을 찾아낼 수 있다.

넷째, 기업의 구성요소를 정확하게 파악함으로써 창업자의 경영능력 향상에 도움을 줄 뿐만 아니라 보완해야 할 사항을 미리 확인하여 조치를 취할 수 있게 된다.

2) 기본 분석

① 시장분석

시장분석을 통해 매출액을 추정한다.

매출액과 함께 반드시 추정해야 하는 것은 판매비용이다. 매출액은 현금흐름으로 볼 때, 기업으로 들어오는 돈을 의미한다. 매출액을 추정하는 과정에서 판매계획을 수립해야 하며, 판매계획 수립과 함께 판매비를 추정해야 한다.

② 기술분석

기술분석에서는 시장분석에서 목표로 설정한 매출 수량을 만족시키기 위한 생산활동의 기술적 실현가능성과 제품원가의 추정이다. 제품의 원가는 현금흐름의 측면에서 보면 기업으로부터 외부로 지출되는 성격을 가지고 있다. 기술분석에서 기술적 타당성과 제조원가를 추정하기 위해서는 생산품의 생산과 관련된 공정, 설비, 원자재, 인력 등에 대하여 조사해야 한다.

③ 재무분석과 일반관리 계획

재무분석을 실시하기 위해서는 일반관리비용을 추정해야 한다. 일반관리비용은 현금흐름으로 볼 때, 현금이 기업의 내부에서 외부로 유출되는 성격을 가지고 있다. 재무분석에서는 사업에 필요한 자금의 규모와 사업의 수익성을 추정하고 미래의 영업상태 등을 추정해야 한다. 이와 같은 활동은 주로 추정재무제표의 작성을 중심으로 이루어진다. 이와 같은 추정재무제표(Pro Forma Financial Statements)를 작성하기 위해서는 기업의 재무상태에 영향을 미치는 지급이자와 같은 영업외의 수입과 지출에 대하여도 추정하여야 한다.

(3) 사업타당성 분석 요소

어떤 목적으로 사업 타당성 분석을 하느냐에 따라 사업성 평가 요소 및 그 가중치가 달라질 수 있다.

1) 창업자의 계획사업 수행능력 및 적합성

사업의 성패는 기업가로서의 적성과 자질, 창업자의 계획사업 수행능력 및 해당 업종에 대한 적합도에 달려 있다. 신규 창업의 경우에는 창업자의 새로운 계획사업 수행능력과 앞으로 경영하고자 하는 업종에 대한 경험 · 지식 및 관련성이 필요불가결한 요소이다. 따라서 사업 타당성을 검토할 때는 먼저 창업자의 계획사업 수행능력과 해당 업종에 창업자가 적합한가를 분석해야 한다.

2) 시장성 분석

시장에 뛰어들어 경쟁상품과 겨루어 소비자로부터 인정을 받을 때 비로소 매출이 늘어나고 시장범위도 확대되어 간다. 그러나 처음 생산하여 시장에 내놓았을 때 대부분의 제품은 비교적 소비자에게 생소한 것이 보통이며 품질이 확인되기 전까지는 판매가 결코 쉽지 않다. 따라서 사업 성공의 관건이 바로 시장성과 판로 확보이기 때문에 시장성 분석이 무엇보다 중요하다.

시장성 분석 요소

① 국내외 수급동향 및 중장기 수급전망

② 시장 특성 및 구조(시장의 위치, 수송방법, 유통경로 및 조직, 거래조건 등)

③ 동업자 또는 유사제품과의 경쟁상태 및 향후 경쟁제품의 출현 가능성

④ 국내외 가격구조 및 가격동향

⑤ 목표시장 선정 및 판매전략

⑥ 수출인 경우 해외시장 분석에 의한 수출가능량 산정

특히 판매량을 추정하기 위하여 기본적으로 다음과 같은 자료를 수집 · 분석한다.

① 수요분석 : 주요 고객, 예상소비량, 소비총액 등

② 공급분석 : 기존 기업의 공급능력, 기존 제품의 가격, 품질, 판매전략 등

③ 거래수요의 분석 : 생산품에 대한 미래수요를 추정

④ 시장점유율 추정 : 수요 · 공급 · 경쟁자의 위치와 구상하고 있는 사업의 판매계획 등을 고려하여 계획한 상품의 시장점유율을 추정

3) 기술적 타당성 분석

기술적 타당성이란 제품의 생산과 관련되는 제 요소, 즉 제품이 원만하게 생산될 수 있는지를 분석하는 요소이다. 제품에 대한 특성, 화학적 반응, 기계적 기능, 생산 시스템,

공정 등 생산제품에 대한 철저한 조사 · 분석과 더불어 공장입지, 시설계획 및 생산시설 규모, 생산능력 및 조업도, 원재료 조달 및 제품 1단위에 대한 원재료 소요량 산정, 기술 및 기능 인력 확보, 예상불량률 및 개선 가능성 등을 종합적으로 분석하여야 한다.

흔히 특허나 실용신안 등 지식재산권에 의한 창업의 경우에는 이론과 실제와의 격차가 어느 정도인지, 또 예상되는 불량률 및 하자 발생의 가능성은 없는지를 세밀하게 검토하여야 한다. 특히, 실험실 내에서의 검증만으로는 불충분하며 실제 산업 현장에 적용해보지 않으면 예상외로 사업 실패 확률이 높은 분야가 특허나 실용신안 등 지식재산권에 의한 창업이다. 왜냐하면 지식재산권은 기술 자체의 평가이지 사업 성공가능성의 확인이 아니기 때문이다. 아무리 훌륭한 제품이라도 소비자를 위해 상품화되지 않으면 그 사업은 성공할 수 없다.

기술적 타당성 분석은 사업계획의 기술적 타당성과 원가추정을 위한 기초자료를 제공하고, 사업에 영향을 미치는 여러 가지 요인을 고려하여 기술적 대안을 비교 · 검토하는 단계이다. 기술적 타당성 분석에서는 다음과 같은 내용을 포함시켜야 한다.

① 제품의 물리적 · 기계적 · 화학적 특성에 관련된 사항
② 제조공정에 대한 사항
③ 수요량을 생산할 수 있는 생산일정 및 공장규모의 결정
④ 구입할 기계의 규격 및 공급가격, 구매일정, 대금지불방식, 설비성능, 예비부속품의 가능성 등을 고려하여 기계를 선정
⑤ 기계의 장 · 단점을 충분히 비교 · 검토한 자료 및 기계의 배치(layout)
⑥ 이용되는 기술로부터 예상되는 폐기품의 종류, 양, 처리방식 및 처리비용

4) 재무타당성 분석

아무리 제품이 성공적으로 생산되어 적정량이 판매되더라도 소요자금이 적기에 조달되지 못한다든가 적정 수익을 제대로 실현하지 못한다면 그 사업은 성공가능성이 없을 것이다. 수익성 검토요소는 대부분이 향후 전망을 현재적 관점에서 분석하는 것이기 때문에 이의 근거자료가 되는 추정손익계산서, 추정대차대조표, 자금수지예상표 등 추정재무제표 작성이 핵심 과제가 된다. 또한 계획사업의 위험도도 분석해야 하는데 예측가능한 기업환경 변수를 적용하여 계획사업에 결정적인 영향을 미치는 변수가 어떤 것이

며, 어느 정도 계획사업에 영향을 미치는지를 분석하고 이에 대한 대응책을 모색하여야 한다.

가장 중요한 자금조달 및 운용분석시에는 먼저 사업에 필요한 총소요자금의 적정한 규모 산정과 더불어 조달가능성을 자금조달의 위험 분석과 함께 추정하고, 이들 자료를 중심으로 자금조달 및 운용계획서를 작성하여야 한다. 자금조달 및 운용계획서는 단기적 측면과 장기적 측면, 그리고 특정시설에 소요되는 자금으로 구분하여 누락되는 항목이 없도록 주의해야 한다.

검토되어야 할 내용은 다음과 같다.

① 총사업비의 명세, 초기 자본소요액 및 사업에 관련된 현금수지 분석
② 손익계산서, 대차대조표, 현금수지분석표에 기초를 둔 재무예측
③ 재무예측을 뒷받침하는 보조자료로서 판매대금의 회수기간, 재고수준, 구매제품 및 경비 지불기간, 생산원가의 항목 및 비용, 판매비 및 관리비 등
④ 수익에 관한 재무분석을 하기 위해 투자수익률, 손익분기점, 적정생산량 및 가격분석 등
⑤ 차입계획뿐 아니라 차입금 상환 재원 및 차입금 상환 능력에 대한 분석

5) 성장가능성 및 위험요소 분석

사업타당성 분석에서 검토되어야 할 또 다른 측면은 계획사업의 장기적 성장가능성의 분석이다. 성장성 분석시에는 기업성패에 중대한 영향을 미치는 기업 환경요소 중 기업경영에 치명적 영향을 미칠 가능성이 있는 위험요소에는 어떤 것이 있으며, 이들 위험요소에 대한 정확한 대응전략의 수립이 가능한지의 여부와 장기적으로 성장가능성이 어느 정도인지를 분석하여야 한다.

6) 분석결과 종합

이와 같은 타당성 분석의 결과를 토대로 사업계획서를 작성하게 된다. SWOT분석을 통하여 종합적으로 사업의 타당성을 분석할 수도 있다. SWOT분석은 기업의 내적인 강점(Strength) 및 약점(Weakness)과 외적인 환경의 기회(Opportunity) 및 위협(Threat)을 의미하는 복합어로서 기업의 내외 환경요인을 기업의 경영전략과 연결시켜 분석하는

방법이다.

(4) 사업성 분석의 대상

사업성 분석은 용도에 따라서 분석 대상에 약간의 차이가 있다. 신규 창업의 경우에는 사업 아이템의 성공가능성에 초점이 맞추어지며, 제품성과 기술성, 시장침투가능성과 판매전략, 그리고 수익성 등에 대한 향후 개략적인 전망에서부터 통계적 방법에 의한 수요 예측, 회계적 방법 및 재무적 분석기법에 의한 수익성 분석 등 다양하다.

신규창업의 경우 사업타당성 분석요소 중 반드시 분석해야 할 것은 최소한 후보 아이템 상대평가시 검토항목 및 후보 아이템별 우선순위 결정을 위한 예비사업성 분석항목과 손익분기점 매출액 등이다.

기존 사업을 확장하는 경우, 즉 기존의 제품을 새로운 방법과 새로운 기술로 생산하는 사업 또는 새로운 제품을 새로운 기술로 생산하는 사업을 신규로 추진하거나 업종전환 등을 위한 신규사업의 경우에도 창업의 경우와 마찬가지로 사업타당성을 평가해야 한다. 계획된 일의 성공과 실패는 그 일을 추진하는 주체 내지는 참여 인력의 인적요인에 의해 좌우된다고 해도 과언이 아니기 때문이다. 특히 신규 창업의 경우에는 창업자의 새로운 계획사업 수행능력과 앞으로 경영하고자 하는 업종에 대한 경험 · 지식 및 관련성이 필요수행능력과 해당 업종에 창업자가 적합한가를 분석해야 한다.

(5) 사업계획서의 구체적 예시

㉠ 일반 사항 : 사업체 개요, 회사의 전략, 경영진, 역사, 지배구조, 회사의 상황
㉡ 사업계획의 개요 : 사업목적과 내용, 기대효과, 계획제품의 소개
㉢ 생산계획 : 생산공정 계획, 시설투자계획
㉣ 사업의 범위 및 시장현황
㉤ 상품조달(생산)계획
㉥ 판매계획 : 유통경로 및 판매방법, 수출계획, 가격계획, A/S방법, 마케팅전략, 재고계획
㉦ 원부자재 조달계획 : 제품원가 단위당 소요 원자재, 국내외 조달계획
㉧ 인원 및 조직계획
㉨ 소요자금 및 자금수지계획 : 시설자금소요, 운전자금소요, 자금수지계획, 연구개

발계획

ⓩ 재무계획

ⓚ 자금조달계획

ⓣ 사업추진 일정계획

ⓟ 기타 : 공해방지시설 계획, 기술개발, 특허취득계획, 각종 규격승인 취득계획, 소요 공공시설 계획, 수송계획, 복리후생계획, 사업이념, 경영이념, 기업전문화, 브랜드 또는 CI계획

2.2 기술창업보육

2.2.1 특허기술 이전을 통한 기술사업화

여러모로 지원사업 등을 어느 정도 받으려면 개인적으로 접근해서는 일이 매우 힘들다. 기본적으로는 법인사업자가 아니면 지원기관으로부터 지원 받는 일은 수월하지가 않다. 이럴 때는 기술창업을 시도해보는 것이 훨씬 나을 수 있다. 또한 내가 발명한 나의 아이디어로 사업을 구상할 수도 있지만 기본적으로 순수 아이디어에 의한 아이디어 상품의 경우는 제외되더라도 보통은 개량 기술에 의한 개발이므로, 필드에서의 수요자 요구사항에 맞춰 개선할 수 있는 개량 기술을 대학이나 정부 출연 연구원에서 찾아서 접목하여 새로운 아이템으로 거듭나도록 하는 것도 매우 중요하면서도 비용을 줄일 수 있기 때문에 권장할 만하다. 이때는 기술이전을 받아야 하고 최근 이런 기술을 대상으로 기술이전사업(예를 들어, TBI사업, 기술상용화사업 등)들이 있으므로 사업자의 제품상용화 개발은 이러한 지원사업을 통해 추진하는 것이 리스크나 비용 모두를 줄일 수 있어서 매우 좋은 개발 방법 중 하나이다.

2.2.2 지원기관의 활용

(1) 전국 테크노파크

전국 지역별로 모두 16개의 테크노파크가 있으며, 해당 지역의 전략산업 등에 맞춰 특화된 분야의 지원이 가능하고 창업보육 공간의 제공과 장비 활용, 연구개발의 지원, 그 밖에 여러 형태의 지원책이 상시로 있어서 기술이전에 의한 창업자에게는 최적의 지원기관이 될 수 있다. 다음은 전국 테크노파크의 웹사이트 주소이다.

〈전국 테크노파크 주소〉
경기테크노파크 (http://www.gtp.or.kr)
경기대진테크노파크 (www.gdtp.or.kr)
강원테크노파크 (www.gwtp.or.kr)
경남테크노파크(www.mk21.org)
경북테크노파크(www.ktp.or.kr)
광주테크노파크(www.gjtp.or.kr)
대구테크노파크(www.ttp.org)
부산테크노파크(www.btp.or.kr)
송도테크노파크(www.step.or.kr)
울산산업진흥테크노파크(www.utp.or.kr)
전북테크노파크(www.jbtp.or.kr)
충남테크노파크(www.ctp.or.kr)
충북테크노파크(www.cbtp.or.kr)
포항테크노파크(www.pohangtp.or.kr)
서울테크노파크(www.seoultp.or.kr)
전남테크노파크(www.jntp.or.kr)

(2) 장비의 활용

다음 [그림 2-2]와 [그림 2-3]은 대표적인 장비 활용 서비스 관련 웹사이트를 나타낸 것이다.

그림 2-2 범부처 장비 · 기자재 공동활용 서비스

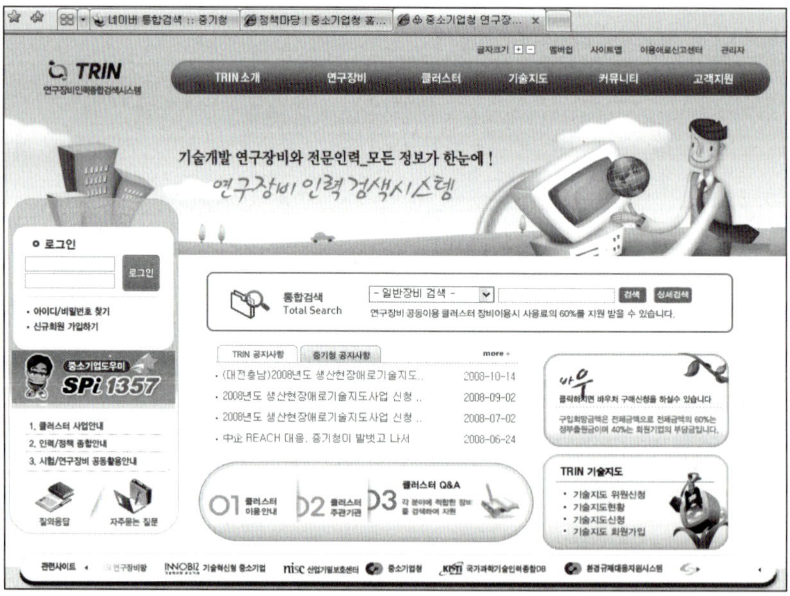

그림 2-3 중소기업청 운영 연구장비인력 종합 검색시스템

Chapter 03

아웃소싱

3.1 아웃소싱의 정의

아웃소싱(Outsourcing)이란 아웃(Out)과 소싱(Sourcing)의 결합어로 일반적으로는 외부의 전문회사를 활용하여 기업활동의 일부를 수행하게 하고, 이를 통해 기업의 핵심역량을 강화하여 내부적으로 전략적 이득을 추구하는 활동이라 할 수 있다.

단순하게는 '외부 기능이나 자원을 전략적으로 활용', '재화와 서비스의 외부 구매' (Maromonte, 1998), '특정 업무를 자회사 이외의 외부 업체에게 장기적으로 위탁하는 것' 등 아웃소싱은 다양한 의미로 사용되고 있다. 즉 아웃소싱을 가장 간단히 보면 외부 전문가에게 내부의 단순한 업무를 맡기는 일부터 내부의 기능 전체를 제3자가 맡아서 수행하는 것까지 포함되기도 한다.

그리고 아웃소싱이 실제 실현되고 있는 모습 또한 계약에 의한 일부 업무의 위임, 외부 업체와의 프랜차이즈 관계, 전략적 제휴, 컨소시엄 등 다양한 형태로 나타난다.

3.2 아웃소싱의 형태

아웃소싱은 크게 아웃바운드(Outbound)형과 인바운드(Inbound)형의 두 가지 유형으로 구분한다. 아웃바운드 또는 위탁형 아웃소싱은 다운사이징하는 과정에서 내부 업무를 외부에 위탁하면서 효율성을 추구하는 아웃소싱을 말하며, 제휴형 또는 인바운드 아웃소싱은 부가가치 창출을 위해 외부 기관과 가치사슬 상의 결합을 추구하는 것을 말하는 데 주로 내부적으로 부족한 부분을 외부에서 조달하는 형태로 아웃소싱이 이루어진다.

(1) 위탁형(Outbound) 아웃소싱

[그림 3-1]과 같이 기존의 내부 업무 · 기능 · 활동들을 외부에 위탁하는 것으로 협의의 아웃소싱으로 볼 수 있다. 이와 같은 아웃소싱은 공급업체에게 업무를 위임하는 형태가 일반적이다. 이때 아웃소싱의 목적은 주로 효율성, 채산성, 조직의 유연성, 정치적 문제 등이 된다.

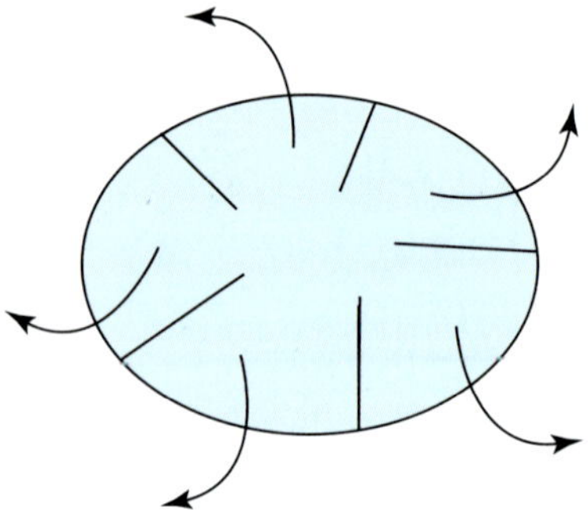

그림 3-1 위탁형(Outbound) 아웃소싱

(2) 제휴형(Inbound) 아웃소싱

기존에 없는 기능 · 활동을 제휴관계를 통해 외부에서 도입하는 형태의 아웃소싱으로 넓은 의미의 아웃소싱에 포함된다. 예를 들어 벤처기업이나 중소기업이 개발한 상품을 대기업이 마케팅하는 사례는 이미 일반화되어 있다. 이와 같은 아웃소싱은 전략적 제휴나 컨소시엄 형태를 띠게 된다. 그리고 이때 아웃소싱의 초점은 부가가치 창출, 전문성,

상호작용을 통한 협력증대(상호의 아웃소싱), 투자전략, 조직학습 등이 된다. 산업 내 기업들이 가치사슬로 연결되어 부가가치 창출을 목적으로 하는 아웃소싱은 기업간 생산과 물류 또는 연구개발과 마케팅 등이 결합되는 형태가 일반적이다([그림 3-2] 참조).

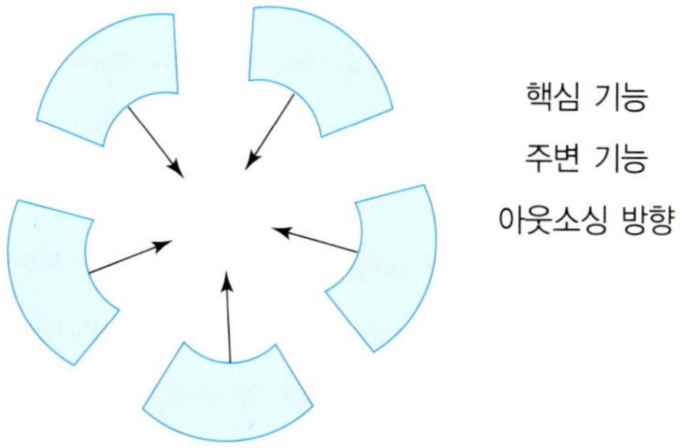

그림 3-2 **제휴형(Inbound) 아웃소싱**

(3) 혼합형 아웃소싱

이는 제휴형 아웃소싱과 위탁형 아웃소싱의 혼합형태를 띠며 주로 컨소시엄 형태로 아웃소싱이 이루어진다. 단계별로 보면 3단계인 전략적 제휴단계이다. 아웃소싱 단계에 대한 논의는 다음에서 살펴보기로 한다.

3.3 아웃소싱의 발전단계

기업이 아웃소싱을 활용하는 수준은 그 기업의 아웃소싱에 대한 경험과 학습에 따라 발전하게 되는데 그 과정을 [그림 3-3]과 같이 4단계의 발전 모델로 요약할 수 있다. 1단계는 단순한 외주화 단계, 2단계는 공동화 단계, 3단계는 전략적 제휴관계 단계, 그리고 4단계는 기업간 네트워크 형성단계이다.

1단계	2단계	3단계	4단계
단순한 외주 - 단순 아웃바운드 - 지원	공동외주 - 아웃바운드 - 아웃소싱 주체 간 협력 및 공조 - 정렬 및 의존	전략적 제휴 - 인바운드 - 아웃소싱 주체들 간 협력 및 공조 - 제휴	기업적 네트워크 구축 - 협력형 - 공존 - 가상기업

그림 3-3 **아웃소싱의 발전단계**

이 4단계 모델을 단계별로 살펴보면 먼저 1단계는 하위공정의 단순한 외주화다. 그동안 기업 내부에서 자체적으로 해결하던 단순 반복적인 업무를 외부 기관에 맡기거나 그 부분을 떼내어 독립된 자회사를 설립하는 전형적인 위탁형 아웃소싱을 말한다.

단순업무를 위한 용역업체의 이용이 이에 해당된다. 즉 아웃소싱 대상을 내부에서 찾아 이에 대한 지원을 외부 업체에 위탁하거나 내부에서 분리된 인력에 맡기는 형태가 된다. 여기서는 단순히 기존에 있는 업무 · 기능 · 분야에 대하여 지원받기 위해 아웃소싱을 하는 단계이다.

2단계는 대상 업무의 공동 센터화나 네트워크 및 인프라의 공유화를 이루는 것인데, 하위공정이 아웃소싱의 대상이라는 점에서는 1단계와 동일하다. 다만 여러 기관의 참여에 의해 공동으로 아웃소싱 업무를 맡기기 때문에 상호 조율이 필요하다. 따라서 1단계보다는 더 많은 업무조정 및 통제능력이 요구된다. 그리고 이러한 2단계 아웃소싱을 하는 기업들의 특징은 동 산업 내 선두기업들로부터 높은 경쟁 압력을 받고 있다는 점인데, 이들은 경쟁력 강화를 위해 특정 분야의 아웃소싱을 공동으로 수행하는 방법을 택하고 있다.

3단계는 하위공정의 외주화를 포함하여 종래 자기 스스로 할 수 없었던 업무를 수행하기 위해 여타 기업과 전략적 제휴를 맺는 단계다. 즉 글로벌 네트워크 구축, 신상품의 적기 개발, 기업간 합병시의 시스템 정비 등 경쟁우위를 확보하기 위한 전략적 아웃소싱이 이루어지는 단계이다. 이는 대표적인 제휴형 아웃소싱으로 기업이 달성하고자 하는 확실한 목표를 위해 외부에서부터 아웃소싱 형태로 전문기술을 도입하는 경우를 말한다.

4단계 기업간 네트워크를 형성하는 것은 아웃소싱 서비스 제공기관과 기업이 네트워크라는 가상공간을 통해 결합되어 특정 부문의 서비스를 네트워크로 공유하는 것을 말한다. 소위 '내외부의 협력을 통해 현재 자신이 갖고 있는 것보다 더 많은 자원을 이용할 수 있는' 가상기업의 등장은 4단계의 아웃소싱이 진행되고 있음을 의미한다.

3.4 아웃소싱의 도입 이유

우선 기업들이 아웃소싱을 하게 되는 단편적인 이유들을 살펴보자.

첫째, 업무나 기능을 자체적으로 제공하거나 유지하기에는 채산성이 부족하다. 즉 비용의 절감 및 서비스 수준의 향상을 위해서는 외부에 위탁하는 편이 유리하다. 그리고 자체적으로 직접 할 수도 있지만 외부에 맡길 경우 내부에서 하는 것과 같은 기능을 제공받을 수 있으면서 동시에 비용을 절감할 수 있다.

둘째, 조직 내부적인 정치적 갈등을 해결하기 위해 제3자에게 문제를 위임한다. 내부적인 이해 충돌이 있을 경우 제3자의 중립적인 위치가 문제 해결에 적합하다.

셋째, 내부적인 전문성이 없으나 현재 당장 그 기능이 필요하므로 그 부분을 밖에서 조달한다. 이러한 부문은 특히 재무관리 부문의 위험관리 기능에서 많이 나타나고 있다. 즉 자신의 핵심적인 능력을 중심으로 기업의 경쟁력을 제고하기 위해서 부가적인 가치를 제공하는 기관들로부터 도움받는 것을 의미하는 데 단순히 과학기술이나 지식뿐 아니라 물류, 생산, 마케팅 등 다양한 분야의 외부 전문성을 자신의 핵심역량과 접속하여 서비스의 부가가치를 높이는 차원에서 아웃소싱을 고려한다.

넷째, 조직의 유연성을 확보하기 위해 필요하다. 기업의 핵심 경영전략 중 하나는 조직이 불확실한 환경에 유연하게 적응할 수 있는 능력을 확보하는 것이다.

다섯째, 재무적 상태를 개선하기 위한 적극적인 조치로 아웃소싱이 활용될 수 있다. 고정투자의 부담이 높은 부문을 되도록 유동화하기 위해 아웃소싱을 활용한다.

[표 3-1]에서 아웃소싱의 장점과 단점을 자세히 설명하고 있다.

표 3-1 아웃소싱의 장점과 단점

장 점	단 점
• 보다 핵심적인 활동에 조직자원을 집중 • 보다 부가가치가 높은 기능에 자원을 집중 • 규모의 경제를 활용하여 비용절감 • 각 기술분야에서 가장 앞선 외부 조직의 기술이나 경험을 활용 • 교육훈련의 노력 없이 이미 교육되고 훈련된 인력을 활용 • 새로운 업무개발 및 운영비용을 구체화시켜 예측성과 통제성 증진 • 고정자산에 대한 투자를 회피함으로써 유동성 증진 • 환경이나 기술변화에 곧바로 대응 가능	• 환경변화 및 조직의 요구변화에 능동적으로 대응하기 어려움 • 계약중단이나 파기, 그리고 공급업체의 변경이 어렵고 변경하려 할 때 높은 교체비용이 발생 • 외주 업무의 개발과정이나 개발된 업무의 질에 대한 통제가 곤란 • 사내의 정보나 데이터에 대한 보안유지가 어려움 • 공급자가 계약을 준수하도록 하기 위한 추가적 비용과 노력이 필요 • 협력관계 관리에 추가적 비용이 소요 • 내부 전문인력의 직업 안정성을 위협 • 공급업체에 대한 과도한 의존으로 기업의 유연성 결여 • 실제 효과의 검증 곤란 • 내부의 외주된 기능의 약화

출처 : 남기찬, 1999.

Chapter 04
마케팅 전략

4.1 마케팅 전략의 정의

마케팅 전략은 크게 다음 세가지 요소로 정의된다.

① 어떤 측면의 고객가치로 경쟁할 것인가?
② 고객제공가치는 경쟁자와 어떻게 다른가?
③ 고객제공가치를 어떻게 실행할 것인가?

마케팅 정신이란, 발생되기 쉬운 경쟁에 대해 어떤 고객 제공가치를 가지고 경쟁해야 할 것인가의 아이디어를 발상하는 일과 그 실천 의지를 강화시키는 것이다.

경쟁기업		차별화 아이디어
크고 고급스럽게 휴대하기	↔	쉽고 경제적으로
싸고 실용적인 것	↔	고가로 좀처럼 사용하지 않는 것
가능한 한 많은 물건을 판다	↔	물건의 사용방법을 가르침
속도감 있는 처리	↔	여유 있는 시간
메일이나 전화로 주문	↔	구매하러 오는 재미

마케팅 전략에 의해 고객제공가치가 실현된다면 고객은 이를 '경험' 으로 기억한다. '경험' 이란 말에는 기업이 제공하는 상품이 가지는 개별적인 '일련의 시간과 공간' 이라는 의미가 포함된다. 좋은 경험은 고객의 지속적 구매를 가능하게 하고, 다른 고객에게도 그 좋은 점을 전달할 수 있다. 마케팅이 지향해야 할 것은 "제품을 만들어 고객 각각에게 개별적 경험을 제공함" 에 있다.

사용할 때마다 새로운 자신의 발견이나 재확인이 가능하다. 상품과의 연계에서 즐길 수 있는 시간과 공간, 편리함 등을 계획하고 실천하는 것이 마케팅이다. 이를 위해서는 확실한 가치와 제공수단이 필요하다.

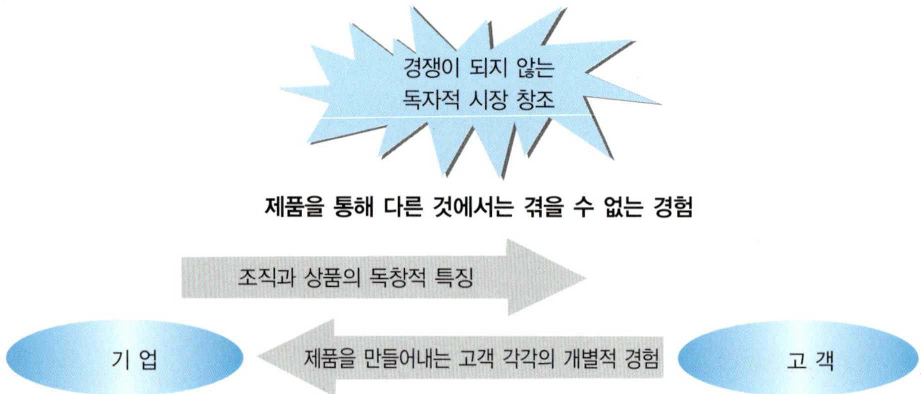

이것을 기획 · 실행하는 것이 마케팅이라면 '이를 누가 실시할 것인가' 하는 것은 특정 부서만의 문제가 아닌 기업의 활동 전부가 마케팅 활동이다.

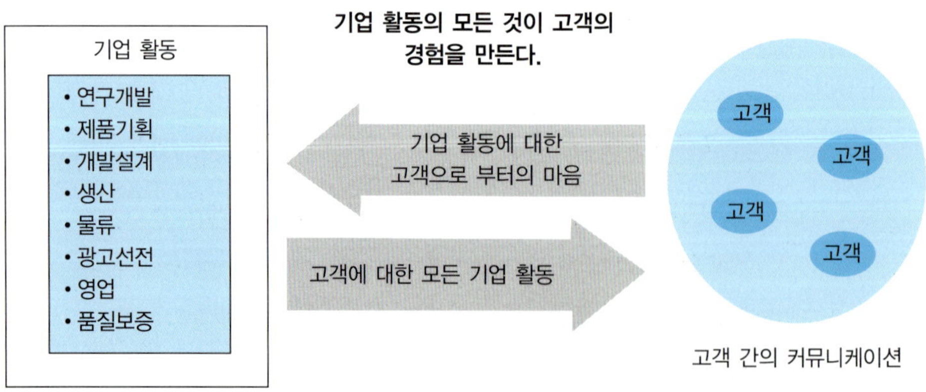

4.2 마케팅 믹스 전략

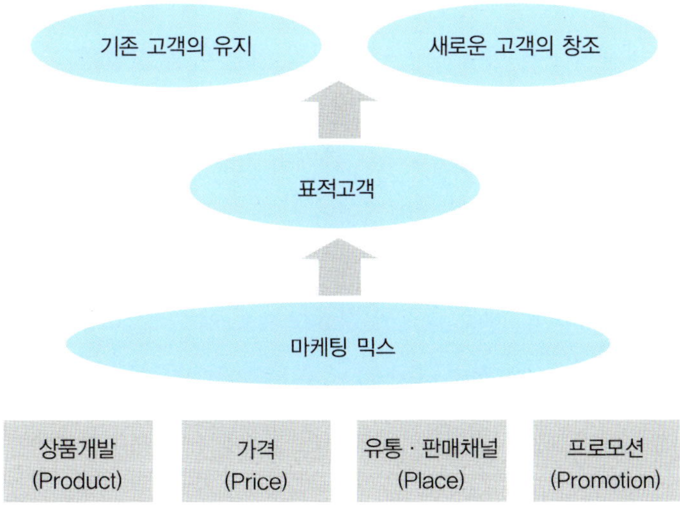

① 상품개발전략(Product) : 상품개발전략에는 제품 · 서비스의 조합에 의한 부가가치 창조전략, 제품 구조 그 자체의 차별화를 통해 블랙박스화하는 제품 아키텍처 전략, 높은 품질기준을 시장의 표준으로 하는 품질전략, 디펙토(De facto) 스탠다드(사실상의 표준) 전략 등이 있다.

② 가격전략(Price) : 가격전략이란 자사에서 가장 이상적인 가격을 설정하는 것이다. 가격설정 제약의 한 가지는 제조원가를 시작으로 하는 원가이다. 이는 기술혁신에 의해 원가를 절감하는 것으로 다양한 수준에서 가격설정의 자유도가 높아진다. 이를 실현하기 위해서는 설계와 제조, 물류 등의 분야에서 기술적 발전이 추구된다.

③ 유통 · 판매 채널전략(Place) : 채널전략은 고객에 대한 직접적인 가치전달을 하기 위한 전략이다. 유통채널로서는 말하자면 소매, 대리점 등을 떠올리지만, 유통개혁이 진행된 현재, 완성품 메이커와 솔루션 벤더(vendor) 등도 채널로 보고 있다. 시마노의 자전거 부품은 자전거의 완성품 메이커에 의해 최종사용자에게 판매되고 있다. 이 경우 유통단계가 부가가치 부여 기술을 가지고 있는가가 열쇠가 된다. 기술로서는 IT활용, 소형화 등이 있다.

④ 촉진전략(Promotion) : 프로모션 전략이란 고객에게 정보전달을 실현하기 위한 전략이다. 기술 프로모션 전략으로서는 최신 기술 자체의 브랜드 홍보가 있다.

4.3 마케팅 트렌드

성과가 좋은 기업을 방문했을 때, 공통점은 부문과 계층에 관계없이 늘 고객에 대한 관심이 높고, 최신 시장정보를 공유하고 있다는 점이다. 이런 기업들은 '지금부터'의 프로세스에서 일을 진행하고 있다. 결국 프로세스에 관계된 모든 사람이 시장정보를 파악하기 쉬운 구조를 가지며, 고객과 적극적인 관계를 가질 수 있다. 이것이 실현되기 위해서는 당연히 마케팅 전략의 공유가 전제되어야 한다.

그리고 이들 기업에서는 각 프로세스가 동시에 병행적(concurrent)으로 실시되어 고객과 시장에 짧은 시간 내 제품 공급이 가능하도록 하는 등 민첩한 행동이 이루어져야 한다.

■ '지금부터' 마케팅은 전략비전과 시장정보의 공유화가 전제되어야 한다.

지금까지

- 고객접점은 판매촉진부문과 영업부문
- 고객 정보는 하류에 있는 고객접점을 가진 영업부문에서 상류로 흘러간다.
- 기술개발활동이 고객과 시장과는 독립되어 존재하고 있다.
- 기술부문은 고객가치창출을 위한 리더 역할로는 되기 어렵다.

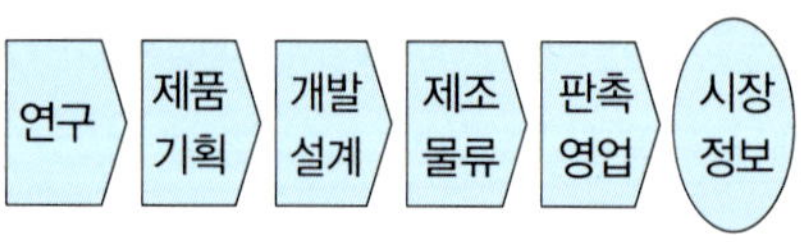

지금부터

- 모든 부문이 어떠한 형태로 고객 커뮤니케이션을 행한다.
- 기술부문이 프로젝트 리더로서 마케팅을 행할 수 있다.
- 기술부문이 고객가치창출의 핵심적 역할로 활약하고 있다.

마케팅 전략

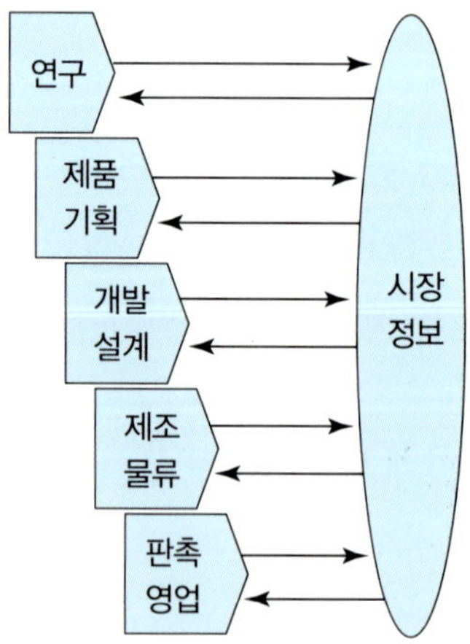

■ '지금부터' 기술자는 마케팅 프로세스 초기 단계부터 관여해야 한다.

지금까지의 마케팅 프로세스

1. 경쟁사와의 비교에서 제품개발의 향상성과 개발과제를 설정
2. 기술개발 과제를 계획하고, 과제달성
3. 제품설계, 생산에 대처
4. 필요한 서비스, 정보제공 등을 생각
5. 선전광고, 판매촉진, 가격, 판매방법을 기획
6. 시장에 제품을 출시
7. 원가절감 등 개량에 대처

지금부터의 마케팅 프로세스

1. 자사의 강점을 살릴 수 있는 범위 내에서 차별화된 고객제공가치를 가정
2. 상품 콘셉을 기획하고, 시장 테스트를 실행(상품=제품+서비스)
3. 광고선전, 판매촉진, 가격, 판매방법을 기획
4. 필요한 기술, 서비스를 도출해 기업 내외로부터 조달 또는 개발
5. 제품설계, 생산에 대처
6. 시장에 제품출시
7. 브랜드 가치향상에 노력

4.4 기술자 중심의 마케팅

4.4.1 새로운 고객가치의 창조 가능성

유망 기술이 향후 어떤 기능을 달성할 수 있는지를 이해하고 있는 기술자야말로 장래 고객이 어떻게 변화할지를 예측할 수 있다. 기술자가 고객의 입장에서 제품을 어떻게 만들고, 어떠한 제품과 서비스가 필요할지를 생각하면서 그러한 제품과 서비스를 만들어내기 위해 필요한 기능과 기술을 발전시키는 것도 가능하다. 이를 위해서는 늘 고객의 입장에 서서 고객 이상으로 고객을 알고 넓은 시야를 가지고 고객가치를 새롭게 창조한다는 의식과 사고의 훈련을 추구해야 한다.

■ 기술자는 기술이라는 전문지식으로 새로운 고객가치를 창조한다.

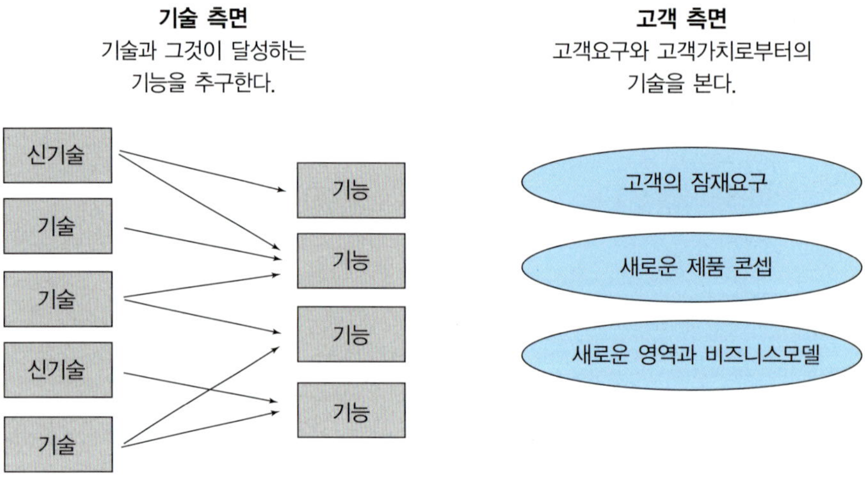

'기술전문지식'을 가진 자만이 발견할 수 있는 것이 존재한다.

4.4.2 기술에 의한 대규모 혁신의 가능성

첨단기술에 대처한다는 것은 그 기술에 의한 대규모 혁신을 사업에 도입시켜 대담한 전략 시나리오를 그린다는 것이다. 이것은 연구개발에 종사하는 기술자가 대처해야 할 일이다. 동시에 기술은 경영전략과 사업전략에 대해 기술 혁신을 도입하는 장기적 구상을 가능하게 한다.

중기적 전략기획에 있어서도 시장의 성숙 등 시장 관점으로 볼 때 이미 닫혀 있는 사업에 대해 기술관점에서 사업부문 영역 변혁을 실시하는 전략과 타사업 또는 타사 기술과의 융합에 따른 대규모의 포지셔닝 변혁을 실행하는 것은 기술분야 전문지식 없이는 구상하기 어렵다.

- 기술자는 「장기적인 전략 시나리오 구상」 「대규모 혁신」의 시점을 사업과 경영에 반영시킨다.

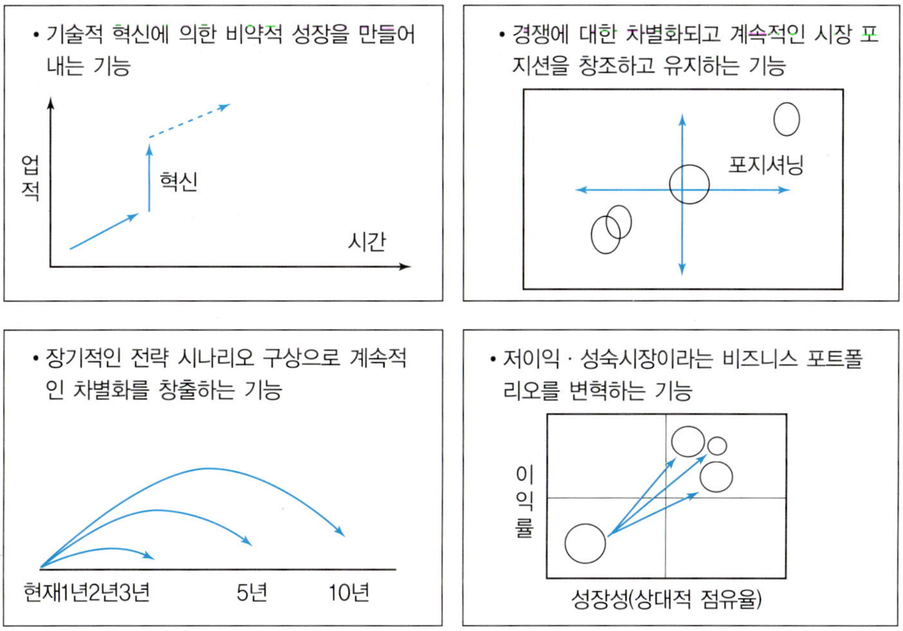

4.5 제품수명주기 전략

	도입기	성장기	성숙기	쇠퇴기
제품수명 주기	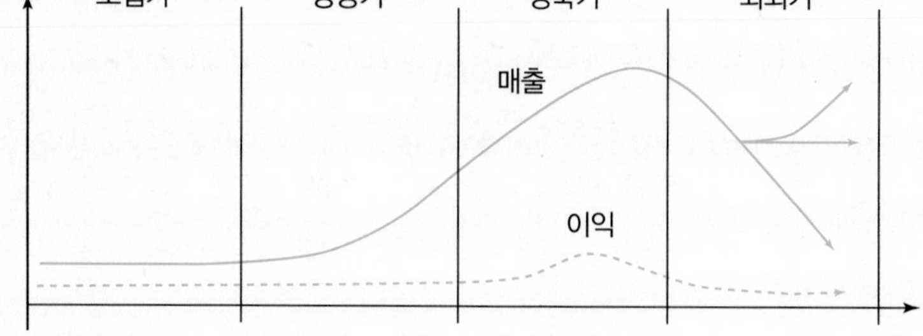			
주요 마케팅 전략	• 기본적 상품(상품 브랜드화) • 비용 플러스 방식에 의한 고가격 설정 • 초기 채용자 지향의 채널 구축 • 초기 채용자 지향의 대규모 정보발신과 상품 인지	• 상품 브랜드 확대와 상품 브랜드 강화 • 시장침투를 위한 저가격화 • 다수 고객지향의 채널 확대 • 다수 고객위주의 정보발신과 상품 인지	• 상품 브랜드의 다양화 • 경쟁사 수준이나 그보다 더 저가격화 • 시장 전체를 지향한 채널의 확대 • 상품 브랜드 차별화를 위한 프로모션 강화	• 상품 브랜드력의 유지와 약한 상품 브랜드의 단계적 퇴출 • 저가격화 • 수익성 낮은 채널에서의 단계적 퇴출 • 로열티(충성심) 높은 고객을 유지하는 데 필요한 수준까지 축소
주요 기술 개발전략	• 제품 구조, 요소 기술 등의 디펙토 스탠다드의 확립 • 디펙토화된 기술은 특허나 블랙박스화에 의해 보호 • 제조기술의 확립 • 기술개발 과제의 해결에 있어서는 제휴를 활용 ① 산 · 학 · 관의 컨소시엄에 의한 공동연구 ② 잠재적인 경쟁기업과의 제휴 ③ 시장의 선도기업과의 제휴	• 상품 브랜드 강화를 위해 중심 기능의 강화를 위한 기술개발 • 양산, 저가생산을 위한 제조기술의 개발 • 제품라인 증가를 위한 개발설계력의 향상 • 주요 기능 보완을 위한 제휴(제조, 유통, 상품기획, 마케팅, 자금 조달 등) • 해외 전개를 위한 기술이전	• 상품 브랜드 다양화에 동반된 기술개발과제의 대안(각 상품 공통의 과제, 각상품 고유의 과제) • 상품의 다양화와 경쟁격화에 수반된 다품종 소량의 생산체제의 확립 • 한층 더 저가생산을 위한 제조 기술의 개발	• 이익률 유지목적의 제조원가절감을 위한 기술개발, 근본적인 생산방법의 혁신(저가생산방식) • 제품통합을 위한 설계개발 • 해외, OEM국으로의 기술이전과 품질관리 • 기존 기술에서의 신규사업의 탐색

마케팅 전략은 제품수명주기의 단계별로 각각 다른 특징을 가진다. 따라서 마케팅 전략 자체에 대해 많은 영향을 주는 기술전략은 내용과 영향도 각 단계에 따라 다르다.

① 도입기 : 제조업에서의 사업 운명을 결정짓는 것은 도입기에서의 기술에 있다. 도입기 기술전략의 특징은 커지기 쉬운 개발투자 위험을 낮추는 것, 상품을 많은 고객과 업계참가자들에게 인지시키는 것, 그리고 네트워크 유지기능 및 원가 등의 측면에서 기술혁신 발전을 실현시키는 것이다. 이를 위해서는 공동개발, 컨소시엄 등의 제휴가 효과적이다.

② 성장기 : 성장기 전략은 성장하는 시장을 어떻게 리드할 것인가에 있다. 경쟁 포지션이 생성되는 성장기에는 기술에 의해 다양해진 고객층을 대응하기 위해 마케팅 전략의 선택내용을 늘릴 필요가 있다. 이에는 다양화된 욕구와 상품정비 대응, 수요변동 대응 등이 있다. 기술의 디펙토 스탠다드(사실상의 표준)화, 위험요소를 줄일 생산능력의 확대, 글로벌화를 위한 기술이전 등이 필요하게 된다.

③ 성숙기 : 성숙기에는 몇몇 기업의 퇴출이 진행된다. 따라서 기업은 이익 극대화의 전략과 앞으로 다가올지 모르는 퇴출에 대비하기 위한 전략을 추구한다. 기술은 대규모의 생산혁신, OEM 전략, 고객시장의 철저한 세분화와 세분시장에 부합한 다품종 제품전략 등에 도움이 된다.

④ 쇠퇴기 : 쇠퇴기는 세 가지 방식이 구사될 수 있다. 이는 손실을 최소한으로 줄이며 퇴출되는 것, 새로운 혁신에 의한 부활, 현상유지이다. 기술전략에서는 해외와 OEM 생산 등을 통해 제조원가와 위험요소의 감소, 사업과 기술의 매각, M&A(Mergers & Acquisitions)에 의한 규모확대이익(scale merit) 획득 등이 있다.

4.6 브랜드 전략

브랜드란 기업, 제품군, 제품 등에 대하여 상징과 언어, 심볼, 디자인을 통해 만들어진 인상과 감정을 말한다. 브랜드가 가장 높은 수준에 있을 때, 그것은 신뢰가 된다. 이 경우 경쟁사에 비해 고객이 자사상품에 더 높은 가치를 인식하게 되는 영향을 준다. 이것은 장기간에 걸친 기업의 노력에 의해 구축된 '무형의 자산' 이다. 브랜드에는 제품 브랜드, 서브 브랜드, 속성 브랜드, 사업 브랜드, 기업 브랜드 등이 있다. 기술과의 관계성이 높은 것은 속성 브랜드이다.

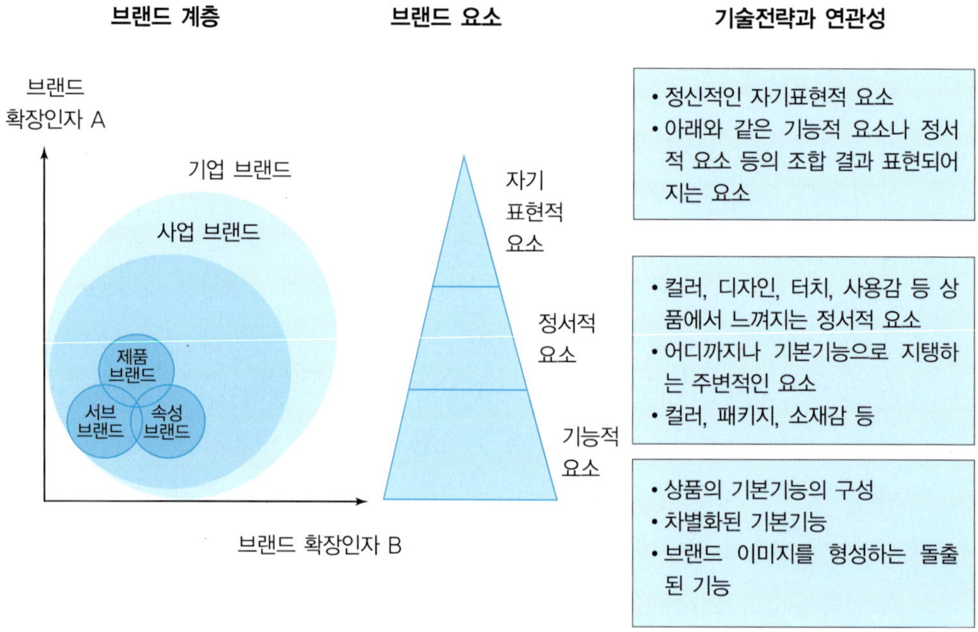

최근 기술 전략을 브랜드 전략과 연결지어 경쟁사에 대한 진입장벽을 구축하고, 높은 수익성을 올리고 있는 경우도 볼 수 있다. 그 예로 기술에 의한 브랜드 전략을 소개한다.

기술에 따른 주요 브랜드 전략의 사례	사 례	전략의 개요
프로덕트 인	• 인텔의 CPU • 카우오의 'econa : 에코나' • 시마노의 자전거 부품	• 부품, 소재 그 자체의 기술력이 완성품의 중요한 기본기능을 좌우 • 부품, 소재 그 자체가 구입의 결정적 요소가 됨.
속성 브랜드	• 토요타의 안전브랜드 '고어'	• 많은 제품을 공통으로 요구하는 속성 • 안전성, 안심 등 고객 구매요소의 기본적인 것을 내세우는 일이 많음. • 소재나 엄격한 테스트 프로세스 등의 기술이 그것을 증명
기본기능의 요구에 의한 브랜드 전략	• 엡손의 '카라리오' • 샤프의 '아쿠오스' • 아사히 맥주의 '슈퍼 드라이'	• 계속되는 기본성능의 향상을 요구 • 기본기능이 중시되는 상품에서는 고객에게 브랜드 이미지 정착
주변기능의 요구에 의한 브랜드 전략	• 혼다 오딧세이 '세단 감각'(세단식 도어)	• 기본기능 이외의 주변기능에서의 브랜드 추구 • 지금까지보다도 랭크 1위를 어떻게 연출할 것인가?
기술 그 자체에 의한 브랜드 이미지	• 마츠다의 '로터리 엔진' • 샤프의 '액정' • 보즈의 '스피커'	• 그 회사가 가진 핵심기술을 많은 상품에 심어 넣는 일로 높은 브랜드 요구를 노릴 수 있다. • 기술 그 자체를 개발프로세스와 제품의 특성으로서 계속하여 요구한다.
기술에 관련된 기업 Policy의 브랜드	• 3M의 혁신, 아이디어	• 장기간 계속된 기업의 기술이나 제품에 관한 대처자세를 브랜드화한 것 • 기술개발로부터 이미지되는 기대감을 만든다.

부록

1. 경고장 샘플

경 고 장

발신번호 :

수 신 : 주식회사 ○○○
경기도 ***
대표이사 ×××

제 목 : 특허권 침해사실 통보와 침해중지 요청 및 이에 대한 답변요구

1. 귀사의 사업이 날로 번창하시길 진심으로 기원합니다.
2. 본인(****)은 "****"이란 발명의 명칭으로 200*년 2월 1일자로 특허출원을 하여 200*년 2월 10일자로 등록을 받았습니다. 이와 같은 등록사실은 첨부 1 특허등록원부를 통하여 확인할 수 있습니다.

상기 이 건 등록특허(등록번호 10-*****)****의 특허청구범위 제1항은 '**** 더 크게 형성되는 것(이하 '자전거' 라 한다)을 특징으로 하는 ****' 이라고 기재되어 있습니다. 이와 같은 기재사실은 첨부 2 등록특허공보를 통하여 확인할 수 있습니다.

3. 위 사실을 기초로 하여 본인은 귀사에서 본인의 특허권과 동일한 자전거(첨부 3)를 ********으로부터 구입을 하여 본인의 특허권을 침해하는 물품을 사용

하고 있다는 사실 및 본인의 특허권이 침해당하고 있다는 사실을 확인하고 이를 매우 유감스럽게 생각하며 이와 같이 경고장을 보내는 바입니다.

따라서 본인은 본인의 특허권에 대한 귀사의 침해행위에 대해 곧바로 법에 따른 자위적 조치를 취하기에 앞서 귀사에서 본인의 특허품인 자전거를 사용하여 제조 및 판매하고 있는 ***은 본인의 특허권을 침해하는 것임을 알리고 귀사가 스스로 이와 같은 침해행위를 중지함과 동시에 본인의 요구에 따를 것을 요청하는 바입니다.

4. 본인의 특허권에 해당하는 물품인 자전거를 제조 및 판매하는 귀사의 실시행위는 특허권 침해의 성립요건인 ⅰ)특허발명의 실시 ⅱ)보호범위 내의 실시 ⅲ)업으로 실시 ⅳ)정당한 권원이 없는 실시에 해당하므로 현재 본인의 특허권을 침해하고 있습니다.

5. 따라서 귀사에서도 이미 잘 알고 계시는 바와 같이,

민사상 구제수단으로 특허법 제126조 제1항에는 "특허권자 또는 전용실시권자는 자기의 권리를 침해한 자 또는 침해할 우려가 있는 자에 대하여 그 침해의 금지 또는 예방을 청구할 수 있다"라고 규정되어 있고 동법 동조 제2항에는 "특허권자 또는 전용실시권자가 제1항의 규정에 의한 청구를 할 때에는 침해행위를 조성한 물건의 폐기, 침해행위에 제공된 설비의 제거, 기타 침해의 예방에 필요한 행위를 청구할 수 있다"라고 규정되어 있어 본인은 침해금지청구권을 행사할 수 있으며, 손해배상청구권을 행사할 수 있습니다.

또한 귀사의 본인의 특허권을 침해한 물품을 제조 및 판매로 인한 부당이득의 반환을 청구하는 부당이득반환청구권을 행사할 수 있습니다.

그리고 형사적 구제수단으로 특허법 제225조 "특허권자 또는 전용실시권자는 고의로 특허권을 침해한 자에 대하여 침해죄로 고소할 수 있으며, 침해한 자는 7년 이하의 징역 또는 1억원 이하의 벌금에 처한다"라고 규정되어 있어 귀사의 계속적인 침해행위는 고의가 입증되므로 침해죄가 성립될 수 있고, 따라서

본인은 귀사를 고소할 수 있음을 알려드립니다.

또한 특허법 제231조에 몰수규정에 따라 귀사의 침해품을 몰수할 수 있습니다.

6. 따라서 본인의 특허권의 침해중지 요청에도 불구하고 본 경고를 무시하고 침해의 시정이 이루어지지 않고 계속적으로 침해를 할 경우 상기 민사적 구제 및 형사적 구제 수단을 적극적으로 이용하여 법률이 허용하는 범위 내에서 강력하게 대처할 것임을 경고하는 바이며 이하 다음과 같은 이행을 촉구하는 바입니다.

- 다 음 -

(1) 이 경고장을 받는 즉시 본인의 특허권을 침해하는 물품의 제작 및 판매 등 일체의 실시행위를 즉각 중지하여 주시기 바랍니다.

(2) 귀사가 본인의 특허권을 침해하는 물품을 공급한 업체(주소, 연락처, 대표자명 포함), 공급량, 공급기간 및 공급단가 일체의 정보를 문서화하여 본인에게 200*년 *월 **일까지 송부하여 주시기 바랍니다.

(3) 본인의 특허권을 침해하는 물품으로서 금일 현재 귀하가 보유하고 있거나 시중에 배포되어 있는 물품을 200*년 *월 **일까지 모두 수거하여 본인의 입회하에 폐기하여 주시기 바랍니다.

(4) 차후로는 본인의 특허권에 대한 침해행위를 절대로 자행하지 않겠다는 취지의 각서를 작성하여 200*년 *월 **일까지 본인에게 도달되도록 송부하여 주시기 바랍니다.

(5) 귀사의 현재에 이르기까지의 본인의 등록특허를 실시함에 따른 손해배상액(또는 합의금)을 본인과 협의하여 주시기 바랍니다.

- 첨 부 자 료 -

첨부 1. 특허등록원부(등록번호 10-******) 사본 1부

첨부 2. 등록특허공보 사본 1부
첨부 3. 귀사가 구입하여 사용하는 본인의 특허권을 침해한 자전거의 사진. 끝.

2009년 1월 20일

발 신 : 주식회사 □□□
경기도 ***

2. 경고장에 대한 회신문 샘플

회 신 문

발신번호 :
수 신 : 주식회사 甲
경기도 ***
대표이사 ○○○

제 목 : 특허침해금지 및 손해배상청구 경고에 대한 회신의 건

1. 귀사의 사업이 날로 번창하시길 진심으로 기원합니다.
2. 당사는 귀하가 2005년 9월 22일 발송하신 경고서, 이에 첨부된 특허등록원부 사본 및 특허기술내용 요약문을 검토하고 난 후 이 건 문서를 귀하께 발송하게 되었습니다.
3. 귀하는 상기 경고장을 통해,

『따라서, 2005. 9. 30.까지 귀사에게 아래와 같은 내용을 이행해 주실 것을 요청드리고자 합니다. 첫째, 귀사의 특허침해에 대하여 사과문을 정식으로 보내주시고, 둘째, 특허발명을 침해하는 프로그램이나 솔루션의 생산, 사용, 양도, 대여, 전시, 양도나 대여를 위한 청약, 수입하는 행위뿐 아니라 제3자에게 침해된 특허

물품의 대여, 제공, 배포하는 행위, 이와 같은 특허 침해된 물품을 이용하여 시스템을 구축하는 행위 등을 중단하여 주시기 바라며, 셋째, 위 같은 기간 내에 특허를 침해하여 생산된 물건이나 매출 등 이를 확인할 수 있는 과거 또는 현재의 회계자료, 계약서, 세금계산서, 납품실적, 하도급 내역서 등 자료를 당사에 제시하여 주기 바랍니다』라고 통보하였습니다.

4. 당사는 당사가 현재 실시하고 있는 기술이 귀하의 전용실시권을 침해하는 것인지 여부를 신중하게 검토한 결과, 당사가 실시하는 기술은 귀하가 송부한 특허발명1 내지 3의 보호범위에 속하지 않음을 발견하였습니다.

즉, 당사의 실시 기술은 송부된 특허발명1 내지 3의 청구항들에 기재된 일련의 단계들 중 핵심적인 단계를 포함하지 않으므로 구성요소 완비의 원칙에 의해서 특허발명1 내지 3에 설정된 귀하의 전용실시권을 침해하고 있지 않다고 판단됩니다.

5. 또한 당사에서는 특허발명1 내지 3에 대해 출원일 전에 이미 공지된 기술에 대해 검색 작업을 수행하였으며, 그 결과 특허발명1 내지 3과 동일성이 있거나, 당사가 현재 실시하고 있는 제품과 동일한 선행기술을 다수 검색하여 보유하고 있습니다.

따라서 당사가 현재 실시하고 있는 기술이 상기 특허발명1 내지 3에 기재된 발명과 관련성이 있다고 하더라도, 특허발명1 내지 3은 당사가 현재 확보한 그 출원일 이전에 이미 공지되어 있는 기술과 동일하거나, 공지된 기술만으로 이루어진 것으로서,

「등록된 특허의 일부에 그 발명의 기술적 효과발생에 유기적으로 결합된 것이 아닌 공지사유가 포함되어 있는 경우 그 공지부분에까지 권리범위가 확장되는 것이 아닌 이상 그 등록된 특허발명의 전부가 출원 당시 공지공용의 것인 경우에도 특허무효의 심결의 유무에 관계없이 그 권리범위를 인정할 수 없다.」
라고 판시한 대법원 81후56 판결(전원합의체) 등을 참조할 때, 당사가 현재 실시

하고 있는 기술이 특허발명1 내지 3의 보호범위에 속하는지 또는 특허발명1 내지 3과 유사한지 여부에 관계없이 특허발명1 내지 3의 권리범위에 속하지 않습니다.

나아가 특허발명1 내지 3이 그 출원일 전에 이미 공지되어 있는 기술과 동일하지 않다고 하더라도,

「어느 발명이 특허발명의 권리범위에 속하는지를 판단함에 있어서 특허발명과 대비되는 발명이 공지의 기술만으로 이루어지거나 그 기술분야에서 통상의 지식을 가진 자가 공지기술로부터 용이하게 발명할 수 있는 경우에는 특허발명과 대비할 필요 없이 특허발명의 권리범위에 속하지 않게 된다.」

라고 판시한 대법원 99후710 판례 등을 참조할 때, 당사가 현재 실시하고 있는 기술은 특허발명1 내지 3과 관계없이 공지기술만으로 이루어지거나 당업자가 공지기술로부터 용이하게 발명할 수 있는 것으로서, 특허발명1 내지 3과 대비할 필요 없이 특허발명1 내지 3의 권리범위에 속하지 않습니다.

6. 또한, 위와 같이 특허발명1 내지 3은 무효사유가 있는 것이 명백하므로,

「법원은 특허에 무효사유가 있는 것이 명백한지 여부에 대하여 판단할 수 있고, 심리한 결과 당해 특허에 무효사유가 있는 것이 분명한 때에는 그 특허권에 기초한 금지와 손해배상 등의 청구는 특별한 사정이 없는 한 권리남용에 해당하여 허용되지 아니한다.」

라고 판시한 대법원 2004. 10. 28. 선고 2000다69194 판결 등을 참조할 때, 무효사유가 명백한 귀하의 특허권에 기한 경고장 발송과 같은 권리 행사는 권리남용에 해당하는 행위로서 허용되지 아니합니다.

7. 설령, 당사가 실시하는 기술이 특허발명1 내지 3과 관련성이 있다고 하더라도, 당사가 상기 특허발명1 내지 3의 특허권자와 해당 기술에 대해 사용계약을 체결하고 현재까지 정당한 대가를 지불하여 왔습니다. 따라서 당

사는 상술한 논의와 전혀 관계없이 특허발명1 내지 3을 자유롭게 실시할 수 있는 정당한 권원이 있습니다.

그럼에도 불구하고, 귀하는 당사에게 전용실시권의 배타적 권리를 행사하였습니다. 이러한 행위는 특허권자와 실시 계약을 맺어 건전한 거래 질서를 유지하기 위한 당사에게 부당한 권리 행사라고 판단됩니다.

8. 따라서 상술한 바와 같이 당사는 귀하의 전용실시권을 침해하고 있지 않으며, 귀하가 요청한 사과문, 회계자료, 계약서, 세금계산서, 납품실적, 하도급 내역서 등 자료 제출에 응할 이유가 전혀 없는 것으로 사료되므로, 당사에 대한 요청을 명시적으로 철회하여 주시기를 정중히 요청드립니다.

또한, 당사는 송부된 특허발명1 내지 3의 무효 사유를 이유로 특허발명1 내지 3에 대한 권리범위확인심판 및 무효심판을 제기할 수 있음을 알려드립니다.

9. 아울러, 당사가 귀하의 전용실시권을 침해하지 않았음이 이처럼 명백함에도 불구하고, 귀하가 명시적인 사죄 의사를 표시하지 않은 상태에서 불특정 다수에게 당사가 귀하의 전용실시권을 침해한 것처럼 허위 사실을 유포하거나 민, 형사 소송을 제기하는 등 당사의 사업에 지장을 초래한다면, 당사는 귀하가 악의적으로 사업을 방해하려는 것으로 판단하여 가능한 모든 법적 수단을 취할 수도 있음을 아울러 알려드립니다.

이상과 같은 사항은 당사가 취할 수 있는 제반사항 중 최소한의 것으로서 이 점 각별히 유념하시어 동종업자간 불필요한 다툼으로 비화되지 않기를 진심으로 고대합니다.

2009년 1월 30일

발신인 : 주식회사 乙

서울시 ***

지식재산권부 *** ⇒ 대표이사 이름을 피할 것

3. 계약서 샘플(I)

[특허기술 통상실시권 허락계약서]

특허기술 통상실시권 허락계약서

특허권자 △△△(이하 '갑' 이라 함)와 실시권자 ○○○(이하 '을' 이라 함)는 갑이 권리를 보유하고 있는 특허의 실시와 관련하여 다음과 같이 계약을 체결한다.

- 다 음 -

제1조 (목적)

본 계약은 갑이 을에 대해서 갑 소유인 제2조에 기재된 특허권(이하 '본건 특허' 라 함)에 대해 통상실시권을 설정함에 있어 필요한 제반사항을 정함을 그 목적으로 한다.

제2조 (특허권의 표시)

계약의 목적이 되는 본건 특허의 내용은 다음과 같다.

특허번호 :

발명의 명칭 :

제3조 (실시권의 허락)

갑은 을에 대하여 을이 '본건 특허' 를 실시한 제품을 생산 또는 판매하거나 기타의 처분을 하기 위한 '본건 특허' 에 대한 통상실시권을 허락한다. 본 실시권은 비독점적이다. 따라서 을은 본건 특허를 제3자에게 양도할 수 없고 담보로 제공할 수도 없으며 갑의 사전 서면승인 없이 제3자에게 재실시하지도 못한다.

제4조 (실시권의 범위)

본 계약에 따른 '본건 특허' 의 실시권 허여 범위는 다음과 같다.

1. 실시기간 : '본건 특허' 에 대한 실시권은 계약체결일로부터 ( )년간 존속한다. 을이 계약연장을 원하는 경우에는 계약만료일 ( )개월 이전에 계약기간 연

장의사를 갑에게 통보하여야 하고 계약만료일 전에 재계약을 체결하여야 한다. 을이 정해진 기간에 계약기간 연장의사를 통보하지 않은 경우에는 계약기간만료로서 본 계약은 확정적으로 종료된다.

2. 실시권의 종류 : 통상실시권

3. 실시지역 : 대한민국 전역

제5조 (실시권의 설정등록)

갑은 을이 자기의 비용으로 본 계약에 의해 허락된 실시권을 설정 등록하는 것에 동의하고, 을의 청구권에 따라 이에 필요한 서류를 무상으로 제공하여야 한다.

제6조 (실시료)

1항 : 을은 본 계약에 따른 실시권에 대한 대가로 갑에게 다음과 같은 실시료를 지급하여야 한다.

1. 선급금 : 금 (　　　)원을 본 계약 체결 후 (　)일 이내 현금으로 지급함.

2. 경상실시료 : '본건 특허'를 사용한 제품의 제조 · 판매로 발생된 총매출액의 (　)%를 지급함.

2항 : 경상실시료의 정산은 매년 1회 하는 것을 원칙으로 한다. 을은 매년 2월 말까지 전년 1월 1일부터 12월 31일까지의 기간동안에 발생한 실시료를 갑에게 지급하여야 하고, 본 계약기간 만료연도에는 만료일부터 60일 이내에 지불하여야 한다.

3항 : 을이 경상실시료를 기간 내에 지급하지 않을 경우에는 지체일수에 그 당시의 갑의 주거래 금융기관(○○은행)의 정기예금 금리(또는 대출금리)를 적용한 지체상금을 지불하여야 한다.

4항 : 제1항 제2호 소정의 경상실시료 지급에 관하여는 별도로 정하는 양식에 따라 생산수량, 판매수량, 재고수량, 매출금액 등을 갑에게 보고하여야 한다.

5항 : 을은 본 계약 체결일 이후에 제조된 제품의 생산, 수주량 및 판매액을 기록한 장부를 비치하여야 하며, 갑은 필요한 경우 언제든지 관련 장부를 검사할 수 있다.

제7조 (기록의 보관 등)

1항 : 을은 계약기간 및 계약만료 후 ( )년 동안 본 계약에 따른 실시료 산정에 관한 회계자료를 보관하며 갑의 제출요구가 있을 경우 이를 갑에게 제출한다.

2항 : 갑은 필요에 따라 갑의 직원 또는 갑이 지정한 공인회계사를 파견하여 실시료 산정에 관련한 을의 제반 서류를 조사할 수 있다.

제8조 (개량발명)

을이 '본건 특허' 에 기초한 새로운 발명을 하거나 기술을 개발한 경우 이러한 개량발명에 대해서는 갑과 을이 협의하에 그 귀속을 결정하기로 하되, 합의가 이루어지지 않을 경우에는 갑과 을의 공유로 한다. 만약 이러한 개량발명에 대해 특허권 등을 출원하고자 하는 경우 그 비용부담은 갑과 을의 공동부담으로 한다.

제9조 (실시료의 감액과 변경)

다음 각호의 사유에 해당하는 경우 을은 갑에게 실시료의 감액을 청구할 수 있다. 다만, 을의 감액청구가 실시료의 부당한 감액을 목적으로 함을 입증할 경우 갑은 을의 감액청구를 거절할 수 있다.

1. 을이 '본건 특허' 를 실시하여 제품을 생산함에 있어서 '본건 특허' 에 대한 실시 이외의 제3자가 소유하고 있는 특허권을 실시하여야만 하는 경우
2. 을의 기술지원 요청을 받고도 갑이 기술지원 및 협력의무를 이행하지 않거나 태만시 할 경우

제10조 (특허의 관리)

1항 : 갑은 계약기간 동안 '본건 특허' 에 관한 관리의무를 부담한다. 만약, 을이 자신의 비용으로 '본건 특허' 의 관리를 위한 조치를 취할 경우 을은 그로 인한 비용을 갑에게 지불하는 실시료에서 공제할 수 있다.

2항 : 제3자가 '본건 특허' 를 침해할 경우, 을은 자신의 비용으로 침해 배제에 필요한 조치를 취할 수 있다. 이 경우, 갑은 을에게 침해 배제에 필요한 모든 협조를 제공한다.

3항 : 제3자의 침해로 인하여 배상받게 되는 손해배상금은 침해배제를 위하여 자신의 비용으로 법률적 조치를 취한 당사자의 이익으로 한다.

제11조 (비밀유지 의무)

1항 : 을은 '본건 특허' 와 관련한 비밀정보를 타인에게 누설하여서는 안 된다.

2항 : 갑은 을이 전항의 규정에 위반했다고 인정할 때에는 이를 객관적으로 증명한 후 즉시 본 계약을 해제하고 손해 배상을 청구할 수 있다.

제12조 (계약의 해지 등)

1항 : 다음 각호에 해당하는 사유가 발생시 쌍방 당사자는 ( )일의 기간을 정하여 위반 당사자에게 그 시정을 요구할 수 있고, 그 기간 내에 시정이 이루어지지 않는 경우에는 서면으로 본 계약을 해지할 수 있는 권한을 가지며, 그에 따른 손해의 배상을 청구할 수 있다.

이 경우, 손해배상금은 금 ( )원으로 예정한다.

1. 갑이 '본건 특허' 의 실시권 설정행위를 완료하였음에도 을이 ( )일 이내에 실시를 포기한 경우와 명백히 포기한 것으로 볼 수 있는 경우

2. 을이 조업을 중단하여 상당기간 동안 조업이 재기될 가능성이 없다고 인정되는 경우

3. 갑이 '본건 특허' 의 실시권을 성실히 부여하지 않은 경우

4. 계약당사자 중 일방이 본 계약상의 의무를 위반하여 본 계약의 목적을 달성하기 어렵다고 객관적으로 판단되는 경우

2항 : 을이 '본건 특허' 를 실시하는 과정에서 경제성, 상업성이 없다고 판단하여 본 계약의 목적을 달성하는 것이 어렵다고 확정적으로 판단한 경우 을은 계약을 해지할 수 있다. 다만, 이 경우에도 을은 이미 지급한 선급금의 반환을

요구할 수 없다.

3항 : 을이 해산 · 청산 · 파산 · 지급불능 등의 사유로 인하여 그 사업을 계속할 수 없거나 을의 대표이사가 그 소유 주식 및 회사에 대한 경영권을 제3자에게 양도하여 본 계약서 관련 사업에서 벗어나게 된 경우 본 계약에 의한 을의 실시권은 자동으로 소멸한다. 다만, 이 경우 을은 선급금을 포함하여 갑에게 이미 지급한 실시료의 반환을 청구할 수 없다.

제13조 (불가항력)

본 계약의 어느 일방도 본 계약을 이행함에 있어 천재지변 또는 불가항력으로 발생하거나 기타 일방의 고의, 과실 또는 태만에 의하지 아니한 하자로 인하여 발생한 여하한 성격의 손실 또는 손해에 대하여도 그 일방은 상대방에게 책임을 지지 아니한다.

제14조 (분쟁해결)

본 계약과 관련하여 혹은 쌍방의 의무이행과 관련하여 분쟁이나 이견이 발생하는 경우 갑과 을은 이를 상호 협의하여 원만히 해결토록 노력하여야 하며, 이러한 분쟁이나 이견이 해결되지 않은 경우에는 __________법원을 제1심 관할법원으로 한다.

제15조 (계약의 효력)

1항 : 본 계약의 효력은 쌍방이 서명 날인한 날부터 유효하다.

2항 : 본 계약은 갑과 을간 기술실시에 관한 기본적인 사항을 규정한 것으로 이전에 갑과 을간의 모든 문서에 우선한다. 또한 본 계약과 관련 있는 다른 협의나 계약은 이 계약서에 언급되고 서면으로 작성되어 권한 있는 당사자의 서명이 없는 한 그 효력이 없다.

제16조 (해석)

본 계약에 명기되지 아니하거나 본 계약상의 해석상 이의가 있는 사항에 대하여는 쌍방의 합의에 의하여 결정한다.

본 계약의 체결을 증명하기 위하여 본 계약서 2통을 작성하여 양 당사자가 각 기명 날인한 후 각 1통씩 보유하기로 한다.

첨부 : 1. 갑과 을의 법인인감증명서 1부.

2. 갑과 을의 사업자등록증 사본 1부.

2009. ____. ____.

갑 : ____

을 : ____

4. 계약서 샘플(II)

[특허기술 양도계약서]

특허기술 양도계약서

특허권이 있는 기술의 특허권자인 양도인 ○ ○ ○(이하 '갑' 이라 함)과 양수인 ○ ○ ○(이하 '을' 이라 함)는 특허권의 양도에 관하여 다음과 같이 계약(이하 '본 계약' 이라 함)을 체결한다.

- 다 음 -

제1조 (계약의 목적)

본 계약은 갑이 을에게 자신의 특허권(이하 '본건 특허 '라 함)을 양도하는 데 있어 필요한 제반사항을 정함을 그 목적으로 한다.

제2조 (본건 특허의 표시)

계약의 목적이 되는 본 건 특허의 내용은 다음과 같다.

제3조 (양도의 범위)

갑은 을에게 본건 특허 일체를 양도한다.

제4조 (특허권의 이전 등록)

갑은 을이 자기의 비용으로 본 계약에 의해 특허권을 이전하고 이를 등록하는 것에 동의한다. 따라서 갑은 을의 청구에 따라 이에 필요한 서류를 무상으로 을에게 제공하여야 한다.

제5조 (특허권의 권리 변동 사항)

갑은 본 계약 이전에 본 특허기술에 대하여 제3자에게 질권을 설정하였거나 특허기술의 일부 또는 전부를 양도, 이용 허락을 한 사실이 있어서는 안되며 이로 인해 을에게 손해가 발생하였을 경우 갑은 을에게 그 손해를 배상해야 한다.

제6조 (저작 재산권 양도대금)

1항 : 을은 갑에게 제1조에 의한 본 특허기술을 양도하는 대가로 금 ○○○원을 지급한다.

2항 : 을은 갑으로부터 이전등록에 필요한 서류를 교부받은 때에 위 1항의 대가를 현금으로 지급한다.

제7조 (제3자에게의 특허권의 양도 등)

을은 본 특허를 타에 일부 또는 전부 양도하거나 담보로 제공할 수 없으며, 갑의 사전 서면승인 없이 임의로 제3자에게 본 특허에 대한 재실시권을 설정할 수 없다. 이는 본 계약의 가장 본질적인 내용으로서 을이 이를 위반했을 경우 갑은 을에 대한 일방적인 통고로써 본 계약을 해지할 수 있으며, 해지시까지 을로부터 교부받은 일체의 금원은 이를 반환하지 않는다.

제8조 (개량발명)

을이 본건 특허에 기초한 새로운 발명을 하거나 기술을 개발한 경우 이러한 개량발명에 대해서는 갑과 을이 협의하에 그 귀속을 결정하기로 하되, 합의가 이루어지지 않을 경우에는 갑과 을의 공유로 한다. 만약 이러한 개량발명에 대해 특허권 등을 출원하고자 하는 경우 그 비용부담은 갑과 을의 공동부담으로 한다.

제9조 (계약의 변경)

본 계약의 일부 또는 전부를 변경할 필요가 있는 경우에는 갑과 을의 서면합의에 의하여서만 이를 변경할 수 있으며, 그 변경내용은 변경한 날 그 다음날부터 효력을 발생한다.

제10조 (계약의 해지)

갑, 을은 다음 각 호의 사유 중 어느 하나에 해당하는 경우 그 사유에 해당하는 상대방에 대한 서면 통지로 본 계약을 해지할 수 있다.

1. 본 계약상의 중대한 의무를 이행하지 아니하거나 본 계약을 이행함에 있

어 중대한 협조사항을 이행하지 아니한 경우 이에 대한 상대방의 시정요구에 ○○일 내에 응하지 아니한 때

2. 재산상태가 악화되거나 그와 같은 위험성으로 인해 본 계약의 정상적인 지속이 불가능하다고 인정할 만한 충분한 사유가 있을 때

3. 소유 재산에 대한 압류, 가압류, 가처분, 경매, 공매처분, 조세처분 기타 이에 준하는 처분을 받거나 파산의 신청이 있음으로 인해 본 계약의 정상적인 지속이 불가능하다고 인정할 만한 충분한 사유가 있을 때

제11조 (불가항력)

본 계약의 어느 일방도 본 계약을 이행함에 있어 천재지변 또는 불가항력으로 발생하거나 기타 일방의 고의, 과실 또는 태만에 의하지 아니한 하자로 인하여 발생한 여하한 성격의 손실 또는 손해에 대하여도 그 일방은 상대방에게 책임을 지지 아니한다.

제12조 (분쟁해결)

본 계약과 관련하여 혹은 쌍방의 의무이행과 관련하여 분쟁이나 이견이 발생하는 경우 갑과 을은 이를 상호 협의하여 원만히 해결토록 노력하여야 하며, 이러한 분쟁이나 이견이 해결되지 않은 경우에는 ______법원을 제1심 관할법원으로 한다.

제13조 (계약의 효력)

본 계약의 효력은 쌍방이 서명 날인한 날부터 유효하다.

제14조 (해석)

본 계약에 명기되지 아니하거나 본 계약상의 해석상 이의가 있는 사항에 대하여는 쌍방의 합의에 의하여 결정한다.

본 계약의 체결을 증명하기 위하여 본 계약서 2통을 작성하여 양 당사자가 각 기명 날인한 후 각 1통씩 보유하기로 한다.

첨부 : 1. 갑과 을의 법인인감증명서 1부.

2. 갑과 을의 사업자등록증 사본 1부.

2009. ____. ____.

갑 : ____

을 : ____

참고문헌

1. 이국환, 제품설계 · 개발공학(Product Design and Development Engineering), 기전연구사, 2008.
2. Karl T. Ulrich and Steven D. Eppinger, Product Design and Development, McGraw-Hill, 2008.
3. 대한변리사회 부설 지식재산연구소, 중소기업을 위한 지식재산 관리 매뉴얼, 특허청, 2006.
4. 호원대학교 경영학부 양창호 교수 홈페이지 www.howon.ac.kr/~ych
5. 김연성, 품질경영론, 박영사, 2004.
6. 칸다 노리아키, 세븐툴, 교보문고, 2005.
7. 마이클 포터, 마이클 포터의 경쟁전략, 21세기북스, 2008.
8. 마이클 포터, 마이클 포터의 경쟁우위, 21세기북스, 2008.
9. 박홍수 외, 신상품마케팅, 박영사, 2005.
10. 손동원 외, 벤처기업 창업경영론, 경문사, 2006.
11. 김영수 외, 핵심기능만 빼고 전부 아웃소싱하라, 삼성경제연구소, 2003.
12. 김성호, 특허지표를 활용한 특허경영성과에 관한 실증적 연구, 아주대학교 경영대학원 석사학위논문, 2004.
13. 이국환 외, 설계사례 중심의 3차원 CAD SolidWorks2009, 기전연구사, 2009.
14. 이국환, 동시공학기술(Concurrent Engineering & Technology), 기전연구사, 2001.
15. 서상혁 · 조성복 공역, 도표로 배우는 기술마케팅, 경문사, 2007.
16. KSA 한국표준협회, 알기쉬운 표준원가계산실무, 2000.

17. KSA 한국표준협회, 품질기능전개(QFD) 기초, 1997.
18. 박근상 · 김홍재 공역, 제품개발론, 청문각, 2000.

찾아보기